杨万里评传

鑫鑫　著

辽海出版社

图书在版编目（CIP）数据

杨万里评传 / 鑫鑫著 . -- 沈阳：辽海出版社，
2018.5
（中国古代著名文学家丛书）
ISBN 978 - 7 - 5451 - 4820 - 6

Ⅰ.①扬… Ⅱ.①鑫… Ⅲ.①杨万里（1127 - 1206）
- 评传 Ⅳ.①K825.6

中国版本图书馆 CIP 数据核字（2018）第 080328 号

杨万里评传

责任编辑：丁　凡　高东妮
责任校对：杜贞香
封面设计：老　刀
出 版 者：辽海出版社
　　　　　地　　址：沈阳市和平区十一纬路 25 号
　　　　　邮政编码：110003
　　　　　电　　话：024 - 23284479
　　　　　E-mail：liaohailb@163.com
印 刷 者：三河市京兰印务有限公司

开　　本：155mm×230mm　1/16
印　　张：21.5
字　　数：223 千字
版　　次：2019 年 1 月第 1 版
印　　次：2019 年 3 月第 1 次印刷

定　　价：58.00 元

目　录

一、杨万里其人

杨万里（1127 年 10 月 29 日—1206 年 6 月 15 日），字廷秀，号诚斋。汉族江右民系，吉州吉水（今江西省吉水县）人。南宋著名文学家、爱国诗人、官员，南宋光宗曾为其亲书"诚斋"二字，学者称其为"诚斋先生"。官至宝谟阁直学士，封庐陵郡开国侯，卒赠光禄大夫，谥号文节。杨万里与陆游、尤袤、范成大并称"南宋四大家""中兴四大诗人"。杨万里诗文的总体成就不如陆游，但在创新诗歌风格方面所作的努力则过之，所以他当时名声很大，连陆游也说："我不如诚斋，此评天下同。"（《谢王子林判院惠诗编》）杨万里诗无疑是南宋诗坛上风格、个性最为鲜明的一家，严羽在《沧浪诗话》中把他的诗风命名为"杨诚斋体"（《沧浪诗话·诗体》）。在严羽《沧浪诗话·诗体》中以人而论的各家中，南宋仅有"杨诚斋体"一种。

（一）风雨飘摇的南宋

杨万里出生于南宋高宗建炎元年，这是已经立朝一百六

1

十七载的赵宋王朝最为风雨飘摇的一年。此前一年，靖康元年（公元1126年）闰十一月，金人攻陷宋都汴京（今河南开封），钦宗亲到金营乞和。公元1127年2月，金军攻破汴京，俘虏了宋徽宗、宋钦宗父子及大量赵氏皇族、后宫妃嫔与贵卿、朝臣等三千余人，押解北上，汴京城中公私积蓄为之一空。

金主下诏废徽宗、钦宗为庶人，三月，金人立张邦昌为"楚帝"。这就是中国历史上著名的靖康之难。靖康二年（1127年）五月，侥幸未被金人俘虏的北宋徽宗第九子康王赵构继皇帝位于南京（宋应天府，今河南商丘市），改元建炎，史称南宋。建炎三年（1129年）九月，金兵渡江南侵，宋高宗即率臣僚南逃。十月到越州（今浙江绍兴），随后又逃到明州（今浙江宁波），并自明州到定海（今浙江舟山），漂泊海上，逃到温州（今属浙江）。在金军大兵压境的形势下，南宋朝廷从建立开始就内部矛盾重重，主战主和举棋不定。主战派以李纲、宗泽以及南宋"中兴四将"刘光世、韩世忠、张俊、岳飞为首，主和派以汪伯彦、黄潜善、秦桧为首，当然还有一个最为重要的人——宋高宗。斗争以李纲被罢官、宗泽病逝、岳飞被害结束，他们以后不乏还有主战的，像辛弃疾、张俊、赵鼎、胡铨等等，虽屡屡受主和派的打击，但斗争一直没有停止。

（二）出身书香旧世家

杨万里的家乡吉水县是江西省吉安市辖县，地处江西省中部，因赣江与恩江合行洲渚间，形若"吉"字，吉水由此得名。吉水县早在五千多年前的新石器时代就有先民在境内聚居。夏时属扬州，位于扬州地域之西境。商末后为吴地，战国时归楚。秦时属九江郡庐陵县。隋朝大业末（615年—617年），分庐陵县水东的顺化（又作淳化、舜化、纯化）、文昌（又作永昌）、折桂、中鹄、仁寿、兴平、明德、永丰、龙云（含报恩镇）、云盖、迁恩（又作迁莺）等十一乡置吉水县。吉水县自隋朝建县至今已1300余载，文风鼎盛，人才辈出，中国古代文化的重要组成部分、赣文化的重要支柱庐陵文化就发源于此。以"三千进士冠华夏，文章节义堆花香"而著称于世。庐陵府历史上考取进士三千（天下第一）和状元二十一（天下第二）。更有甚者，明朝建文二年（1400年），庚辰科共取进士一百一十人中，状元胡靖（即胡广）、榜眼王艮、探花李贯都是江西吉安府人。明永乐二年（1404年）甲申科共取进士四百七十二人。状元曾棨、榜眼周述、探花周孟简、二甲第一名杨相、第二名宋子环、第三名王训、第四名王直，都是吉安府人，囊括了前七名。这种"团体双连冠"现象在中国科举史上绝无仅有。吉安民间有"一门六进士，隔河两宰相""五里三状元，九子十知州，十里九布政，百步两尚书""父子探花状元，叔侄榜眼探花"等歌谣和美传。明《永乐大典》中即有"天下多举子，朝中半江西，翰林多吉安"的记载。除了杨万里外，民族英雄文天祥，《永乐大典》总纂解缙，嘉靖状元、地理学家罗洪先等都是吉水人。这种人才辈出的现象蔚为壮观，为国家的历史发展做出了巨大贡献，在各个领域内留下了值得后人永远学习的文化遗产和精神力量。

杨万里就生长于江西吉水这个"文章节义之邦,人文渊源之地"的庐陵杨姓家族。庐陵杨姓始祖杨辂,字殷驾,号朴斋,陕西华阴县人,唐末时人,系东汉太尉、"关西夫子"杨震的二十一世孙,唐咸通年间进士。杨辂出生于陕西华阴县,父亲叫杨归厚,官历任左庶子,万州、唐州、寿州、郑州、虢州五州刺史。杨归厚与诗人白居易、刘禹锡相交甚笃,他的一个女儿还嫁与刘禹锡的长子刘咸允为妻。杨辂唐末时曾任虞部侍郎,后改任吉州刺史。当时正值杨行密作乱,为避战乱,兼为心爱庐陵山水之美,他与家人沿赣江辗转来到吉水六十二都的杨家庄,并在此开基立业,成为庐陵杨氏始祖。杨辂秉承了"关西夫子"杨震的家风,为官清正廉明,不贪赃,不受贿,可谓是两袖清风。他十分敬业,为政心存仁爱,晚年视察庐陵县时,竟然在县衙里去世,史料中也有"惠政,民敬之"的记载。杨辂在公务闲暇之余,经常带领妻子儿女开垦荒地,种田种麻,坚持勤俭度日;在平时生活中,又能做到仗义疏财,乐善好施,被时人称为"贤吏"。杨辂生有九个儿子,对儿子们的教育较严格。长子杨锐是一位很有才学的人,一生以教书为生,隐居不仕,抗金名臣杨邦义便是他的第八代孙。次子杨铤曾任海昏县令,为官清白,有其父之风,一代诗宗杨万里便是他的第九代孙。五子杨耸进士及第,官历任都御史、朝议大夫、潮阳刺史等职,徙居梅州后被尊为广东杨氏始祖。此外,"江西三瑞"之一的杨丕、北宋理学家杨时、中奉大夫杨存、被宋仁宗称为"廉吏"的杨长儒、南宋理学家杨复、明四朝宰辅杨士奇等历史名人均是其后裔。江西、湖南、广东、福建、湖北、广西、贵州、四川等省的多数杨氏均尊杨辂为始祖，有"江南杨氏始祖"之誉。杨辂去世后，葬于吉水县黄桥镇鹧鸪山内的金钗岭。明初时，"江南才子"解缙曾到涁塘村杨氏忠节总祠内拜谒，并在杨辂的画像旁题诗赞道："巍巍黄堂，发迹名邦，五花下车，奕叶流芳。肇基吉州，六邑发祥。派衍东西，永世充昌"。1439 年，明四朝宰辅杨士奇从朝廷衣锦还乡回泰和时，曾专程到杨辂墓前拜祭，并在墓前立下了"二十一世孙士奇展墓"的石柱，该石柱今天仍屹立在杨辂的墓前。

杨万里的曾祖父杨希开，是一个做事很有远见的人。据《忠节杨氏总谱》载，杨希开，字光之，虽然未中举入仕，却立志振兴杨氏家族。他个人出资兴办学堂，并请了两位先生来教育本家族的子弟，由彭恕先生负责训导年长者，由曾姓先生负责训导年幼者。如果族人生活有困难，他就代缴学费，甚至助以衣食，促使其成材。杨万里评价他时说："公经明行修，师范学者，德党泽厚，治于后人"。

杨万里的祖父杨元中，家庭虽然不算富裕，却继承父志，坚持不懈地抓教育，《忠节杨氏总谱》评价他是"明经，重教有方，泽厚于后人"。

杨万里的父亲杨芾，字文卿，号南溪居士。杨芾自幼就受到了良好的教育，是一个很有才学之人。他刻苦攻读，博览群书，诗文字画样样精通，尤其是对《易经》有较深的研究。此外，他酷爱购书和藏书，尽管经济拮据，但为了购书和藏书，经常忍饥挨饿，节衣缩食，这样积存了十年，终于藏书千卷，成为吉水远近闻名的藏书家。杨芾有兄弟三人，兄长杨藩，因病早年去世，事迹不见记载。弟弟杨蔼，也是一个很有学问之人。杨蔼，字春卿，"博学嗜古，常与当时名士胡英彦辈唱和。"

以杨辂为庐陵杨姓一世祖为起点，则杨万里的家世如下：

一世：杨辂。据宋朝时编辑的《弘农华阴杨氏谱》载：杨辂的始祖是西周武王之孙、唐叔虞之次子杨杼，先祖是战国时的杨章，父亲是唐末左拾遗杨归厚。杨章为弘农杨氏一世祖，"关西孔子"、东汉太尉杨震为弘农杨氏十一世祖，杨辂为弘农杨氏第六十三世。

二世：杨铤。杨铤曾任海昏县令，当年为择新居，与父亲兄弟一道乘马来到距杨家庄三公里处的南溪畔，马陷于淤泥之中，进退两难，他们见此地前有朝元岭，后有后龙山，中有南溪水，眼前是七八口池塘，于是择此而居，命名为湴塘。杨铤生有一个儿子，名叫杨宏彻。

三世：杨宏彻。杨宏彻生有两个儿子，长子叫杨延宗，次子叫杨延邦。

四世：杨延宗。杨延宗生有三个儿子，长子俗名叫四十一郎，次子俗名叫四十二郎，三子叫杨广。杨延邦生有七个儿子，北宋进士、中奉大夫杨存便是他的孙子。

五世：杨广。杨广生有三个儿子，长子叫杨绪，次子叫杨遇，三子叫杨式。

六世：杨绪。杨绪只有一个儿子，名叫杨堪。

七世：杨堪。杨堪生有五个儿子，长子叫杨希甫，次子叫杨希方，三子叫杨希开，四子叫杨希向，五子叫杨希彦。

八世：杨希开。杨希开生有七个儿子，长子叫杨敷道，次子俗名叫三十郎，三子叫杨元中，四子叫杨骥，五子俗名叫四十郎，六子叫杨韶，七子俗名叫五十郎。

九世：杨元中。杨元中生有三个儿子，长子叫杨藩，次子叫杨芾，三子叫杨蔼。

十世：杨芾。杨芾，字文卿，号南溪居士，他家贫好学，博学多才，以教书为生。杨芾生有一个儿子，即一代诗宗杨万里。

十一世：杨万里。杨万里于 1154 年中进士，历任太常博士、广东提点刑狱，尚书左司郎中兼太子侍读，秘书监等职，与陆游、范成大，尤袤并称为"南宋四大家"。

杨万里的父亲杨芾终身未仕，据与杨万里同乡同朝、有着长达半个多世纪密切交往的南宋名相周必大说，杨芾有三次入仕做官的机会，但他均不肯接受，并归隐南溪，以读书和教书作为毕生的事业。在封建社会里，读书人的唯一出路是中举入仕，杨芾自断仕路，生活势必过得较为艰难。为了养家糊口，杨芾只好外出以教书为生。虽然生活困顿，但杨芾以孝传家，从不委屈双亲，《忠节杨氏总谱》称赞他"家极贫而事亲能孝"，是远近闻名的大孝子。每次杨芾回家，都会从市场上买酒买肉，用来孝敬双亲。1135 年，吉水发生大饥荒，杨芾为了不使父母饥死，亲自去百里以外的邻县买米。在回家的路上，他遇到一伙强盗，抢夺自己背负的救命粮，他拼命反抗，强盗火了，举刀要杀害他。他哭诉着说："吾二亲皆七十，不炊三日矣，幸哀我！"大概这些强盗也是被生活所逼，挺而走险的灾民，听了他的话后，被他的孝心所感动，抢了半袋米后便把他放了。事见《宋史·列传》第二百一十五章之《孝义传》：

> 有杨芾者，亦同县人，字文卿，性至孝，归必市酒肉以奉二亲，未尝及妻子。绍兴五年大饥，为亲负米百里外，遇盗夺之不与，盗欲兵之，芾恸哭曰："吾为亲负米，不食三日矣。幸哀我。"盗义而释之。

杨芾的原配妻子是毛氏，生子二人，长子杨万里，次子早夭。续配妻子罗氏，一生没有生育子女。杨万里虽是家中独子，但杨芾对儿子要求极其严格。杨万里在《谢福建茶使吴德华送东坡新集》中写到："儿时作剧百不懒，说著读书偏起晚。乃翁作恶嗔儿痴，强遣饥肠馋蠹简。"回忆儿时父亲杨芾课子读书的情景。杨芾十分重视对儿子杨万里的教育。早在杨万里少年时代，他常指着自己的藏书对儿子说："圣贤之心具焉，汝盍懋之！"勉励儿子广览群籍，努力钻研儒家经典，掌握其要旨，融会贯通。杨芾身为塾师，"家无田，授士以养，暇则教子"（胡铨《杨君文卿墓志铭》），受雇在哪里设帐开讲，就把杨万里带到哪里，为此杨万里说："予为童子时，从先君宦学四方。"父亲成了杨万里的第一任老师。

（三）就学名士王庭珪

杨万里十四岁时师从高守道，"拜乡先生高公守道为师，与其子高德顺为友，同居解怀德之斋房"（《诚斋集》卷三九《赠高德顺》诗序）。幼年困顿的生活给杨万里留下了很深的印痕，但穷且益坚，不坠青云之志，少年时代的杨万里就读书勤奋，胸怀大志。后有《夜雨》诗云："忆年十四五，读书松下斋。寒夜耿难晓，孤吟悄无侪。虫语一灯寂，鬼啼万山哀。雨声正如此，壮心滴不灰。"便是回忆师从高守道期间的生活。杨万里在高守道门下三年，四书五经通透、文章诗词客观。十七岁时，杨万里被父亲杨芾送到江西名士、隐居安福县泸溪之畔的王庭珪的家馆之中就学，从此杨万里便和王庭珪建立了一种密切的师生情谊。

王庭珪（1079 年—1171 年）字民瞻，吉州安福（今属江西）人。性伉厉，为诗雄浑。政和八年（1118 年）登进士第。调茶陵丞，与上官不合，弃官去，隐居泸溪五十年，自号泸溪老人，又号泸溪真逸。自宣和五年（1123 年）辞官茶陵之后，隐居安福家乡，著书吟诗，设帐授徒，"主庐陵文盟者六十年"（周必大《跋王民瞻杨廷秀与安福彭雄飞诗》）。同时，"虽不仕，常怀经世心，事苟宜民，必告于当路"，从未忘怀世事。由于"龁忤上官，晚复流窜，官簿所以不进"

（周必大《直敷文阁王公行状》），以左承奉郎、直敷文阁、主管台州崇道观而终。王庭珪是两宋之交的重要诗人，学问渊博，著述颇丰，有《泸溪集》五十卷、《易解》二十卷、《六经讲义》十卷、《论语讲义》五卷、《语录》五卷、《杂志》五卷、《沧海遗珠》五卷、《方外书》十卷、《校字》一卷、《停停山丛录》一卷。公学无不通，而尤于《易》。

杨万里至安福师从王庭珪而问学，时在高宗绍兴十三年癸亥（1143 年）。此前一年，岳飞被害于大理寺狱，其子岳云和部将张宪也惨遭杀害。王庭珪虽然在政坛中地位甚低，但始终是一位刚正爱国、颇具胆识和骨气的诗人，在南宋朝廷主战派与主和派的激烈斗争中，一直坚定地支持抗战，反对和议。绍兴十二年（1142 年），也就是杨万里至安福师从王庭珪的前一年，已是六十三岁老人的王庭珪写下了著名的诗篇《送胡邦衡之新州贬所二首》。诗中不但热烈赞扬了主战派胡铨在《戊午上高宗封事》提出的"乞斩桧罢和议"（王庭珪《跋曾世选三贤论》）的爱国壮举，而且直接指斥了秦桧的卖国罪行。"时先生年七十矣。于是先生诗名一日满四海"（杨万里《泸溪先生文集序》）。后被乡人欧阳安永告讦，朝廷以为"谤"，并于十九年贬辰州（今属湖南怀化北部）编管。在王庭珪因诗赠胡铨而获罪遭贬之后，也有人谓"乃先生之过"者。杨万里后来在《泸溪先生文集序》写道：

> 里之士爱先生者，谓诗之祸从古昭昭也，先生
> 不戒，又欣然犯之，适以济权臣之威、成小人之名，
> 此先生之祸也，亦先生之过也。或曰：先生何过哉？

先生言直而诗工耳。言不直，诗不工，世无传也。世有传矣，不见媚于明，必见媚于幽，故庭草随意之诗，空梁燕泥之诗，飞燕昭阳之诗，不才多病之诗，言非直也，诗工而已耳。诗工而非直，犹且小者逐、大者死，况先生之诗工而言直耶？先生何过哉？济权臣之威，亦稔其恶，先生成小人之名，未若小人成先生之名，先生何过哉？未几，时相殂，先生得归。又未几，上践阼，初召，除国子监簿，再召，除直敷文阁。年余九十，耳目聪明，赋诗作文，不见老人摧颓之气，朝廷想闻其风采，天下诵传其诗。祸先生者，何知其非福先生乎？

王庭珪坚定的爱国精神、刚正气概和无畏的人格，给正处青年的杨万里以震撼和濡染，在杨万里心灵深处刻下了永难磨灭的印象。杨万里师从王庭珪近三年的时间里，所学尽是当时朝廷禁止公开讲授的"禁学"。杨万里曾说："（王庭珪）其所以告予者，太学犯禁之说也。"其在《杉溪集后序》中有具体说明：

古今文章，至我宋集大成矣……在仁宗时，则有若六一先生，主斯文之夏盟。在神宗时，则有若东坡先生，传六一之大宗。在哲宗时，则有若山谷先生，续国风、雅、颂之绝弦。视汉之迁、固、卿、云，唐之李、杜、韩、柳，盖奄有而包举之矣。中更群小崇奸绌正，目为僻学，禁而锢之，盖斯文至此而一厄也。惟我庐陵有泸溪之王、杉溪之刘，两先生身作金城，以郭此道。自王公游太学，刘公继至，触犯大禁，挟六一、坡、谷之书以入，昼则度藏，夜则翻阅，每伺同舍生息烛酣寝，必起坐吹灯，纵观三书。逮暇，或哦诗句，或绩古文。每一篇出，流布辇毂，脍炙荐绅，纸价为高。嗟乎，若两先生，当妖禽群啾而发紫鸾之鸣，抑扬骚歌而奏清庙之瑟，鹬冠胡服之竞丽，而觏黄收纯衣之制，其有大勋劳于斯文，其伟乎哉！

作为南宋时代党争之始的"绍兴学禁"中被禁的，即是先后兴起于北宋的欧阳修、曾巩、司马光、苏轼、黄庭坚等人的文史学说和程颢、程颐等学者以他们自己的观点阐述"孔孟之道"的理学学说。绍兴八年，反对秦桧"和议"这一"国是"的人很多，有曾开、许忻、胡铨、王庶、张涛、晏敦复、魏矼、李弥逊、梁汝嘉、尹焞、楼照、苏符、薛徽言、方廷实、胡珵、朱松、张扩、凌景夏、常明、范如圭、冯时中、赵雍、陈刚中、樊光远、张通古及诸多抗金将领。加上以后被陆续打击及因此而受到牵连、影响的士大夫，除武将外，这一群人基本上可称为道学家群体。这些人中，程系学者和司马光一系学者是反"和议"的主要政治力量。因此，"绍兴学禁"的根本，依然是主和派对于主战派的排挤打压。

三年间，杨万里所学主要是以欧阳修、苏轼、黄庭坚为代表的古文和诗歌，同时在王庭珪的指导下，他遍读了历代史乘、古文选本及实话文论，这些令他眼界大开、心胸豁然，王庭珪的风骨节操与家国情怀更成为杨万里的楷模。

（四）师从名将张浚、胡铨

在王庭珪之后，杨万里还师从过安福刘安世、刘廷直，师从过庐陵刘才邵，然后于绍兴二十四年（1154 年）进士及第，得以走上仕途。天水一朝，朝廷对文人的重视无以复加，作为饱学文人代表的进士群体更是在朝廷官员任用中占据了几乎全部的比例。重视文人文官，或者说抑制武将势力是根植于大宋血脉中的先天基因。太祖赵匡胤陈桥兵变、黄袍加身夺取政权后，为了防止此类武将夺位事件的再次上演，宋初的统治者确定了崇文抑武的基本国策，即所谓："重文教，轻武事"（《续资治通鉴长编》卷一八）。文官治国，甚至文官带兵，这些基本国策也为后世的宋代皇帝所奉行，其影响贯穿于整个宋代。因此杨万里在科举考试中考中进士，可以说是完成了必修功课，具备了宋朝士人入仕的基本条件。

科举考试是中国古代读书人所参加的人才选拔考试。它是历代封建王朝通过考试选拔官吏的一种制度。由于采用分科取士的办法，所以叫做科举。科举制从隋代开始实行，到清光绪二十七年（1901 年）举行最后一科进士考试为止，经历了一千三百多年。隋朝统一全国后，为了适应封建经济和政治关系的发展变化，为了扩大封建统治阶级参与政权的要求，加强中央集权，于是把选拔官吏的权力收归中央，用科举制代替九品中正制。隋炀帝大业三（607 年）年开设进士科，用考试的办法来选取进士。进士一词初见于《礼记·王制》篇，其本义为可以进受爵禄之义。当时主要考时务策，就是有关当时国家政治生活方面的政治论文，叫试策。这种分科取士，以试策取士的办法，在当时虽是草创时期，并不形成制度，但把读书、应考和作官三者紧密结合起来，揭开了中国选举史上新的一页。推翻隋朝的统治后，唐王朝的帝王承袭了隋朝传下来的人才选拔制度，并做了进一步的完善。但唐代取士，不只科举一途，还可由父祖封荫，或者名士推荐，像李白、杜甫等都未中过进士，为官都不是科举之力。从内容上看，隋唐以来，乡试（解试）与会试（省试）考试内容大致相同。唐朝初年，进士科的考试仅考时务策。唐高宗时期，加试杂文、帖经。所谓"杂文"，在唐中宗以前主要是指箴、铭、论、表之类，到唐玄宗天宝年间，才开始专用诗赋。北宋初年，沿袭唐及五代旧制，科举考试时，主要考诗、赋、论各一首，前两项更是绝活儿中的绝活儿，那是要按照韵书去写的，一旦出韵，再好的文章也是零分，偏重于以诗赋取士。北宋神宗熙宁四年（1071 年），王安石在变法中改革贡举，包含考试内容和科目的转变，他给神宗上书说："古之取士俱本于学，请兴建学校以复古。其明经、诸科欲行废黜，取明经人数增进士额。"意思是不要设那么多科，取消明经、明法，只留进士一科，且只考经义，不必再考诗、赋。理由是：一个人从小写诗作赋，熟知音韵，对圣人之言却知之甚少，一旦当了官儿，怎么可能懂得治国理民？由此开始，后世科举不再考诗、赋而专考经义。而后，司马光执政，将王安石之法废除，将进士分为经义和诗赋两科，进士

14

便分为两种，一曰经义进士，一曰诗赋进士。到南宋高宗时，基本确立了诗赋科和经义科并列的规模，诗赋进士主要看士子的诗赋如何，经义则重策论。虽然王安石之法被废除，但二者的考试内容大致相同，所以参加者都要研习儒家经典。早在杨万里少年时代，父亲杨芾就常指着自己的藏书对杨万里说："是圣贤之心具焉，汝盍懋之！"勉励儿子博览群书，努力钻研儒家经典，掌握其要旨，融会贯通。儒家思想给杨万里留下了很深的印痕，其影响伴随着他的一生。同时，科举得中也给年轻的杨万里带来了巨大的喜悦，他在《四月十七日侍立集英殿观进士唱名》诗中写到："殿上胪传第一声，殿前拭目万人惊。名登龙虎黄金榜，人在烟霄白玉京。"北宋位于汴梁的皇城周长五里，建有楼台殿阁，建筑雕梁画栋，飞檐高架，曲尺朵楼，朱栏彩槛，蔚为壮观，气势非凡。城门都是金钉朱漆，壁垣砖石间镌铁龙凤飞云装饰。皇城大致可以分为三个区：南区有枢密院、中书省、宰相议事都堂和颁布诏令、历书的明堂，西有尚书省，内置房舍三千余间；中区是皇帝上朝理政之所，重要的建筑有大庆殿、垂拱殿、崇政殿、皇仪殿、龙图阁、天章阁、集英殿等。据宋代孟元老《东京梦华录》记载：从宣德楼向南到里城的朱雀门，是一座约阔为二百余步的宫廷广场，中央官署分列两旁，建筑特别壮美，被称为京部的"御街"。入宣德楼正门，是宫城内最大最高，可容纳数万人的大庆殿，其西为集英殿。据《宋史·地理志》卷八五记载：宫殿外朝部分主要有大庆殿，是举行大朝会的场所，大殿面阔九间，两侧有东西挟殿各五间，东西廊各六十间，殿庭广阔，可容数万人。西侧文德殿是皇帝主要政务活动场所，北侧紫宸殿是节日举行大型活动的场所，西侧垂拱殿为接见外臣和设宴的场所，集英殿及需云殿、升平楼是策进士及观戏、举行宴会的场所。其中集英殿始建于赵匡胤初年，原名广政殿，1032 年更名为集英殿，宋徽宗政和五年（1115 年）又改名右文殿，是皇帝策试进士和每年举行春秋大宴的场所。宋室南渡以后，在临安城（今浙江杭州）依山而建宫室，可以坐揽美丽的西湖和浩荡的钱塘江，史书上这样描绘公元 1200 年左右的南宋皇城："宏伟瑰丽、工力精致、金碧流丹、华灿照映，望之若天宫化成……"，这座被后世的考古专家们公认为中国历代最漂亮的皇城，却命运多舛，南宋灭亡后不久，瑰丽的皇城就开始损毁。元代时，一场神秘的大火，几乎将皇城延烧殆尽。及至今日，南宋皇城再也无处觅迹，想要窥其全貌，只能在史书中寻找。目前已探明的南宋皇城四至范围大致是：东起馒头山东麓，西至凤凰山，南临宋城路，北至万松岭路南。根据对《南渡行宫记》等古文献的解读，同时结合对皇城地形、轴线、道路、水系的分析，考古专家们认为，皇城内部可分宫城内和宫城外两个部分。宫城内分为朝会区、后寝区、后苑区、宫内服务区、东华门宫殿区、慈宁宫区；宫城外主要为北宫门、东华门服务区、东宫区、内府衙署区等等。南宋皇城大约只有北京故宫的三分之二大小，皇帝对宫室的使用也比较节约。比如皇宫大殿就曾是个"多功能厅"。"……丽正门内衙，即大庆殿，遇明堂大礼、正朔大朝会，俱御之。如六参起居、百官听麻，改殿牌为文德殿。圣节上寿，改名紫宸。进士唱名，易牌集英……"根据《梦梁录》卷八《大内》记载，丽正门进去，就是大殿，公元1127年之后的几年，这座大庆殿一殿多用——状元殿试的时候，太监们就把大庆殿的牌匾换成集英殿；皇帝万寿，就把牌匾换成紫宸殿；皇帝祭天拜祖先，就换成明堂殿；如果需要对文武百官宣布什么大事，就换成文德殿……随之更换的还有大殿里的各种配套布置。因此，杨万里得中进士时的唱名仪式，即举行于南宋宫廷的小型集英殿里。殿试试卷考校完毕之后，即唱名赐第胪，皇帝集英殿，殿试官、省试官及宰臣、馆职等入殿侍立，杨万里与同科举人于殿门外等候，编排官以试卷列御座之西，对号以次拆封，转送中书侍郎，即与宰相对展进呈，以姓名呼之。军头司立殿陛下，以次传唱，仪式甚为隆重，震撼着杨万里的心灵。唱名赐第之日，即释褐赐绿袍、笏。唱名毕，即由朝廷派导从送入期集所，杨万里由此脱离平民身份，步入了仕途。

相较前朝而言，宋代的科举放宽了录取和作用的范围。唐代每年各科考试录取的人数不超过五十人，经常才一二十人。宋朝时录取名额扩大了十余倍，一般总有二三百人，多则达到五六百人。南宋时取士最多为宝庆二年（1226年）取九百八十七人。唐朝科举考试录取数量很少，所以常常引起知识分子的强烈不满，甚至有人一怒之下投入到农民起义的队伍之中。王仙芝、黄巢就是落第进士，后成为唐农民起义的领袖。宋朝大量录取考生，优待考生，最大限度地笼络中小地主及社会中下层的知识分子，对于巩固宋王朝的统治当然有一定的好处。例如，为了笼络士子，开宝三年（970年），赵匡胤给主持科举的礼部下了道圣旨，命他们整理近十

年以及后周乃至后汉的举子档案，统计一下，看历经十五次
考试全部终场还没考中的究竟有多少人。礼部经过仔细核查，
列出了以司马浦为首共计一百零六人的名字。赵匡胤统统赐
予他们恩科进士出身。在宋朝，这种进士有个专门的名称，
叫做"恩科进士"，即皇帝开恩特赐的进士。南宋高宗绍兴
二十一年（1151年），杨万里曾经第一次随叔父应试，两人
双双落榜，而那一榜"御试得正奏名四百人，特奏名五百三
十一人。"（《宋史·选举志二》）这种特恩，拓宽了士子仕进
的道路，在一定程度上消减了士人的不满情绪，稳定了社会
秩序，诚如《燕翼诒谋录》所说："英雄豪杰，皆汩没消靡
其中而不自觉，故乱不起于中国而起于夷狄。"然而录取数量
如此之大，造成官僚机构臃肿，甚至出现官多职少的现象。
北宋徽宗时，"每人守一阙，一名在官，一名被替，一名待
次，凡五、七年才成一任"（徐松辑《宋会要辑稿》）。到南
宋理宗时达"六七人共一阙"，大家排队等候职位的闲官现
象十分普遍。得中进士而踌躇满志的杨万里就遭遇了这样的
尴尬。由于现实中存在的官多职少问题，杨万里绍兴二十四
年（1154年）考中进士后先是回家"待次"两年，绍兴二十
五年（1155年）方得授赣州司户参军一职。

"参军"在古代是"参谋军务"这一官职的简称，最初
是丞相的军事参谋，如诸葛亮《出师表》所说的参军蒋琬。
晋以后地位渐低，成为诸王、将军的幕僚，如陶渊明曾任镇
军参军，《后汉书》著者范晔曾任刘裕第四子刘义康的参军。
隋唐以后逐渐成为地方官员，如杜甫曾任右卫率府胄曹参军、
华州司功曹参军，白居易曾任京兆府户曹参军。宋代的司户

参军官级仅为从九品，主理仓收和审理因离婚而引发的财产诉讼案件两项职能。即便是这样的微职，待次两年的杨万里还是因为自己的高师刘才邵升官为礼部尚书，方才得到提携，赴任赣州司户参军，这是杨万里与赣州的第一次结缘。

赣州古城建于北宋，在当时是全国三十六座名城之一。历经千年后，它依然屹立，成为我国唯一保存下来的宋代砖城。赣州城三面环水，江面宽阔，在宋代就先后建造铺就了东河、西河、南河三座浮桥以沟通城乡，同时还可起到"锁江"的作用。古代赣州城设有"赣关"，对过往商船进行收税，浮桥定时开启，过往商船要查验税票后才能放行。大体保留着宋代格局的赣州老城拥有着神奇的排水系统，时至今日，当洪水到达赣州时，通常遭遇的是这样的情景：儿童在城门口水滩里嬉戏钓鱼，买卖人在滔滔洪水边安然地做着生意。老人们都说，赣州是座"浮城"，而且是乌龟形，龟首在城南，龟尾在城北，所以不管江水怎样涨，赣州城都能跟着浮起来。这一神奇的现象，都源于赣州城至今发挥作用的，以宋代福寿沟为代表的城市排水系统。古人留下的福寿沟呈砖拱结构，沟顶分布着铜钱状的排水孔。据测量，现存排水孔最大处宽 1 米、高 1.6 米；最小处宽、深各 0.6 米，与志书上记载基本一致。这些排水系统的设计分布，充分体现了宋代科技的发达。

以从九品任职赣州的杨万里并不因官微而沮丧，但到赣州任职还不到一个月，正值"而立"之年的杨万里，便因不合流俗而厌恶官场，萌发了"弃官"之念，想效仿恩师王庭珪弃官归隐。父亲杨芾听后大怒，四十四年后，七十四岁的杨万里在《与南昌长孺家书》（卷六七）中曾提及此事："初仕赣掾，庀职一月，有所不乐，欲弃官去，先太中怒挞焉，乃止。"假若不是杨芾鞭打他，杨万里很有可能真会弃官而去。虽然初涉官场之路略有波折，但使杨万里受益终生的机会也很快到来了，杨万里得以结识了名高北斗星辰之上的主战派名臣胡铨。

胡铨（1102年—1180年），字邦衡，号澹庵，吉州庐陵芗城（今江西省吉安市青原区值夏镇）人。南宋文学家，爱国名臣，庐陵"五忠一节"之一，与李纲、赵鼎、李光并称为"南宋四名臣"。南宋高宗建炎二年（1128年），是南宋开科取士的第一年，高宗以御题"治道本天，天道本民"策士淮海。胡铨答道："汤、武听民而兴，桀、纣听天而亡。今陛下起干戈锋镝间，外乱内讧，而策臣数十条，皆质之于天，不听于民。"又言："今宰相非晏殊，参政非韩琦、杜衍、范仲淹。"答问长达一万多字，高宗看到而惊异，打算把他列为第一名，有人忌恨他的耿直，移为第五名。秉性使然，国运使然，这就是胡铨，第一次面圣便一展性格。就在胡铨登进士第这一年，金人渡江南下，隆佑太后（孟皇后）为避金兵逃到赣州，金兵随后追击，中山府（今河北定县）陷落、洺州（今河北永年东）陷落、濮州（今山东鄄城北）陷落、大名府（今河北大名）陷落，南宋江山岌岌可危，胡铨以漕司檄文统摄本州幕僚，召募乡丁辅佐官军抵御，受赏转承直郎。服父丧。绍兴五年（1135年），张浚设都督府，辟举胡铨任湖北仓属，胡铨没有赴任。有诏令到都堂审察，兵部尚书吕祉以贤良方正推荐他，赐对，任枢密院编修。绍兴八年

（1138年），奸相秦桧一揽朝政大权，迎合高宗偏安之心，派王伦出使金国议和。金国派遣张通古、萧哲二人作为"江南诏谕使"，携带国书，在王伦的陪同下，来到南宋都城临安进行和谈。金使态度极其傲慢，目中无人，对南宋当局百般侮辱。但高宗和秦桧一味苟且偷安，不惜卑躬屈膝与金使议和。议和事成，十二月秦桧以宰相身份跪拜接受金朝的"诏书"，承认了金宋之间的君臣关系，金国以"诏谕江南"之名，将宋朝改称"江南"，视高宗为"臣子"，公然要其改穿臣服，跪接金国"国书"，俯首纳贡称臣。消息传出，朝野哗然，激起了朝中大多数大臣与全国军民的义愤，纷纷起来反对。时任枢密院编修官的胡铨反对议和最为激烈，他以大无畏之气概，向高宗上疏《戊午上高宗封事》，直谏高宗"一屈膝，则祖宗庙社之灵尽污夷狄，千百万赤子尽为左衽，朝廷宰执尽为陪臣，天下士大夫皆当裂冠毁冕"。决然表示"不与桧共戴天""愿斩三人头，竿之藁街"，并主张"羁留虏使，责以无礼，徐兴问罪之师""不然，臣有赴东海而死耳，宁能处小朝廷求活耶？"其文如下：

　　绍兴八年十一月日，右通直郎枢密院编修臣胡铨，谨斋沐裁书，昧死百拜，献于皇帝陛下。
　　臣谨按：王伦本一狎邪小人，市井无赖，顷缘宰相无识，遂举以使虏。专务诈诞，斯罔天听，骤得美官，天下之人切齿唾骂。今者无故诱致虏使，以诏谕江南为名，是欲臣妾我也，是欲刘豫我也！刘豫臣事丑虏，南面称王，自以为子孙帝王万世不拔之业,一旦豺狼改虑,捽而缚之,父子为虏。商鉴不远,而伦又欲陛下效之。夫天下者,祖宗之天下也,陛下所居之位,祖宗之位也。奈何以祖宗之天下为金虏之天下,以祖宗之位为金虏藩臣之位!陛下一屈膝,则祖宗庙社之灵尽污夷狄,祖宗数百年之赤子尽为左衽,朝廷宰执尽为陪臣,天下之士大夫皆当裂冠毁冕,变为胡服,异时豺狼无厌之求,安知不加我以无礼如刘豫也哉!夫三尺童子,至无识也,指犬豕而使之拜,则怫然怒;今丑虏则犬豕也,堂堂大国,相率而拜犬豕,曾童孺之所羞,而陛下忍为之邪?

伦之议乃曰:"我一屈膝,则梓宫可还,太后可复,渊圣可归,中原可得。"呜呼!自变故以来,主和议者,谁不以此说啖陛下哉?然而卒无一验,则虏之情伪已可知矣。而陛下尚不觉悟,竭民膏血而不恤,忘国大仇而不报,含垢忍耻,举天下而臣之甘心焉。就令虏决可和,尽如伦议,天下后世谓陛下何如主?况丑虏变诈百出,而伦又以奸邪济之,则梓宫决不可还,太后决不可复,渊圣决不可归,中原决不可得。而此膝一屈,不可复伸,国势陵夷,不可复振,可为痛哭流涕长太息矣。

向者陛下间关海道,危如累卵,当时尚不忍北面臣敌,况今国势稍张,诸将尽锐,士卒思奋。只如顷者敌势陆梁,伪豫入寇,固尝败之于襄阳,败之于淮上,败之于涡口,败之于淮阴,较之往时蹈海之危，固已万万。傥不得已而至于用兵，则我岂遽出虏人下哉？今无故而反臣之，欲屈万乘之尊，下穹庐之拜，三军之士不战而气已索，此鲁仲连所以义不帝秦，非惜夫帝秦之虚名，惜夫天下大势有所不可也。今内而百官，外而军民，万口一谈，皆欲食伦之肉。谤议汹汹，陛下不闻，正恐一旦变作，祸且不测。臣窃谓不斩王伦，国之存亡未可知也。

虽然，伦不足道也，秦桧以心腹大臣而亦为之。陛下有尧、舜之资，桧不能致陛下如唐、虞，而欲导陛下为石晋。近者礼部侍郎曾开等引古谊以折之，桧乃厉声责曰："侍郎知故事，我独不知！"则桧之遂非愎谏，已自可见。而乃建白，令台谏侍臣佥议可否，是盖畏天下议己，而令台谏侍臣共分谤耳。有识之士，皆以为朝廷无人，吁，可惜哉！孔子曰："微管仲，吾其被发左衽矣。"夫管仲，霸者之佐耳，尚能变左衽之区而为衣裳之会。秦桧，大国之相也，反驱衣冠之俗而为左衽之乡。则桧也不唯陛下之罪人，实管仲之罪人矣。孙近傅会桧议，遂得参知政事。天下望治有如饥渴，而近伴食中书，漫不敢可否事。桧曰敌可议和，近亦曰可和；桧曰天子当拜，近亦曰当拜。臣尝至政事堂，三发问而近不答，但曰"已令台谏侍从议矣"。呜呼！参赞大政徒取容充位如此，有如虏骑长驱，尚能折冲御侮耶？臣窃谓秦桧、孙近亦可斩也。

臣备员枢属，义不与桧等共戴天。区区之心，愿断三人头，竿之藁街。然后羁留虏使，责以无礼，徐兴问罪之师，则三军之士不战而气自倍。不然，臣有赴东海而死尔，宁能处小朝廷求活邪！小臣狂妄，冒渎天威，甘俟斧钺，不胜陨越之至！

这份奏疏义正词严，慷慨激昂，气壮山河，感情充沛，态度决绝。作者引用鲁仲连典故，声称"赴东海而死"也不愿苟且投降，忧愤之情臻于顶点，文章却戛然而止，令人回味无穷。奏疏问世后，立刻震惊朝野，江苏进士吴师古将其刻板传诵，正直之士纷纷传抄刻印，争相传诵，一时临安城内洛阳纸贵，使"勇者服，怯者奋"（周必大《胡忠简公神道碑》）；而秦桧等人则惊恐万状，"当日奸谀皆胆落"（王庭珪《送胡邦衡之新州贬所》），金人以千金购得此文，读后君臣失色，连连惊呼："南宋有人""中国不可轻"。《戊午上高宗封事》点燃了南宋人抗金雪耻的希望，重塑了快意恩仇的无畏精神，使得群情振奋，极受鼓舞。古代中国自视天国，接受异邦叩拜，其时却要折节屈膝以跪拜蛮夷之辈，这让有气节的士大夫全然不可接受。因为屈膝跪拜，暗示华夏礼仪文化最高——朝拜皇帝的礼仪受到了"亵渎"，意味着"华夏中心"世界观的崩溃。非常遗憾的是，胡铨的奏疏虽然鼓舞人心，可怜的南宋朝廷文武百官一半主战，一半言和，惟有胡公无所畏惧。奏疏上报之后，秦桧认为胡铨狂妄凶悖，鼓众劫持，诏令除名，贬送昭州（今广西省平乐县）管制，并降诏传告朝廷内外。给事中勾龙如渊、谏议大夫李谊、户部尚书李弥逊、侍御史郑刚中等人纷纷想方设法出面营救，秦桧迫于公论，只得改派胡铨去广州监管盐仓。当时在朝一位官员，对胡铨因仗言许国而被贬十分愤慨，在奸臣当道、众口缄默中慨然浮世为胡铨送行，那就是杨万里的师尊王庭珪。其诗为《送胡邦衡之新州贬所二首》：

> 囊封初上九重关，是日清都虎豹闲。百辟动容观奏牍，几人回首愧朝班？
>
> 名高北斗星辰上，身堕南州瘴海间。不待他年公议出，汉廷行召贾生还。
>
> 大厦元非一木支，欲将独力拄倾危。痴儿不了公家事，男子要为天下奇。
>
> 当日奸谀皆胆落，平生忠义只心知。端能饱吃新州饭，在处江山足护持。

这是诗史上著名的大义磅礴，令人热血沸腾的送别诗，诗人是冒着生命危险来写的。第一首开篇化用韩愈的"一封朝奏九重天，夕贬潮阳路八千"点明题意。中间两联正气浩然，直干云天。颔联通过胡铨的奏章震动朝庭来赞颂他凛然正气，也是对以秦桧为首的朝中奸佞的冷嘲热讽，这些昏聩的大臣一个个吓得汗不敢出，没有几个对自己尸位素餐感到羞愧。诗句与奏章一样震撼人心。颈联转到赞颂胡铨，说他名高北斗，又为他被贬而鸣不平，暗用韩愈的"好收吾骨瘴江边"。尾联以贾谊的典故作结，表达了正义终将战胜邪恶的坚强信念，同时也是对胡铨的安慰，紧扣了题意。第一首着重从胡铨上书这一角度来写，第二首着重从胡铨本人这一角度来写。开篇综合王通《文中子》"大厦将颠，非一木所支也"，孔子"知其不可为而为之"，杜甫"大厦将倾要梁栋"这些诗文的意思而成首联，用以赞扬胡铨是欲挽狂澜的国家栋梁。颔联可以用岳飞坟前的半幅对联来概括："忠奸自古同冰炭"。"痴儿"是对秦桧祸国殃民的冷嘲热讽，而"奇""男子"则是对胡铨上书乞斩秦桧的行为高度评价。用来评价诗人写这两首诗也是非常恰当的。颈联出句是对前面诗句的概括，对句则深入胡铨的内心世界，其心中之"忠义"正气，正如文天祥《正气歌》中所说的"下则为河岳，上则为日星"。最后点化黄庭坚"饱吃惠州饭，细和渊明诗"，暗含胡铨有着和苏东坡一样的不幸命运，同时也安慰胡铨，新州的江山有知，天地神明有知，也一定会保佑他平安渡过劫难。

这组诗一出，秦桧大为恼怒，将年已古稀的诗人王廷珪流放到辰州（治所在今湖南黔阳县西南）。直到绍兴二十五年（1155年），也就是杨万里得中进士的第二年，秦桧死，王庭珪方才获准随意居住。

绍兴二十六年（1156年），杨万里任赣州司户参军期间，贬中的胡铨正在由海南内迁至衡州途中，经过赣州，杨万里特以同乡晚辈、王庭珪弟子身份拜见，请求教诲。此后，杨万里与胡铨交往不断，直到胡铨去世。

绍兴二十八年（1158年）任满后，杨万里带着三年为官省吃俭用积蓄的一笔俸银，再加上他父亲多年教书的积攒，回到故里，为一贫如洗的家筑宅南溪北崖。杨万里的父亲杨芾以教书为业，七岁丧母，随父亲长期在外，故里没有房子。杨万里也曾感叹地说："我少也贱，无庐于乡，流离之悲，我岂无肠。"杨万里所建住宅是"采椽土皆如田舍翁"的普通民宅，为两倒水的砖木结构四合房，平檐单垛，垛上飞檐仰天昂起。青砖砌墙，大排山天顶。由石灰、细粗石、黄土砌成的土筑墙，楼面上部由青砖砌成，屋面清一色灰瓦，朴实素雅。墙体内木架结构分两层，上层藏物，下层住人。品字形厅堂居于中央、卧室分至左右。厅大房小，厅明房暗，为前后厅堂靠天窗的缘故。院子里有天窗有倒厅。大门开向东南角，恰与"坎宅巽门"的风水理论相吻合。门楣、屋檐有简单堆塑、彩绘。门柱、门枨、柱础、木枋头、雀替、天花板有朴素、大方、简单的花卉木刻，后来光宗题的"诚斋"二字，悬挂在大厅上。"杨万里泩塘老家旧屋一栋，仅避风雨，三世无增饰"，对于这处宅院，自建成后杨万里的父亲、杨万里自己、儿子杨长儒都未曾再装修、扩建过。从这一历史记载中可见杨万里住宅简陋破旧，生活清贫朴素。他们将俸钱赈济人民，却不肯用于进一步装修自己的房屋，可见杨万里父子为官清正廉洁，心系普通百姓。

绍兴二十九年（1159 年）十月，杨万里调任永州零陵县。零陵地处湖南南部，即是因中唐大诗人柳宗元谪居十载，并写下《永州八记》而闻名天下的湖南永州。这里江山如画，文脉横流。越城岭、都庞岭、萌渚岭，势如涛涌；萌渚岭山脉的九嶷山，又名苍梧山，驰名天下。这里地处潇水与湘水汇合处，雅称"潇湘"，群山环抱，林麓清幽，地当楚粤门户，自古号称"不塘而高，不池而深，不关而固"，乃一座气势非凡的巍峨古城。历代文人骚客，如司马迁、颜真卿、米芾、李商隐、黄庭坚、周敦颐、徐霞客、寇准等等，都曾在这里流连忘返，并留下了"雪泥鸿爪"；北宋文豪欧阳修誉之为"画图"之郡，陆游来此地游历，欣然赋诗——"挥毫当得江山助，不到潇湘岂有诗"，柳宗元的十载谪居，其浩瀚文思，为这里的山水披上了气韵生动的彩衣。据考证，零陵地名的由来，与上古五帝之一的舜帝有关。《史记·五帝本纪》记载，舜帝"南巡狩，崩于苍梧之野，葬于江南九嶷，是为零陵"。舜帝死后葬于九嶷山，他的陵墓称为零陵。舜帝的陵墓为何要冠以"零"字，历来众说纷纭。其一，古泠水之说。古泠水乃潇水支流，《水经注》云："泠水南出九嶷山"，上古时期，"泠"与"零"通用，"泠水"又作"零水"。其二，"涕零"之说。涕零者，流泪也。据说舜帝驾崩之后，他的两个妃子娥皇、女英千里寻夫而来，一路痛哭流涕，眼泪流到九嶷山下，汇成了泠水，眼泪甩在竹林，变成了萧萧斑竹，零陵者，哭陵之意也。两种传说，既有山水之形胜，也有浪漫之凄美。而缭绕着山水之形胜与浪漫之凄美的零陵古城，就成了历代落拓英雄们的灵魂栖息地。秦始皇统一中国后，设立零陵县，也有纪念舜帝之意。隋文帝统一中国后，按照"存要去闲，并小为大"的原则，废除郡制，实行州、县制。因本地郡西南有"永山永水"之称，所以将零陵郡改置为永州总管府，此后零陵永州成了一地二名。杨万里酷爱零陵山水，曾赋诗《题黄才叔看山亭》云：

> 春山华润秋山瘦，两山点黯晴山秀。湖湘山色
> 天下稀，零陵乃复白其眉。
>
> 作亭不为俗人好，个竹把茅吾事了。朝来看山

佳有余，为渠更尽一编书。

这首诗表现了同一座山在不同季节、不同天气里变化着的不同山色山貌。构思巧妙，视角独特，利用"看山亭"这一窗口，将春山、秋山、雨山、晴山的四季变化、阴晴不同的山态浓缩在一起，使不同时间里的山景山形同时透过它呈现在诗里，融进读者眼中。后两句，先评价"湖湘山色天下稀"，是铺垫，后赞美零陵山水超过湖湘，是体验，喜悦之情充溢其间。杨万里喜欢用短小精悍的诗体轻捷灵便地反映大自然，描写大自然的变化，此诗便是佳作之一。再如《送彭元忠司户二首》：

> 浯石高仍瘦，愚溪绀且寒。凭君聊杖屦，道我问平安。
>
> 句好今逾进，书来剩寄看。只言官舍小，檐下过湘滩。

对零陵山水再三致意，表示无法忘怀之情。他写零陵山水的诗文，为古郡山水人文名胜增光添彩，是一笔宝贵的财富。杨万里公务之余，在零陵县内多方游览，既观盛景，又察风俗。湘口馆，在零陵城北十里潇湘二水合流处之潇水东岸，杨万里游此有诗《题湘中馆》：

> 清境故应好，新寒殊不胜。征衣愁着尽，凭槛喜犹能。

　　乱眼船离岸，关心山见棱。箇中有句在，下语
更谁曾。

　　江欲浮秋去，山能渡水来。娵隅蛮语杂，欸乃
楚声哀。

　　寒早当缘闰，诗成未费才。愁边正无奈，欢伯
一相开。

　　诗的首联写秋江景色，用极简练的文字写出秋江之壮丽
与优美，有先声夺人之妙；此诗由景入情，写秋思层层递进，
却写得含蓄有度，显示出诗人诗歌创作的功力，确实可以称
得上是"诗成未费才。"

　　音声岩，又称阴山岩，在零陵县北高溪十里，其峭壁临
江，波心绿映其下，岩形如侧瓮，渔者经常宿于此，山峰遮
蔽阳光，往往没到傍晚就阴沉了。杨万里《自音声岩泛小舟
下高溪》描绘了音声岩夕照胜景：

　　晚日黄犹暖，寒江白更清。远山冲岸出，钓艇
背人行。

　　舟稳何妨小，波恬尔许平。大鱼不相报，拨剌
得吾惊。

　　百家渡，在零陵县城正南门二里，为柳宗元《永州八
记》之《袁家渴记》中"渴上与南馆高嶂合，下与百家濑
合"之濑也。"濑上怪石历落，嘉木层荫，村鸦带日，江树
生云，放舟破浪，从烟霭中行，景色尤不可状。"（田玉山

《百家濑记》）杨万里写有《过百家渡四绝句》：

> 《过百家渡四绝句》（其一）
> 出得城来事事幽，涉湘半济值渔舟。也知渔父赴鱼急，翻著春衫不裹头。
>
> 《过百家渡四绝句》（其二）
> 园花落尽路花开，白白红红各自媒。莫问早行奇绝处，四方八面野香来。
>
> 《过百家渡四绝句》（其三）
> 柳子祠前春已残，新晴特地却春寒。疏篱不与花为护，只为蛛丝作网竿。
>
> 《过百家渡四绝句》（其四）
> 一晴一雨路乾湿，半淡半浓山叠重。远草平中见牛背，新秧疏处有人踪。

这四首写景诗，都是抓住一个细节，抓住平凡事物中富有诗意的东西加以表现。

第一首，在湘水渡中，不写湖光山色，两岸风物，却抓住了中流的一只渔舟；又不写渔舟的种种，视线却集中在渔夫身上；却又不写渔夫的种种，单写他穿翻了衣衫，发髻不裹的自由疏散的服饰，体现了诗人对劳动者不拘礼法、衣着随便的欣赏之情。画面表现得光度集中，给人以极深刻的印象。第二首写野径早行，提供给读者的也只有单纯的集中的印象：沿途红红白白、四方飘香的野花。诗人集中兴趣于郊野的自然景物，而景物中最耀眼的则是向行人献媚竞艳的路花。这时，他身外的一切都不在他眼里了，见到的只是白白红红之花，闻到的只是四面八方袭来的香气，他就将这刹那间的感兴形之于诗。诗句并不特别警拔，但诗人的兴会却表现得异常鲜明。第三首写途经柳宗元祠堂。柳宗元曾被贬为永州司马，如果换一个居官永州的诗人，路过柳子祠，不免要怀古一番。可是杨万里的眼睛却盯住了篱竿上的蜘蛛网。篱竿本来是编在栅栏上护花的，然而却成了蜘蛛结网的凭借。这是人们在园边宅畔常见的小事物，写入诗中，给人以异常的亲切感，也显示了诗人的童心。从中固然可以发现平凡的小事物中的诗情，若说其中含有某种讽喻，似乎也无不可。好诗是常常留着让读者充分想象的余地的。以上三首都集中绘写景物中的某一个点，有如电影中的特色镜头。而第四首乍看似是写全景和远景，但细察之，置于画面中心的仍然是吸引视觉的有生意的景象。道路和远山只是画面的背景，着重呈露的却是草中的牛背和秧间的人踪。诗人的用心始终是赋予平常事物以新鲜感。这组诗充分体现了杨万里诗歌风格清新活泼，明朗通脱，语言浅近平易，无艰涩造作之态的特色。

杨万里在零陵写下的写景状物诗，善于捕捉自然景物的特征和变化状态，想象丰富新颖，语言活泼自然，时有诙谐风趣，已经初现了后来确立的"诚斋体"特点。零陵山水哺育了诗人，也因为诗人的酷爱与讴歌而名扬天下。

杨万里来到零陵的时候，早有一位抗金名将谪居于此。他就是南宋主战派领袖张浚。杨万里受王庭珪、胡铨抗金精神感召，对遭受朝廷贬谪的抗金主战派官员尤为仰慕，对于张浚的声名，杨万里早已熟识在心，因而此次与张浚近在咫尺，他希望能够拜见这位令人景仰的爱国名将。于是到达永州零陵后，立刻前往拜谒张浚。却得知张浚闭门谢客，杨万里先后三次进见均未如愿。

张浚（1097 年—1164 年），字德远，世称紫岩先生。汉州绵竹（今属四川）人。南宋名相、抗金名将、民族英雄、学者，为西汉留侯张良、唐朝开元时期名相张九龄之弟张九皋之后。张浚幼时不幸，四岁时成孤儿，但他自幼就行直视端，不说诳言，熟人知为大器。张浚于宋徽宗政和八年（1118 年）登进士第，靖康初年，任太常簿。汴京陷落，北宋灭亡后，张浚听说宋高宗在应天府（今河南商丘）即位，驰赴应天府，除枢密院编修官，改虞部郎，擢殿中侍御史。金兵南侵，宋高宗往东南逃跑，到扬州，张浚进言说："中原是天下的根本，希望修葺东京、关陕、襄邓以待巡幸。"高宗召见对他说："你知无不言，言无不尽，我将要有所作为，正如想一飞冲天而无羽翼，你留下来辅助我吧。"授任御营使司参赞军事。张浚预计金人必来攻，而南宋朝廷晏然自得，殊不防备，所以力劝宰相黄潜善、汪伯彦，但二人皆笑张浚过虑。建炎三年（1129 年）春，金人侵犯南方，皇帝到钱塘，留下朱胜非在吴门抗御，让张浚一同节制军马。后来朱胜非被召回，张浚单独留下来。当时溃兵数万，所至之处剽掠不已，张浚将溃兵招集平定下来。建炎元年（1127 年）十月，宋高宗留住扬州以来，以内侍省押班康履为首的宦官骄恣用事、妄作威福，引起诸将及士大夫的不满。到杭州后，主张逃跑的王渊因与宦官勾结而升任同签书枢密院事。因此，扈从统制苗傅、威州刺史刘正彦等人密谋发动兵变，先斩王渊、再杀宦官。建炎三年（1129年）三月五日，苗傅幕宾王世修伏兵城北桥下，等王渊退朝路过，即捽下马，刘正彦以勾结宦官谋反的罪名当即把他斩首。接着，苗、刘率兵包围行宫，一面分兵捕杀宦官康履、曾择等，一面胁迫宋高宗传位于三岁的皇子赵旉，改元明受，请隆佑太后（即元佑皇后）垂帘听政，尊高宗为睿圣仁孝皇帝，居显宁寺，改称睿圣宫，史称"苗刘之变"，也称"明受之变"。苗刘之变消息传出后，驻守平江府（今江苏苏州）的礼部侍郎、节制军马张浚协同知江宁府（今江苏南京）、同签书枢密院事、江东安抚制置使吕颐浩即决议起兵讨伐，并得到屯守吴江（今江苏）的御营前军统制张俊、由盐城（今江苏）来的御营平寇左将军韩世忠及殿前都指挥使、制置使刘光世的支持。张俊、韩世忠还先后领兵至平江，听张浚调遣。吕颐浩、张浚、刘光世、张俊、韩世忠等联名传檄中外、声讨苗刘。接着，以韩世忠为前锋、张俊翼之，刘光世为游击，吕颐浩、张浚总中军，从平江大举出兵讨伐。苗、刘闻讯后，大为惊恐，被迫朝见高宗于睿圣宫，并在宰相朱胜非等的督迫下，同意高宗复位。四月庚戌，张浚等军至临平（今浙江余杭），大败苗刘，韩世忠、张浚、刘光世入城，拜见高宗于内殿。次日，太后撤帘，吕颐浩等引勤王兵入城。事后，张浚以组织吕颐浩、张俊、韩世忠、刘光世等破苗傅、刘正彦，使高宗复位有功，被任知枢密院事。此后，张浚受到高宗信任，十分重用。然而张浚积极北伐抗金之意，终究还是与高宗偏安之心背道而驰。绍兴十六年（1146年）七月，张浚上奏备战抗金，秦桧大怒，张浚被罢去检校少傅、节度使、国公官爵，只保留文阶官特进，以提举宫观，绍兴二十年（1150年）又移往永州居住。绍兴二十五年（1155年）十月，秦桧死。十二月，张浚被重新起用，恢复观文殿大学士职衔及和国公爵位，任判洪州（今江西南昌）。此时，张浚因母死守丧，于是奉柩归葬西川，到达江陵时，又上奏请高宗备战抗金，引起新任宰相、秦桧党羽万俟卨、汤思退的不满，宋高宗也以"今复论兵，极为生事"。绍兴二十六年（1156年）十月，张浚再次被贬往永州居住。

正当杨万里苦于仰慕张浚而不得拜见时，他非常幸运地偶然结识了张浚的儿子张栻。张栻（1133年—1180年）字敬夫，后避讳改字钦夫，又字乐斋，号南轩，学者称南轩先生，南宋初期学者、教育家。南宋高宗绍兴三年（1133年），张栻出生于四川阆中。时张浚在绍兴元年（1131年）率吴玠、吴璘大败金军于和尚原之后，于第二年（1132年）奏迎太夫人即张浚母由绵竹家乡来阆中军中奉养，其妻也随太夫人前往，绍兴三年（1133年）张栻即降生于阆中。绍兴七年（1137年）张浚落职，以朝奉大夫秘书少监分司西京永州居住，绍兴八年（1138年）二月，张栻六岁，随父至永州（今湖南零陵）居住。张栻在答友人陈平甫的信中自述说："我从小跟着父亲来南方，辗转三十多年，因此虽然是蜀人但没有与蜀地的人相处过"（《南轩文集》卷二六）。张栻从小在家庭受到了张浚亲自教授的孔子儒家忠孝仁义思想。绍兴十六（1146年），张栻十四岁，张浚谪居连州（今广东连县），张栻随父居连州，从王大宝游学。王大宝，字元龟，潮州海阳（今广东潮安）人，曾知连州，后召为礼部尚书。张浚贬官至连州居住时，即令张栻从之学。此时，张浚又亲自教授张栻《周易》。绍兴二十年（1150年）至绍兴三十年（1160年），张栻十八至二十八岁，随父移居永州。这段时间，张栻主要是从父学习儒家仁义之道，并受到二程理学思想的熏陶。后南宋孝宗乾道元年（1165年），主管岳麓书院教事，从学者达数千人，初步奠定了湖湘学派规模，成为一代学宗。南宋孝宗淳熙七年（1180年）迁右文殿修撰，提举武夷山冲祐观。其学自成一派，与朱熹、吕祖谦齐名，时称"东南三贤"。张栻是南宋湖湘学派的领袖人物，他反对空谈心性，因而他把自己的理学思想和政治理想紧密地结合在一起。在其看来，德治是一个国家繁荣稳定的必由之路，君主的德治意识则对国家的命运起着至关重要的作用。此外，他还提出了一系列治国的方略，可以概括为修内攘外。修内主要是希望君主以理治国，亲君子、远小人，攘外则是坚决抗金反对投降。杨万里年长张栻六岁，二人正是相识于张栻随父居于永州的这段时间，政治观点的不谋而合使二人建立了亲密的朋友关系。直至晚年杨万里犹感叹"某行天下，自谓知我者希，知我者其惟亡友钦夫与契文乎！由今观之，知我者钦夫一人而已。"足见二人情谊之深厚。

在张栻的引荐下，杨万里终于获得了仰慕已久的谪相张浚的接见，当即以弟子之礼拜为师长。张浚于杨万里日前所送求见信及儿子张栻的介绍中，已经了解杨万里这个三十七岁的年轻县丞有着渊博的学识、是非分明的政治观念，在当世实属难能可贵。于是便对他言道："元符贵人，腰金纡紫者何限？惟邹志完、陈莹中姓名与日月争光！"（罗大经《鹤林玉露》甲编卷一）。元符是宋哲宗赵煦的第三个年号，其时间跨度为 1098 年 6 月至 1100 年，其间哲宗任用新党章惇、曾布、蔡卞等人，为首章惇受重用之下渐次跋扈，针对旧党，甚至欲结党后宫。劝宋哲宗在后宫兴起狱案，假托邪门旁道，废掉孟皇后，谋立同党刘贤妃为皇后。借孟皇后为所生之女、重病的福庆公主符水医治，犯了宫中禁忌，说孟皇后这是在诅咒皇帝。在章惇的授意下，皇后左右侍女及宦官数十人被用刑逼供，榜掠备至，肢体毁折，至有断舌者，最终致孟皇后的后位被废。期间在朝大臣多畏惧章惇，不敢多言，惟邹志完、陈莹中立朝正直，为人有气节，直言反对章惇、曾布、蔡卞等人的政治举措，反对哲宗废孟后立刘后。张浚以此二人鼓励杨万里要站在主战派立场，保持清直节操。张浚的教导，与杨万里的历任导师的言传身教和杨万里历来所受的思想影响可说是一以贯之，加上张浚的崇高威望和历经天壤之别的人生落差仍矢志不移的现实榜样，使杨万里钦服不已。

张浚同时勉励杨万里以"正心诚意"之学。正心诚意，是儒家提倡的一种修养方法，泛指心地端正诚恳。语出《礼记·大学》："欲修其身者，先正其心；欲正其心者，先诚其意；欲诚其意者，先致其知；致知在格物。"正心，指心要端正而不存邪念；诚意，指意必真诚而不自欺。认为只要意真诚、心纯正，自我道德完善，就能实现家齐、国治、天下平的道德理想。为后儒所推崇。儒家认为，人心受到忿激、恐惧、好乐、忧患等情欲的影响会不得其正，而心必须有所诚求，才能不乱而正。所以，"欲正其心者，先诚其意"。诚意的关键在于"格物致知"。只有对人情物理的认识提高了，才能服膺义理，主动克制情欲。这样，由于意真诚、心端正，个人道德完善，家庭中形成父慈子孝的关系，治国、平天下的政治理想也就实现了。正心诚意是达到心正意诚的至善道德境界的必由之路。正心诚意作为一种道德修养方法，受到了儒家思想家的推崇。宋代程颐说，进修之术，"莫先于正心诚意"（《遗书》卷十八）。朱熹也赞之为"万世学者之准程"（《朱文公文集》卷七八《复斋记》）。

"正心诚意"是理学家修身立命的主题，而且当他们以"诚"对待万事万物时，万事万物都具备了生命，充满着灵性。元祐年间，程颐侍讲经筵，见哲宗随意折一柳枝，便严肃规谏："方春万物生荣，不可无故摧折。"在程颐的心目中，柳枝与人一样具有生命与灵性，当以诚意相待，以仁爱相拥，岂可相摧！作为程颐的再传弟子，张浚不但以主战著称，同时也是一位有着深厚学术造诣的理学家，深得儒家经典之要义，并作有《紫岩易传》《论语解》《春秋解》《中庸解》等哲学著作。杨万里向张浚请教做人的道理，张浚就将儒家的内圣之学传授于他，教导他做人首先要有气骨节操，并以儒家的正心诚意之学相勉励，这是儒家内圣思想的精神实质，同时也是实现治国、平天下之社会理想的人格基础。杨万里对此铭记于心，其自云"意诚而后心正，心正而后身修，身修而后家齐，家齐而后国治，国治而后天下平，此尧舜、禹汤、文武、周公、孔子心法之至要也。"张浚的教诲对杨万里一生人格修养的形成起着至关重要的作用，正如罗大经在《鹤林玉露》中所云"诚斋得此语终身厉清直之操。"

此后杨万里便以"诚斋"自号，从中可见与张浚的相识实则是他人生的一次重大转折。多年以后，张浚去世，杨万里在诗中表现出对他的深切怀念。其诗云"浯溪见了紫岩回，独笑春风尽放怀。谩向世人谈昨梦，便来唤我作诚斋"。（《幽居三咏诚斋》）张浚之坐怀春风的人格气象成为杨万里一生的人格榜样。

杨万里得以拜见张浚之后不久，胡铨又从他的谪居之地衡州来到永州拜访张浚。绍兴末季，胡铨被贬已届二十年，张浚、胡铨二人皆年近六十，往来书信，互为慰藉，犹"无一语不相勉以天人之学，无一念不相忧以国家之患"，二人对国家社稷用心之深，于逆境困苦中持身之正，面对魑魅魍魉时胆气之坚，令杨万里肃然起敬。

绍兴三十一年（1161年）正月，金军南犯已迫在眉睫，宋高宗在不得不作抵抗准备的同时，放张浚、胡铨自便，不再限制居所。胡铨自衡州出发，访张浚于永州零陵，二人谈话间，张浚与胡铨玩笑道："秦太师秉政二十年，就只成全了你胡邦衡一个人啊！"（"忠献从容谓公曰：'秦太师颛柄二十年，成就邦衡一人耳'"），二人可谓相知矣。杨万里此段时间数次拜谒谪居在永州的张浚，正好得遇从衡州来永州拜访张浚的胡铨。杨万里四年前刚任赣州司户参军时便曾拜访胡铨，此次又有机会与老先生相见，忙请他为自己刚刚命名的"诚斋"作一篇记。胡铨再见杨万里也十分欢喜，当即挥毫写下《诚斋记》相赠，杨万里始得师事胡铨，并于《跋张魏公（张浚）答忠简胡公（胡铨）书十二纸》中欣喜地称"一日并得二师"：

> 此帖十二纸，皆紫岩先生魏国忠献公答澹庵先生忠简胡公手书也。绍兴季年，紫岩谪居于永，澹庵谪居于衡。二先生皆年六十矣。此书还往，无一语不相勉以天人之学，无一念不相忧以国家之虑也。万里时丞零陵，一日并得二师。今犬马之齿七十有六，夙夜大惧，此身将为小人之归，复见此帖，再拜三读。二先生忽焉，洋洋乎如在其上，如在其左右。

张浚、胡铨两位爱国名臣，成为杨万里终生效法的榜样。内外兼修实则是张浚与胡铨所共同遵循的人生追求，胡铨《诚斋记》中记载杨万里感叹云："夫天与地相似者，非诚矣乎？公以是期吾，吾其敢不力？"杨万里永远不忘老师教导之情彰显其中。十分幸运，杨万里所历经师事的老师大都是当时的社会名士，他们不但投身于激荡的社会现实中以恢复中原为己任，而且均濡染理学，有着深厚的学术造诣，并在两宋之际社会思潮的发展进程中起着重要的推动作用，这对杨万里早期人格理想的树立起着决定性作用。

这时，南宋的命运又一度经历着战争的考验。绍兴和议后，南宋政府用金钱买了二十年太平日子，但这种和平如同是海上的小船，稍遇到一点小风浪，船就会翻。金统治者灭亡宋朝的梦幻并未破灭。1148年，金兀术死去，海陵王完颜亮任右丞相。次年，完颜亮发动宫廷政变，杀死金熙宗，自立为帝。相传最初完颜亮偶然读到了北宋大词人柳永的著名词作《望海潮》：

东南形胜，三吴都会，钱塘自古繁华，烟柳画桥，风帘翠幕，参差十万人家。云树绕堤沙，怒涛卷霜雪，天堑无涯。市列珠玑，户盈罗绮，竞豪奢。

重湖叠巘清嘉。有三秋桂子，十里荷花。羌管弄晴，菱歌泛夜，嬉嬉钓叟莲娃。千骑拥高牙。乘醉听箫鼓，吟赏烟霞。异日图将好景，归去凤池夸。

传说金主完颜亮读到这首词后，对"三秋桂子，十里荷花"的江南美景十分倾慕，遂起"投鞭渡江"之意，梦想一举灭宋，尽享江南繁华。1132 年，命张浩等大修燕京（今北京）宫室，次年从上京（今黑龙江哈尔滨西南）迁都燕京，命名中都大兴府。接着又营汴京（今河南开封），准备逐步南迁，直逼南宋。公元 1159 年正月，宋金贸易的榷场，除泗州（今江苏盱眙）一处外，全部被金停止。二月，完颜亮命户部尚书苏保衡等于通州造战船，并调集诸路"猛安谋克"（金女真的军事和社会组织单位）军以及契丹、奚人年二十五岁以上五十岁以下者从军，共五十余万人。又命诸路大造兵器，征调军马，共征到马五十六万余匹。1160 年，签发各路汉军和水手，得三万人。同时，加紧修建开封的宫殿，作为南侵的前进基地。1161 年 7 月，完颜亮迁都汴京。九月，完颜亮自将三十二总管，六十万兵力，分四路大举南侵。东路，完颜亮亲自率领，由寿春攻淮南。中路，刘萼、仆散乌者率领，自蔡州南攻荆襄。西路，徒单合喜、张中彦率领，自凤翔攻大散关。海路，苏保衡、完颜郑家率水军由海道直取临安，势在一举灭亡南宋。

1158 年，宋朝贺金正旦使孙道夫回国后即报告了金国有南侵之意，高宗以为金没有什么借口。宰相汤思退疑心孙道夫借此引荐主战派张浚，便把孙道夫贬知绵州。1159 年末，金出榜禁止百姓传说即将起兵南侵的消息传到南宋。但当早年投靠金朝，现今又作为金朝的贺宋正旦使来南宋的施宜生也向宋透露了金兵不时南侵的讯息，宋高宗就不能不正视了。一方面，无子的他立同宗的侄子、宋太祖赵匡胤七世孙、太祖子秦王赵德芳六世孙赵瑗为皇子，以便在抗金形势不利时退位逃避抗金的重任；另一方面，于绍兴三十年（1160 年）春，派同知枢密院事叶义问出使金朝，探侦虚实。叶义问证实金军即将南侵的消息后，右相陈康伯、兵部尚书杨椿立即布置两淮守备。在金军南侵的威胁下，秦桧的帮凶左相汤思退首先遭到抗战派反对和攻击，高宗无奈，只得将其免官。绍兴三十一年（1161 年）四月，金派使至宋，正式挑衅。五月，金使到临安，使者当面辱骂高宗，要求派大臣去开封商议割淮汉流域土地给金，并以大江为界。战争一触即发，南宋群臣议论纷纷。主和派又主张逃跑。陈康伯坚决反对，说："敌国败盟，天人共愤。今日之事，有进无退。"坚决主张抗金。一些太学生也积极请战。高宗遂命令备战，分四路迎敌。以吴璘为四川宣抚使，负责川、陕防务；以老将刘锜为淮南、江南、浙西制置使，节制诸路军马，担负江淮地区抗击金军主力的重任；以成闵为京湖制置使，率兵三万戍鄂州，与守襄阳的吴拱犄角相应，防守长江中游；以李宝为沿海制置使，率海船一百二十艘由海道北进，袭击金水军。

金军南下后，宋军不战而溃。一个月左右，金兵推进到长江北岸的和州（今安徽和县）。金军南侵的消息传来，刘锜抱病从镇江渡江进驻扬州，随即派兵北上，进驻宝应、盱眙、淮阴，淮东的防务有所准备。但负责淮西防务的王权却逗留建康，不肯进军，在刘锜督催之下，才与妻泣别，进驻长江北岸的和州，不想前进。又在刘锜再三命令之下，才进驻庐州。十月初，当刘锜赶到淮阴时，金军到达淮河北岸。由于王权不进，淮西事实上没有设防，金军由此从容南下。而当王权得知金军过淮河，又弃庐州南逃。金军迅速推进到滁县（今安徽滁州），即将临江。在港阴抗击金军的刘锜得知这此消息，也只得退兵扬州。

完颜亮挥军南下，直逼长江北岸。金军临江消息传到临安，京城乱作一团。文武官员纷纷把家属送走，宋高宗也要坐船出海躲避，所谓"浮海避敌"。只有陈康伯和黄中的家属留在临安，并坚决反对逃海，高宗不得已，才表示"亲征"，继续抵抗。命李显忠接替王权，同时派中书舍人虞允文到采石（位于今安徽马鞍山）犒师。虞允文的此次秀才出征，不仅奠定了他日后的政坛地位，同时，年长杨万里十七岁、与杨万里同榜进士出身的虞允文，此次出征也间接地为杨万里的飞腾做好了铺垫。

虞允文（1110年—1174年），字彬父，一作彬甫，南宋隆州仁寿（今属四川省眉山市仁寿县藕塘乡人。）虞允文自幼读书，七岁即能提笔作文。后来凭借父亲为官的缘故，进入仕途。母亲去世后，虞允文极度悲伤，考虑到父亲孑然一身，且身患有疾病，七年未曾调任。绍兴二十四年（1154年）虞允文进士及第，获委任为通判彭州，权知黎州、渠州。

时秦桧当权，虞允文等四川书生皆不获重用。秦桧死后，终于获得中书舍人赵逵推荐，就任秘书丞，官至礼部郎官、中书舍人、直学士院。此次金兵南侵，虞允文已是五十三岁的知天命之年，任参谋军事，与杨万里初次入仕一样，仅是个从九品的小官。此次派上前线，虞允文的任务也只是来劳军，不是督战。十一月八日，虞允文赴采石犒师，距采石数公里外，即闻鼓声阵阵，问道旁行人，说是金军今日渡江，随行人都想回去，虞允文不听，进至采石。此时王权已经走了，接替他职务的李显忠却还没到。宋军没有主将，人心惶惶，秩序混乱。虞允文到了江边，见王权残部士气低落，零散坐于路旁，皆作逃遁之计。见到队伍这样涣散，虞允文十分吃惊，觉得等李显忠来已经来不及了，就立刻召集宋军将士，说以忠义，鼓舞士气，决心一战。宋军部将见虞允文出来作主，也打起精神来了。他们说："我们吃尽金人的苦，谁不想抵抗。现在既然有您作主，我们愿意拼命作战。"有个跟随虞允文一起去的官员悄悄地对虞允文说："朝廷派您来劳军，又不是要您督战。别人把事办得那么糟，您何必背这个包袱呢？"虞允文气愤地说："这算什么话！现在国家遭到危急，我怎么能考虑自己的得失，逃避责任。"虞允文是个书生，从来没有指挥过战争。但是爱国的责任心使他鼓起勇气。他立刻命令步兵、骑兵都整好队伍，沿江布阵，又把江面的宋军船只分为五队，一队在江中，两队停泊在东西两侧岸边，另外两队掩匿山后。敌军以为采石无兵，及近南岸，见宋军列阵相待，当涂人民观战助威者十数里不绝，方才大惊，欲退不能，只得前进。几百艘金军大船迎着江风，满载着金兵向南岸驶来。没过多少时间，金兵已经陆续登岸。虞允文命令部将时俊率领步兵出击。时俊挥舞着双刀，带头冲向敌阵。兵士们士气高涨，拼命冲杀。金兵进军以来，从没有遭到过抵抗，一下子碰到这样强大的敌手，就都垮下来了。江面上的宋军战船，也向金军的大船冲去。宋水军多用海鳅船，大而灵活，而金军船只底平面积小，极不稳便，宋船乘势冲击，就像尖利的钢刀一样，插进金军的船队，把敌船拦腰截断。敌船纷纷被撞沉。敌军一半落在水里淹死，一半还在顽抗。太阳下山了，天色暗了下来，江面上的战斗还没有结束。这时候，正好有一批从光州（今河南潢州）逃回来的宋兵到了采石。虞允文要他们整好队伍，发给他们许多战旗和军鼓，从山后面摇动旗帜，敲着鼓绕到江边来。江上的金兵听到南岸鼓声震天，看到山后无数旗帜在晃动，以为是宋军大批援兵到来，纷纷逃命。金军遭到意料不到的惨败，气得完颜亮暴跳如雷，将怒气全发泄在士兵身上，勒令第二天强渡长江，完不成任务者军法从事。次日，虞允文又派新盛率水军主动进攻长江北岸的杨林渡口。金船出港，宋军用强弩劲射，又使用霹雳炮轰击，又大败金军。完颜亮见渡江失败，只得退回和州，接着逃往扬州。宋军在采石大胜之后，主将李显忠才带兵到达。李显忠了解到虞允文指挥作战的情况，十分钦佩。虞允文对李显忠说："敌人在采石失败之后，一定会到扬州去渡江。对岸镇江那边没准备，情况很危险。您在这儿守着，我到那边去看看。"李显忠马上拨给虞允文一支人马，由虞允文率领前往镇江。镇江原来是由老将刘锜防守。那时候，刘锜已经病得不能起床了。虞允文到了镇江，先去探望刘锜。

刘锜躺在床上，紧紧拉着虞允文的手，心情沉重地说："国家养兵三十年，没有立过一点战功，想不到立大功的还是靠您这位书生，我们当将军的实在太惭愧了。"虞允文安慰了他，就回到军营。他命令水军在江边演习。宋军制造了一批车船，由兵士驾驶，在江边的金山周围巡逻。金兵打了几次败仗，都害怕作战。有些将士暗地里商量逃走。完颜亮在进退无路的条件下，孤注一掷，命令金军三天内全部渡江南侵，否则一律处死。隔岸的宋军刚打了胜仗，士气高涨，严阵以待，金军强渡无望，而完颜亮一贯用法苛严，使金军将士进退两难。他们得知完颜雍已在辽阳称帝，并废完颜亮为庶人，便也思变，二十七日清晨完颜元宜率军杀死完颜亮。十二月初，金军退走，宋军乘机收复两淮地区。之后，金世宗完颜雍为了稳定内部，派人到南宋议和，宋金战争又暂时停了下来。

这一场战争改变了宋、金两个国家的命运，也改变了很多人的命运。金国的皇帝换成了金世宗，世宗皇帝勤于国政、励精图治，开创了"大定盛世"，时人都称其为"小尧舜"。宋朝方面，经历了这场劫难，赵构似乎看透了皇位这个东西，生不带来，死不带走。可从古到今，多少人为此挣的头破血流，命丧黄泉，甚至连累九族。殊不知地位越高，烦恼也越大，很多烦恼还无法解决。皇帝就像是站在连接两座山顶之独木桥上的人，虽然你位高权重，山下的人都仰慕你、羡慕你，但你也必须小心翼翼，稍有不慎，便会从桥上掉下，粉身碎骨，败亡的原因可能是用错了一个人，不经意间得罪了一个人……宋高宗二十岁登基，为了皇位什么事都做过，前半生最希望死的人是自己的大哥，如今威胁解除了，反倒觉得皇位这东西索然无味。五十五岁那年，他宣布禅位给皇太子，即南宋孝宗赵昚，自己搬出去颐养天年。

虞允文立有大功，使江南百姓免遭涂炭，让南宋晚灭亡了一百多年，可谓一夜成名，朝野上下一片诚心颂扬。此时，尚在零陵县丞任上的杨万里有感于同年虞允文在采石之战中临危不乱，主动担责，力挽狂澜，指挥宋军反败为胜、转危为安的英勇壮举，十分感慨地作《海鳅赋》以记：

> 辛巳之秋，牙斯寇边，既饮马于大江，欲断流而投鞭。自江以北，号百万以震扰；自江以南，无一人而寂然。牙斯抵掌而笑曰："吾固知南风之不竞，今其幕有乌而信焉。"指天而言："吾其利涉大川乎！"方将仗三尺以麾犬羊，下一行以令腥膻，掠木绵估客之艓，登长年三老之船；并进半济，其气已无江堧矣。南望牛渚之矶，屹峙七宝之山；一帜特立于彼山巅。牙斯大喜曰："此降幡也。"贼众呼"万岁"而贺曰："我得天乎？"
>
> 言未既，蒙冲两艘，夹山之东西，突出于中流矣。其始也，自行自流，乍纵乍收，下载大屋，上横城楼；缟于雪山，轻于云球；翕忽往来，顷刻万周；有双橹之舞波，无一人之操舟。贼众指而笑曰："此南人之喜幻，不木不竹，其诳我以楮先生之俦乎？不然，神为之楫，鬼与之游乎？"笑未既，海鳅万艘，相继突出而争雄矣，其迅如风，其飞如龙。俄有流星，如万石钟；贾自苍穹，坠于波中；复跃

而起，直上半空；震为迅雷之隐辚，散为重雾之冥濛；人物咫尺而不相辨，贼众大骇而莫知其所从。于是海鳅交驰，搅南蹂东；江水皆沸，天色改容；冲飚为之扬沙，秋日为之退红。贼之舟楫，皆蹸藉于海鳅之腹底；吾之戈艇矢石，乱发如雨而横纵；马不必射，人不必攻；隐显出没，争入于阳侯之珠宫。牙斯匹马而宵遁，未几自毙于瓜步之棘丛。

予尝行部而过其地，闻之渔叟与樵童；欲求牙斯败衄之处，杳杳不见其遗踪。但见倚天之绝壁，下临月外之千峰。草露为霜，荻花脱茸。纷棹讴之悲壮，杂之以新鬼旧鬼之哀恫。因观蒙冲、海鳅于山趾之河汭，再拜劳苦其战功；惜其未封以下濑之壮侯，册以浮波之武公。抑闻之曰：在德不在险，善始必善终。吾国其勿恃此险，而以仁政为甲兵，以人材为河山，以民心为垣墉也乎！

此文以传神之笔，描写了南宋海军奋然出击，英勇歼敌，出奇制胜的壮阔场景，使人如临其境，可见笔力雄健。

对于虞允文的壮举，甚至连后来元朝撰写《宋史》的脱脱都这样写到：

允文姿雄伟，长六尺四寸，慷慨磊落有大志，而言动有则度，人望而知为任重之器。早以文学致身台阁，晚际时艰，出入将相垂二十年，孜孜忠勤无二焉……允文许国之忠，炳如丹青。金庶人亮之

南侵，其锋甚锐，中外倚刘锜为长城，锜以病不克
进师。允文儒臣，奋勇督战，一举而挫之，亮乃自
毙。昔赤壁一胜而三国势成，淮淝一胜而南北势定。
允文采石之功，宋事转危为安，实系乎此。

数百年后，毛泽东主席读《二十四史》，看到虞允文在
采石矶的表现，不由地竖起大拇指，赞曰："伟哉虞公，千古
一人！"

同时，绍兴三十一年（1161年）正月，金军南犯迫在眉
睫之时，宋高宗在不得不作抵抗准备的同时，也放宽了对张
浚居住地点的限制。同年十月，在宋金战争已经开始的情况
下，又起用张浚任判潭州，十一月又改为判建康府，当他十
二月下旬到任时，"采石之战"已结束，金帝完颜亮已被部
下杀死，两淮金军也开始退兵。但宋金战争仍在进行中，宋
高宗却认为终归于和，所以并不重用张浚。直到绍兴三十二
年（1162年）五月，才任命张浚专一措置两淮事务兼两淮及
沿江军马，全面负责江淮防务。

公元1162年6月，采石之战的隆隆炮声犹在耳边，南宋
第一个皇帝宋高宗赵构就宣布禅位，转而做起了太上皇。南
宋自建国以来，就一直存在着主和与主战两种截然相反的声
音。宋高宗从骨子里就是一个主和派，所以他才冒天下之大
不韪，自毁长城，杀害了主战派代表岳飞以迎合金兀术，签
订了割地、纳贡、称臣的绍兴和议。然而，现实结结实实地
给了宋高宗一记响亮的耳光，绍兴和议仅仅维持了二十年，
金海陵王完颜亮就挥军南下，饮马长江，差一点就重演了当

年金兀术搜山检海捉赵构的一幕。实际上宋高宗也几乎再一次出海逃亡。幸亏文臣虞允文于危难之际拯救了南宋。采石之战宣告了宋高宗投降政策的彻底破产，因此赵构审时度势之下，索性便禅位给一直主战的太子赵昚，这就是南宋唯一有志于恢复中原的宋孝宗。

宋孝宗赵昚（音甚），原名伯琮，他并非高宗亲生之子，乃是太祖赵匡胤七世孙，秦王赵德芳六世孙。北宋开国之时，太祖赵匡胤驾崩后，其弟太宗赵光义登基为帝，此后皇位一直在太宗一系传承，到高宗时，金国屡次南侵，宋高宗赵构在一次次狼狈出逃中，由于受到过度的惊吓，失去了生育能力，而他唯一的儿子赵旉年方三岁，也在苗刘之变后死去，加上太宗系的后人，在靖康之变后基本被金国一网打尽，因此从太宗的后代之中几乎找不出可以继承自己皇位的合适人选。为了不至于使自己在百年之后皇位落于外姓人氏之手，宋高宗被迫在宋太宗的哥哥宋太祖的后代中寻找可以继承自己皇位的人选。与宋太宗的后代不同，当时宋太祖的后代有上千人之多，经过一番仔细的搜寻，宋高宗终于找到了一胖一瘦两个小堂侄。在两个太子人选当中，赵昚便是其中一位偏瘦的孩子。刚开始，宋高宗对赵昚并没有太大的好感，而是中意胖点的孩子。按理说赵昚继承皇位的机会应当也就到此画上了句号，但是也许冥冥之中自有天意，正在他放弃做皇帝的梦想之时，发生了一件微小的事情，进而使整个局面发生了巨大的变动。事情的经过是这样的：有一次，宋高宗将赵昚和另一个胖点的孩子赵琢叫到一起，恰巧此时闯进了一只猫，六岁的赵昚正全神贯注地听宋高宗讲话，猫闯进来后连眼睛都没有眨一下；而胖孩子赵琢却不同，猫闯进来后他显得很惊慌，再也无心听宋高宗讲话，连忙伸脚去踢猫，动作极其粗鲁。赵琢这一粗鲁的举动彻底葬送了高宗原本对他存有的好感，虽然最后两个孩子都被养育宫中，但高宗的感情明显倾向于赵昚。赵昚直到三十五岁时才被立为太子，究其原因，主要有两个方面：其一是赵昚非宋高宗亲生，宋高宗始终对他怀有成见，他希望多给自己留些时间，渴望生育自己的儿子；其二是宋高宗的母亲韦太后不喜欢赵昚，而喜欢另一个养育在宫中的赵琢，她一直劝高宗立赵琢为太子，这使宋高宗在立太子的问题上一直摇摆不定，不知如何取舍。最终，他想出了一个既可以不使韦太后生气，又可以考验赵昚和赵琢的万全之策：给他们两人分别送去十名绝色处女，待半个月之后再将这些佳丽召回来认真查验，谁破处最少，谁将是皇位的最佳人选。宋高宗想出的这个招数很管用，效果也很明显。送给赵昚的十个佳丽被召回来之后完好如初，而送给赵琢的十个佳丽却全部都不再是处女。最终，赵昚通过了宋高宗的考验，顺利地被立为太子，直至登上皇帝的宝座。这一选立过程，体现出北宋以来，理学兴盛，以朱熹为代表的理学家提出"存天理，灭人欲"的理学观念，要求士大夫克己守礼，非礼勿听，非礼勿视，非礼勿动，禁欲主义成为伦理纲常的基本要求，朝廷上也要求皇族大臣清心寡欲、修身养性，从而形成了一种道德评判。所以赵昚的不近女色就成为道德高尚、品质端正的代表，受到高宗的钟爱。同时，赵昚对高宗赵构非常有礼，孝敬有加，对高宗的教诲言听计从，时时流露出对高宗知遇的感激之情，而且赵昚对时局形势的分析，外交国策的建议每每让高宗深以为是，赵昚还曾帮助高宗识破了秦桧暗中谋划让自己的儿子做宰相的计划，展现出卓越的才华，所以高宗最终决定立赵昚为太子。赵昚三十六岁时被立为太子，同年登基。从此，宋朝皇位又回到了太祖一系。在禅位仪式上，宋高宗说了一句出自内心的自我评价："朕在位失德甚多，更赖卿等掩覆。"可谓一生的总结。

绍兴三十二年（1162年），宋孝宗一上任就表现出与宋高宗不一样的地方。他恢复了主战派胡铨的官职，为抗金英雄岳飞平反，追封岳飞为鄂国公，谥号为"武穆"，在西湖边建立岳坟，供后人缅怀。他还削去秦桧的官号，又将秦桧任宰相期间制造的冤案全部予以昭雪。他重用主战派，复张浚为枢密使，隆兴元年（1163年），不久又拜其为相，封为魏国公，都督江淮军马渡淮北伐，收复宿州（今安徽宿州市）等地，并且整顿吏治，积极备战。这些措施在当时得到了民众的支持，杨万里听闻胡铨、张浚两位恩师被启用，也心中大快！

（五）仕途颠簸几多年

孝宗即位次年改元隆兴，龙兴元年（1163年）三月，杨万里零陵县丞三年任满。杨万里热爱着零陵县这块沃土，他在《零陵县种爱堂记》中深情地说："零陵……山川木石之奇，古不求闻于世，而为天下之所慕。故生于其间者，多秀民。至于前辈诸巨公不容而南者，名德相望，而寓于此，其人士见闻而熟化焉，往往以行义、文学骏发而焯者，视中州无所与逊也"。文字饱含了对人杰地灵的零陵县的褒扬。杨万里为官零陵颇有惠政。他倾力辅佐知县，为政爱民。当时零陵知县为吕行中，杨万里是吕行中的助手，两人"三年为寮无间然。"吕行中的"政治有声"，自然也有杨万里的一份功绩在内。杨万里零陵为丞三年多，足迹几乎遍及全县。出现旱情，他自动下乡考察；秋收以后，他亲自下乡催租。他的《零陵县种爱堂记》认为，做官治民就像种花木一样，必须得其"理"，尽其"性"，亦即必须懂得圣人之道，顺应民情，使民不违农时，安居乐业。他的《视旱过雨》等诗，反映了他为政爱民的思想感情。如《视旱过雨》：

> 已旱何秋雨，无禾始水声。病民岂天意，致此定谁生。
>
> 汤爪宁须剪，桑羊可缓烹。小儒空自叹，得到凤凰城。

再如《视旱憩镜田店》：

> 走檄堪频捧，严程敢少徐。虽晴恐非久，犹热未全无。
>
> 憩息翻增倦，驰驱减壮图。诗成兼利害，失闷得清臞。

为百姓受旱情困扰而忧心，体现了一个尽职尽责的父母官之心。

杨万里十分注重表彰时贤，以佐教化。他十分注意"俗之厚薄"，并为此作了许多努力。他在与零陵秀才唐德明的交往中，看到德明书斋附近的万杆毛竹笔直挺立，青葱翠绿，就笑着对德明说："此非所谓抗节玉立者耶?"他以竹喻人，其意在于：人生在世，应该有气节，亭亭玉立，慷慨敢为。他还以"玉立"名德明的书斋，不仅是赞扬德明"遇朋友有过面折之"的磊落胸怀和"愤世疾邪之心"（《玉立斋记》）的高尚品德，也是为了勉励其他士人做一个堂堂正正的人。《玉立斋记》文曰：

> 零陵法曹厅事之前，逾街不十步，有竹林焉。美秀而茂，予甚爱之。欲不问主人而观者屡矣，辄不果。或曰："此地所谓美秀而茂者，非谓有美竹之谓也，有良士之谓也。"予闻之喜，且疑竹之爱，士之得，天下孰不喜也，独予乎哉?然予宦游于此几年矣，其人士不尽识也，而其良者独不尽识乎?予欲不疑而不得也。
>
> 今年春二月四日，代者将至，避正堂以出，假屋以居，得之，盖竹林之前之斋舍也。主人来见，唐其姓，德明其字。日与之语，于是乎喜与前日同，而疑与前日异。其为人，庄静而端直，非有闻于道，其学能尔乎!有士如此，而予也居久而识之，斯谁之过也?以其耳目之所及，而遂以为无不及，予之过，独失士也欤哉!德明迫暇，与予登其竹后之一

斋。不暏万竹，顾而乐之，笑谓德明曰："此非所谓'抗节玉立'者耶？"因以"玉立"名之。而遂言曰："世言无知者，必曰'草木'；今语人曰'汝草木也'，则艴然而不悦。此竹也，所谓草木也非耶？然其生则草木也；其德则非草木也。不为雨露而欣，不为霜雪而悲，非以其有立故耶？世之君子，孰不曰：'我有立也，我能临大事而不动，我能遇大难而不变。'然视其步武而徐数之，小利不能不趋，小害不能不遁。问之，则曰：'小节不足立也，我将待其大者焉！'其人则不愧也，而草木不为之愧乎？"

德明负其有，深藏而不市，遇朋友有过，面折之，退无一言。平居奋然有愤世嫉邪之心，其所立莫量也。吾既观竹，夜归，顾谓德明曰："后有登斯斋者，为我问曰，人观竹耶？竹观人耶？"隆兴元年，庐陵杨某记。

杨万里在零陵高溪考察时，得知宋初有一"唐叟居其下，操舟独钓，伏腊暂归，受子孙谒见，凡三十年。人赠之金，即施于众。杨诚斋为建'高风亭'于其上。"（嘉庆《永州府志》）杨万里为一个乡下操舟独钓的老渔翁建高风亭，就是为了让"人赠之金，即施于人"的高尚风格在民众中广泛传播，达到"以佐教化"的目的。杨万里还十分注重为国寻觅良士，举荐人才。清隆庆年间编写的《永州府志》记载了这样一个故事：零陵有个叫吕丕的人，他有一个儿子叫吕陟。这个聪明好学的后生，早就拜张浚为师，求学其门下，又与张浚的儿子张栻交往甚密。一天，杨万里督租路过吕陟所住的青桂里，听说了这么个人，就特意去拜访他。杨万里回到县衙，正碰上郡守来访，向杨万里询问"所过知有人材否？"他回答说："青桂里得一吕升卿，饱学之士，宜即招致乡校，领袖诸生。"在杨万里的举荐下，吕陟当了官，后调任常德府录事参军。

杨万里在零陵为人民做过许多好事，当他任满离开的时候，零陵士民立祠祭祀这位贤县丞。零陵县纪念杨万里的建筑除了"杨诚斋祠"外，还有"名宦祠""寓贤祠"和"莹心书院"等。

孝宗隆兴元年（1163 年）春，三十七岁的杨万里卸任零陵县丞后，因张浚推荐，除临安府教授。宋代除宗学、律学、医学、武学等置教授传授学业外，各路的州、县学均置教授，掌管学校课试等事，位居提督学事司之下。宋高承《事物纪原·抚字长民·教授》："宋朝神宗元丰中，兴太学三舍，以经术养天下之才，又于诸大郡府，始各置教授一人，掌教导诸生。"得授教授一职，虽然品级不高，但在以学问为重的宋朝掌管学校课试，也说明了对杨万里学问人品的认可。加之临安府名为皇帝"行在"，实为南宋都城，杨万里得以入职京官，得到了良好的发展机会。但他刚刚赶到临安，未及赴任，就收到了父亲病重的消息，生性至孝的他赶忙于隆兴二年（1164 年）正月西归，回到吉水老家，亲身侍奉父亲汤药。同时，虽然身在乡野，出于一片为国的赤诚之心，加之师从的张浚、胡铨正为孝宗所重用，他始终关注着国家的态势，然而不久，杨万里就得到了符离兵败的消息，隆兴北伐宣告失败。

隆兴元年（1163年）四月，孝宗为防止主和派干预，径自绕过三省与枢密院，直接向张浚和诸将下达了北伐的诏令。隆兴北伐正式开始。张浚在接到北伐诏令之后，调兵八万，号称二十万，一路由李显忠率领取灵璧，一路由邵宏渊指挥攻取虹县（今安徽泗县）。五月，李显忠顺利攻克灵璧，而邵宏渊却久攻虹县不下，李显忠遂派灵璧降卒前去劝降，虹县守将才放弃抵抗。而邵宏渊则以虹县战功不出于己为耻，对李显忠心怀怨望。李显忠建议乘胜进攻宿州（今安徽宿县），邵宏渊却按兵不动。李显忠只能率部独自攻克宿州，城破，邵宏渊部才投入战斗。攻克宿州令孝宗大受鼓舞，但前线两将矛盾却趋于激化。孝宗擢李显忠为淮南、京东、河北招抚使，邵宏渊为副使，但他耻居李下，向张浚表示拒绝接受李显忠的节制。而张浚则迁就了邵宏渊的要求。之后李显忠与邵宏渊在宿州府库赏赐的问题上产生纠纷，当时南宋军队都是吃饱拿足的骄兵悍将，一经挑唆，人心立刻浮动。与此同时，金将纥石烈志宁率先头部队万余人来攻宿州，被李显忠击败。但金军十万主力随即赶到，李显忠奋力苦战，邵宏渊却不仅按兵不动，还大说风凉话："这大热的天，摇着扇子还嫌不凉快，何况在大日头下披甲苦战！"于是，军心立时涣散，无复斗志。入夜，邵宏渊部中军统制周宏自为鼓噪，扬言金军来攻，宋军遂不战自溃。金军乘虚攻城，李显忠杀敌两千余，终于难阻溃败，叹道："老天未欲平中原耶？何苦阻挠如此！"于是率部撤退。但行未多远，宋军就全线崩溃，军资器械丧失殆尽。所幸金军不知底细，没有贸然追击，宋军才在淮河一线站住了脚跟。宿州旧郡名符离，故史称这场溃败为"符离之溃"。这场败仗根源于宋孝宗实力不足又缺少必胜的勇气。南宋缺兵少将是事实，孝宗对张浚的信任感由于史浩在陕西弃地一事上的错误主张而大大加强，倚靠张浚是由于南宋大将凋零，当时岳飞、韩世忠、吴玠、刘锜皆已死，吴璘新败，后起之秀虞允文资历尚不能与张浚比肩，故而张浚是北伐统帅的不二人选，但宋孝宗缺少必胜的勇气，拒绝张浚提出的"请上幸建康，以成北伐之功"建议。"符离之溃"对孝宗的雄心给予了重大打击，他开始在战和之间摇摆不定。"符离之溃"后即降张浚为江淮宣抚使，都督两淮防线，抵挡金军南下。六月，孝宗让主和派代表汤思退复出，七月使其担任右相。同时，主战派大臣张焘、辛次膺和王十朋等相继出朝。八月恢复张俊都督江淮军马的职务，并采纳汤思退的建议，派淮西安抚使干办公事卢仲贤前往金军大营议和。

　　符离之溃的消息传来，在家乡吉水照顾老父的杨万里悲痛万分，写下了《读罪己诏》：

　　　　《读罪己诏时有符离之溃》其一
　　　　莫读轮台诏，今人泪点垂。天乎容此虏，帝者渴非羆。
　　　　何罪良家子，知它大将谁。愿惩危度口，傥复雁门踦。
　　　　《读罪己诏时有符离之溃》其二
　　　　乱起吾降日，吾将强仕年。中原仍梦里，南纪且愁边。

　　陛下非常主，群公莫自贤。金台尚未筑，乃至

羡强燕。

　　《读罪己诏时有符离之溃》其三

　　只道六朝窄，渠犹数百春。国家祖宗泽，天地

发生仁。

　　历服端传远，君王但侧身。楚人要能惧，周命

正维新。

　　回顾历史，征和四年，（公元前 89 年）汉武帝离死还有
一年多的时间。这一年，汉军早已把北边的匈奴彻底打残，
这些匈奴面对凶悍不讲理且不依不饶的强敌，打不过不说，
内部还分化瓦解起来。一部分有劲逃跑的，直接跑到汉军看
不到、闻不着、抓不到的地方，一部分没劲跑的，或者没跑
了的，则主动与汉人尽弃前嫌，接受改编和融合。最后一支
不服气的，躲在西域，威胁和驱使着那里的小国们，和汉朝
对抗。汉武帝已经派兵和他们打了很多次，总体上看，胜多
败少。按说局势一片大好，有点雄心的肯定会下决心，荡平
敌寇。这时候，做事一向积极的大臣们，如搜粟都尉桑弘羊、
大鸿胪田千秋等合伙提议，在千里之外的"轮台"这个荒芜
之地，设立堡垒，派驻兵士，屯田驻守，以求日后的攻取之
效。但一向比大家更积极进取的汉武帝为此专门下诏，竟然
出人意料地表达出以后汉朝要把头缩起来的意思。这就是历
史上"赫赫有名垂千古"的"轮台诏"。诏书在前面三分之
一的部分里，主要解释前些时候汉军被匈奴打败的原因，以

及汉武帝是如何尽了人事帮助败兵的。在诏书的最后段落，汉武帝明确承认，自己以前干了一些狂妄悖谬之事，让老百姓跟着他受了很多不该受的苦，他很后悔，并要求各级官僚们都不要再做那些残害老百姓生活幸福的事情了。尽管诏书是皇帝针对具体事发表的意见，但还是比较明确地表达出准备改革既定施政路线和对自己以前做事有所失误而悔恨的意思。杨万里诗中说，抗金收复中原的志士们不要读那令人心痛的《罪己诏》，因为读了之后会忍不住流下失望和悲愤之泪。难道是上天让金国胡虏侵占中原吗？皇帝需要的是像姜太公那样的贤相，中原未复其实是因为贤才没有被任用。北伐溃败的原因不是战士们不奋勇杀敌，而应归罪于视国家命运为儿戏的"大将"。此处指造成符离之溃的前线将领邵宏渊和李显忠。符离军溃，主要是由于二将不和，贻误战机。诗歌最后以"愿惩危度口，惋复雁门踦"作结，是说当下要以败为戒，败而不馁。杨万里是诗人，也是政治家，这首诗显示出了杨万里作为政治家的眼光。第二首从自身写起，先回顾南渡后近四十年的偏安现状：中原难复，南宋尚危。然后反思造成这种局面以及此次北伐失败的原因，是痛定之后进一步反思之作，感情更加深沉，见解也更深了一步。全诗字字发自肺腑，真情流露，用典精准，同时又蕴含丰富感情，是杨万里爱国诗作中的名篇，历来为人们所推重。清人翁方纲不喜欢杨万里的诗，以为杨万里诗是"诗家之魔障"，却也说"诚斋《读罪己诏》诗极佳，此元从真际发露也"（《石州诗话》卷四）。从汉武帝到南宋这么长时间，杨万里是第一个感到汉武帝是在罪己的诗人，从此，这份本来很普通的诏书，名字被改成"轮台罪己诏"。

正当杨万里为北伐失败、符离之溃悲愤的时候，接二连三的伤痛再度袭来，同年八月，杨万里的父亲病逝了，几天之后，被迫离朝出守福州的恩师张浚也在忧愤交加中病逝在赴任的路上。严父的离去已经让杨万里心乱如麻，恩师张浚的去世更让杨万里感到国家在动荡之际失去了股肱之臣，悲痛不已，挥毫写下挽诗《故少师张魏公挽词三章》（一）：

　　出尽民犹望，回军敌尚疑。时非不吾以，天未胜人为。

　　自别知何恙，从谁话许悲。一生长得忌，千载却空思。

《故少师张魏公挽词三章》（二）

　　手麾日三舍，身驭月重轮。始是峨岷秀，前无社稷臣。

　　向来无破斧，何用更洪钧。只使江淮草，明年不作春。

《故少师张魏公挽词三章》（三）

　　读易堂边路，曾闻赤舄声。心从画前到，身在易中行。

　　忧国何缘寿，思亲岂欲生。不应永州月，犹傍两窗明。

诗中字字血泪，对爱国名臣张浚抱恨以殁深表痛惜。张浚去世，一代将星陨落。宋高宗曾将张浚誉为东晋之王导，多次谈到"张浚爱君爱国，出于诚心"。宋孝宗对张浚也"倚之如长城"，曾说："今朝廷所恃惟公。"（《建炎以来系年要录》）朱熹评论张浚在平定苗、刘之乱诸事件中的表现时赞赏道："自靖康后，纪纲不振，王室陵夷。公首倡大义，率诸将诛傅、正彦，乘舆返正，复论琼罪，而后国法立，人心服。自武夫悍卒，小儿灶妇，深山穷谷，裔夷绝域，皆闻公名，盎然归仰，忠义之感，实自此也。"（《朱文公文集》卷九五上）杨万里《诚斋文集》更是对张浚赞不绝口："身兼文武全才，心传圣贤之绝学""出将入相，捐躯许国""忠义勋名，中兴第一"。《宋史·张浚传》认为，富平之战虽败，但张浚知人善任，得保全蜀，以形势牵制东南，大大减轻了东线金军对南宋朝廷的压力，江淮得以平安。并载金将粘罕临终时话："自吾入中国，未尝有敢撄吾锋者，独张枢密与我抗。我在，犹不能取蜀，我死，尔曹宜绝意，但务自保而已。"后"浚去国几二十载，天下士无贤不肖，莫不倾心慕之……金人惮浚，每使至，必问浚安在，惟恐其复用"。绍兴末，"时浚起废复用，风采隐然，军民皆倚以为重"。

北伐败局的后续发展是，隆兴元年（1163 年）十一月，卢仲贤带来了议和条件：宋帝与金帝改为叔侄关系，宋朝归还备战的海、泗、唐、邓四州，归还降宋的金人，补纳绍兴末年以来的岁币（因海陵南侵，南宋停止了对金的岁币）。

南宋方面对战和展开了激烈的争论，最终孝宗决定继续议和。十二月，陈伯康因病辞相，汤思退升为左相，张浚为右相。隆兴二年（1164 年）正月，金朝方面再次来函，但要价太高，口气太大。孝宗在主战派的鼓动下，将卢仲贤以擅许四州的罪名除名，编管郴州，改派胡昉出使金营，表示宋朝拒绝归还四州。和议陷入僵局。孝宗令张浚巡视两淮，全力备战，准备与金军决一雌雄。汤思退及其同党却攻击张浚"名曰守备，守未必备，名曰治兵，兵未必精"。孝宗最终于四月召张浚入朝罢相。六月，孝宗命令湖北京西制置使虞允文放弃唐、邓两州，虞允文拒绝执行，于是被撤职降知平江府。七月，海、泗两州宋军撤退。九月，孝宗命汤思退都督江淮军马，杨存中（即杨沂中，被宋高宗赐名"存中"）以副都督协助对军事一窍不通的汤思退。汤思退与金人暗通，要求金军重兵迫和。十月，仆散忠义挥师南下，轻而易举地突破宋军两淮防线。十一月，楚州、濠州和滁州相继失守，长江防线再度告急。汤思退主张放弃两淮，退守长江，尽快与金议和。而孝宗此时听说金人议和的要价贪得无厌，便激愤的表示："有以国毙，也不屈从。"抗金呼声再次高涨。十一月，孝宗罢免汤思退，贬至永州居住。太学生张观等七十二人上疏请斩汤思退及其同党王之望等，汤思退在流贬途中闻讯，惊悸而死。汤思退罢相同时，陈伯康再次被任命为左相，主持大局。但宋军一再处于劣势，孝宗不得不再派王抃为使者与仆散忠义议和。金朝见以战迫和的目的基本达到，便停止进攻，重开议和。隆兴二年（1164 年）岁末，宋金达成和议，史称"隆兴和议"。其主要条款有：宋金世为叔侄之国；

"岁贡"改为"岁币",银绢各为二十万两匹;南宋放弃所占海、泗、唐、邓、商、秦六州,双方疆界恢复绍兴和议时原状;双方交换战俘,叛逃者不在其内。与绍兴和议相比,南宋在隆兴和议中的地位有所改善。皇帝不再称臣,岁贡改为岁币,数量也有所减少,这是金朝最大的让步,而南宋在采石矶会战以后收复的海、泗等六州悉数还金,则是宋朝最大的让步。隆兴议和是基于一种新的政治地缘的实力平衡,金朝的让步在于内部的不稳定,而宋朝的妥协则在于战场上的不争气。隆兴和议后,宋金关系再度恢复正常,直到开禧北伐才试图再次打破这种地缘政治的均衡状态。

宋代有"丁忧"制度,官员父母去世,应弃官居家守制二十七个月,服满再行补职。于是,父亲去世后,杨万里开始了两年多的守孝生活,在他心中,同时也深深哀悼着恩师张浚。家国之悲使杨万里的心灵受到极大的震撼,抛却官务繁忙的空白时段也给了年近不惑的杨万里陷入沉思的机会。此时的杨万里虽然只是小吏,但因为他的博览群书、转益名师,他忧国忧民的思索早已超越了自己的地位身份。经过反复思索,一篇六万余字的《千虑策》横空出世。《千虑策》作于南宋孝宗乾道年间,计三十篇,其中《君道》《国势》《治原》《人才》《驭吏》《民政》各分为上、中、下三篇,《论相》《论将》《论兵》《选法》《刑法》《冗官》则各分为上、下两篇。文章从客观估计敌我态势入手,全面论述了富国强兵,伺机北伐的主张,其中许多见解与辛、陈不谋而合。和辛弃疾的《美芹十论》《九议》一样,几乎就是一个完整的复国计划。如果说,辛弃疾所论,较突出地体现出了他作为一位有着丰富经验的军事家的睿智与韬略的话，那么，杨万里的这些策论，则更着重于论述内固根本的一面，在方法上也更多地以史为鉴来阐析道理，体现出他作为政治家的远大深邃的目光和治国的才能。《君道》中篇论述的是如何"养君之志"，作长远的复国打算，而不求速胜的问题。文章开篇明义："臣闻有天下之忧，有君子之忧。天下之忧，忧其君之不为也；君有为矣，天下之喜，而君子之忧也。"这是因为，"有为之君其志锐"，而"锐者迟之所伏"。"锐则速。不以速而成，则以速而折""速而折，折而不忍，则锐安得不变而为迟哉！一朝之有为，必至于终身而不为，是故君子见其初而忧其终"。文章举晋文图霸，子犯遏之者三；越王灭吴，范蠡拒之者四为例作正面论证，认为子犯、范蠡都是有深谋远虑的政治家，他们"举其君踊跃奋迅之气而纳之于郁抑愤闷之地，使朝夕咨嗟，求逞而不得逞"，此"深所以养其君之志，惧其速而折，折而沮也。及其国力已强，兵气已振，事机之来而不可失，胜形之见而不可御，则破楚灭吴，了此事不终朝尔"。然后又举唐德宗之于藩镇、文宗之诛宦官结果欲速不达的历史教训为例，从反面论证磨砺君主志气的重要性。这番话是针对孝宗而说的，孝宗即位之后，锐意恢复，但一遭符离之败，便从此一蹶不振，"前日之勇一变而为怯，前日之锐一变而为钝"。杨万里深刻地分析了其中的原因，总结了这一惨痛的教训，希望统治者认真记取。就其见解来说，无疑是极为精辟的；就其文章来说，亦鞭辟入里，极有说服力。

《千虑策·君道》篇开篇就责备皇帝弃用天下臣民的有

用之言，而导致一事无成，接下来以史为鉴，说明皇帝应该
遵守的天道：

> 臣闻：言非尚于奇，尚于用也。事非难于料，
> 难于处也。奇而无用，能料事而不能处，此岂非士
> 大夫进言谋国者之大患欤？昔之人盖有长于谈兵而
> 败于兵、工于说难，而死于说，言非不奇也，疏于
> 用也，盖有知七国之必反而无以制其反，能三策匈
> 奴而不能一策昆阳之败，料事非不明也，暗于处也。
>
> 今天下之士，乘圣天子求言急治千载一时之秋，
> 而争言天下之利病，夫岂无一言之切于用而一事之
> 善于处也哉？而未闻朝廷行某人之言而兴某利也，
> 又行某人之言而除某害也，夫言而无用者，言之虚；
> 听而不用者，言之弃。臣不知言之不行者，其言而
> 无用欤？其听而不用欤？其言之虚欤？其言之弃欤？
> 言之虚者，其责在下；言之弃者，其责将谁归？
>
> 天下皆曰："圣天子之求言者，以为始初清明之
> 美观耳。"其然与否，臣不得而知也。臣所知者，臣
> 将治臣之言，以塞臣之责……臣愿圣天子罢球马之
> 细娱而求圣贤之至乐，收召天下耆儒正学之臣与之
> 探讨古今之圣经贤传，深求尧、舜、三代、汉、唐
> 所以兴亡之原，而择其中以之正心修身，日就月将，
> 圣德进矣。则五帝三王之治涵养于圣心，而周流于
> 天地，敌国虽强，其强易弱也。

《千虑策·国势》篇痛陈国家利病，力排投降之误，爱国之情溢于言表。面对中原沦丧、江山唯余半壁的局面，他指出：

> 臣闻善立国者，以人成天，而不以天败人。盖国之所以废兴短长者，天也；而所以使其废兴短长者，非天也，人也。惟人为能成天，惟天亦能败人，非天之败人也，人实恃天以自败。而天亦不能如之何也。

> 且夫国与天地有与立焉。……为天下国家者，不能不忘于敌。天下之忧复有大于此者乎？则所谓以人成天而不以天败人者，臣所不敢知也。盖臣闻之古之敌国对垒，而未有息肩之期者，其处之大略有四：一曰谋；二曰备；三曰应；四曰堕。

> 何谓谋？昼不甘食，夜不安寝，君臣日夜蹙额相顾，以敌仇未灭为大忧，以天下未一为大耻，以宗庙社稷未有万世不可亡之实为大惧。收召豪杰，选马厉兵，深谋密计，期于必取。所谓卧榻之侧岂容有鼻息雷鸣者，太祖皇帝所以建一统之业也。何谓备？谋人而羽翼未成也，机会未至也，衅隙未生也，则遂不谋人也耶？我不彼谋，彼必我谋，是故防之也，豫而备之也，周修政刑，求人才，深沟高垒，积粟治兵，恐惧儆戒常若一日，而敌三至也。夫是以屹然有不可犯之坚，动则不可以制人，静则可以不制于人；为客则可以百全，为主则可以万全

矣。孙仲谋之所以走曹操也。何谓应？欲为谋人而
不能举，欲为备人而不能劳，政事纪纲守其常，兵
革士马因其旧，其国不至于大治，而亦不至于大乱，
故不至则不虑其至，故至则徐应其至。夫不虑其至
而徐应其至者，非有万全之素也。尽于一决以幸一
胜尔。故其胜也，幸也，非计也。宋文帝之所以支
佛狸也。何谓堕？既不能谋，又不能备，又不能应，
苟于安而不知危，伏于其中，偷于乐而不知忧寓于
其间，狎于敌人之诈而不悟，堕于敌人之计而不疑，
至于覆亡其国，则曰"天也"！吴之所以误于越也。
谋人者，其国兴；备人者，其国安；应人者，其国
仅存；而堕于人者，其国必亡。有国者可不深惧，
而谨择于此四者乎？臣窃观朝廷今日之大计，而深
所未谕也。谋耶？备耶？应耶？堕耶？盖亦不出于
应而已矣。故至而能应，愈于不能应，非不可也，
而未善也。何则？馁而始学稼，渴而始浚井，得为
善理家者乎？且平居不为万全之策，而缓急乃幸于
一胜之功。可以胜也，而不可以必胜也；可以幸也，
而不可以数幸也。臣惧朝廷今与敌人讲解之后，轻
信其情而不防其诈也。历下之兵一解而淮阴之师至，
鸿沟之境一分而垓下之祸作。此往事明也。臣愿朝
廷深为之备，以待不测之警，而后立国之大计，臣
得次第而历陈之。

指出孝宗继位以后，虽有恢复中原之心，却没有抵御外

68

侮之谋之力，"应人者，其国仅存；而堕于人者，其国必亡。"为执政者敲响警钟。

《千虑策·人才》篇中，杨万里探讨了以什么样的标准选拔人才的问题。杨万里主张在德才兼备的大前提下，要能够不拘一格地进贤使能，而不要拘囿于科举一途：

> 臣闻才之在天下，求之之法愈密则愈疏，取之之涂愈博则愈狭。然则天下之才果不可求乎？古者一代圣人之兴，则一代之人才亦从而兴，夫岂不求而自至也？盖圣人者度越世俗之拘挛，彻藩墙，去城府，神倾意豁以来天下度外奇杰之士，故才者毕赴，不才者自伏。后世之君，以为天下之人举将欺我而不可信，于是立为规矩，创为绳墨，以簸扬澄汰。天下之士，取之不胜其精，而实粗得之者皆截然入规矩、中绳墨，而奇杰之士皆漏于规矩绳墨之外。故求治而莫之与治，遭乱而莫之与除，纷纭胶扰而卒不能成功。然则天下之才，求之安事于密，而取之安事于博哉？

所以杨万里主张求才不以细目，而主于用，亦即要专意于兴亡、治乱、经济之业。然而得才并不一定能用才，作为人主一定要言行一致，能用才。"人主之令天下曰：'吾好忠而恶奸，好才而恶不才，夫岂不善？然天下并进而尝之，忠与奸两至，而才与不才各求售焉，则其好恶一切有所反，当此之时，天下宜何从？'"因为正直之士往往直言进谏，故常招人主之厌；而奸佞小人则窥察人主喜好并投其所好，于是忠贤日疏，而小人日亲。如此，"虽一饭九叹息，一日百下诏，天下之忠贤奇杰、勇于言而敢于为者，谁敢信而来哉？何则所求者之言与所好者之旨，其真有不可欺也。"

杨万里在家乡为父亲守孝的时间里，心无旁骛，集中精力写出了三十篇共计六万字的《千虑策》，举凡国内大政之方方面面，无不深所论及。所有方面不光直言不讳地指出问题，而且还提出了相应的处置办法或完善措施。杨万里最终决定取"愚人千虑必有一得"之意，将它命名为《千虑策》。而这部政论奇书，立刻受到了挚友、张浚之子张栻的极大赞扬，经他之手推荐给了陈俊卿。陈俊卿，字应求，生于宋徽宗政和三年（1113 年），莆田（今属福建）人。绍兴八年（1138 年），陈俊卿中进士第二名（榜眼），授职泉州（今福建泉州）观察推官，后来历迁监察御史、殿中侍御史。宋孝宗时期名相、诗人。早在高宗朝，金国毁盟入侵之势态已经非常明显之时，陈俊卿便上疏举荐被闲置已久的张浚，但奏疏并未得到回音，他于是请求入宫召对，向高宗竭力陈说利弊，高宗才开始醒悟。数月后，高宗派张浚出守建康府（今江苏南京）。张浚当初计划大举北伐，陈俊卿不同意，但也义无反顾地与张浚并肩作战。正遇谍报说金军聚粮于边境，诸将认为金军在冬季一定进军，应在金军行动前发兵，张浚便向朝廷请求北伐，宋军初战告捷，相继攻克灵璧（今安徽灵璧）、虹县（今安徽泗县）等地，但不久后便在符离之战中大败，陈俊卿也退守扬州。主和派庆幸他们的失败，主战派的意志也被动摇。张浚上疏待罪，陈俊卿也请求一同受罪，孝宗下诏将其各降二级。谏官尹穑附会宰相汤思退，认为应该罢除张浚的都督之职，改为宣抚使，管理扬州。陈俊卿上奏说："张浚果真不可以用，那么就应该另选贤将。如果想责令他以后建立功绩，就请降他的官级以示惩罚，这是过去的法律。今天削去他的都督重权，置于扬州死地，如果他请求拜见皇上，台谏官加以阻拦，张浚所有的人情都失去了，还有什么后效可图？提出这个建议的人只知道厌恶张浚而想杀掉他，不是为恢复国家大业考虑。希望陛下下诏警告内外将领协调一致，使张浚自建成效。"陈俊卿再次上疏，孝宗醒悟，便任命张浚为都督，又召他为宰相。陈俊卿是大义凛然的正派人士，与张浚张栻父子之谊也非比寻常。因此，张栻将杨万里的《千虑策》荐给陈俊卿。陈俊卿读过之后，当即向朝廷举荐杨万里，同时也将杨万里介绍给时任知枢密院事的虞允文。虞允文读后赞叹说："东南乃有此人物！某初除，合荐两人，当以此人为首。"（《鹤林玉露》乙编卷四）虞允文是一位在关键时刻挺身而出，挽救了南宋命运的头号功臣，在朝廷上的地位举足轻重。在此二人的推荐下，乾道六年，杨万里任隆兴府奉新县知县。

奉新县，江西省宜春市辖县，位于今江西省西北部。春秋时属吴，战国时属楚，秦属九江郡，汉初属豫章郡。汉景帝三年（公元前154年）开始命名为海昏县，设置海昏县的目的在于经营潦水流域，这里是北潦河的源头。"海"在许慎《说文解字》里是"天池"的意思，是高山湖泊，北潦河的源头在上游靖安宝峰镇的高山湖泊中，这就是所谓的"海"。"昏"在《尚书》里指"昏垫"，是指水患，沉沦的意思，靖安山上的水源经常在北潦河泛滥，这就是所谓的"昏"。海昏县选址在北潦河入安义县境的台山村地段，这里有非常肥沃的土壤，又地处北潦河的上游，北潦河的源头小河便于济涉，利于管理北潦河两边的广阔的地域，汉初将海昏县城址选在这里，是非常符合城市草创时期低下的生产力和便捷的交通的需要的。当初汉昭帝于公元前七十四年四月病卒无后，霍光迎昌邑王刘贺继位，年十九岁。二十七天后因荒淫无度、不保社稷而被废去，元康三年被废为海昏侯，食邑四千户。刘贺在此其间，交通外臣孙万世，孙以为刘贺当年在被废除皇位前，应坚守内宫、关闭宫门，斩杀霍光，听凭霍光夺取皇位玺绶是失策，孙又希望刘贺做"豫章王"。朝廷下令查办，刘贺被削除三千户封邑，由安义东阳镇的上潦四千户海昏侯国城，贬到东阳镇潦水二水相分的右支下今天的铁河乡昌邑城，为一千户海昏侯国。刘贺在豫章海昏县境内生活了四年，愤慨而死。后唐中宗神龙二年（706年）县衙由故县迁至冯川。南唐保大元年（943年），吴把帝位让于唐，为避嫌，遂更新吴为奉新。

杨万里出任奉新县知县时，恰值大旱，百姓生活十分困难。杨万里于四月二十六日上任，见牢中关满交不起租税的百姓，官署府库却依然空虚，于是下令全部放还牢里的"囚犯"，并禁止逮捕、鞭打百姓，然后发给每户一纸通知，放宽其税额、期限，结果百姓纷纷自动前来纳税，不出一月，欠税全部交清。他禁止基层小吏下乡搜扰百姓，并规定百姓缴纳税赋后，各级官吏必须把未纳税人的名单和应纳税额张榜公布，让老百姓监督。这既督促了百姓交税，又杜绝了各级官吏贪污，还有利于税赋公平，因此深得百姓的拥护。税赋既没有扰民，又能按时收足，这也使得奉新县的治理有了很大的改观，逐步走向繁荣。杨万里在奉新任职虽只半年，却初次实践了他的不扰民政治，颇获政绩。杨万里在奉新任知县的时间并不长，但留下了很多的诗文。宋知隆兴府刘珙因为向朝廷上疏免除了奉新县同安、进城、新兴三个乡的浮产之税，三乡百姓感激，在县城宝云寺后建怀种堂祀之，杨万里为之撰写了《怀种堂记》。宋庆元中，张杓帅江西，向朝廷上疏请求免除了奉新县营田新税，百姓感念张杓，绘张杓像与刘珙同祀，杨万里撰《张尚书祠记》以记之。尤为可贵的是，杨万里任知县期间，以奉新景物为题，写下大量诗作。奉新县城狮山下县署内有一个清心阁，是一个赏景的好去处，杨万里经常于公务之余登阁赏景，近看狮山，远眺潦河、华林、越山诸胜，写下了多首以清心阁为题材的诗作，如《登清心阁》：

苦遭好月唤登楼，脚力虽慵不自由。上得金梯一回首，冰轮已过树梢头。

又如《中秋后一夕登清心阁二首》：

昨夜云为祟，今宵月始妍。如何一日隔，更减半分圆。

影里偏宜竹，光中不剩天。客来休遣去，我醉正无眠。

秋夜真成昼，西山却在东。吹高半轮月，正赖一襟风。

清景今年过，何人此兴同？青天忽成纸，似欲借诗翁。

他在奉新所赋诗作，以《浅夏独行奉新县圃》成就最高，诗云：

我来官下未多时，梅已黄深李绿肥。只怪南风吹紫雪，不知屋角栋花飞。

杨万里离开奉新后，还常常怀念奉新的百姓，怀念奉新的一山一水，一草一木，怀念在奉新的任职生涯。他离开奉新后写的《寄奉新钟宰》一诗正代表了他的这种心情：

传语清心阁，欣逢诗主人。莺花无恙否？风月一番新。

旧日行吟处，今来迹已陈。应怜杨县尹，须鬓两如银！

奉新县城东门外原有祀苏轼、黄庭坚、周敦颐的三贤书院。在四百余年后的明万历二十一年（1593 年），县令冯烶改建广仁仓于县仪门之右，在旧仓仪门左边的空地上，重新鼎建了一所书院，并且认为"有宾不可无主"，于是在县人的建议下，在原祀"三贤"的基础上，增祀名宦杨万里，并改名为"四贤书院",冯柽还亲自撰写了《四贤书院记》。

乾道十年十月,因虞允文推荐,杨万里除国子博士,开始做京官。"博士"作为官名,始见于二千多年前的战国时代,负责保管文献档案,编撰著述,掌通古今,传授学问,培养人才,许慎《五经异义》:"战国时,齐置博士之官。"秦朝时的博士官掌管全国古今史事以及书籍典章。秦始皇时代,由于独裁残暴,引发了陈胜、吴广揭竿起义,农民军攻城占府,消息传到了皇宫里,荒淫无能的秦二世胡亥召集大臣商议对策。众皆奏说,应该赶快发兵,镇压农民起义。可是唯独叔孙通这个人发现皇帝脸色不悦,于是便见风使舵低声恭维地说:"皇帝英明,仁爱四方,威严可敬,那些犯上作乱者成不了什么气候,这事何必惊动皇上呢?"皇帝听了叔孙通的话,更加狂妄高傲起来,把提建议的人抓起来,而对叔孙通大加奖赏,并晋升他为"博士官"。据《汉书·百官公卿表上》记载:"博士,秦官,掌通古今。"如秦博士伏生学问高深,尤精《尚书》。到了汉文帝时,年逾九十,尚能口授《尚书》二十八篇。汉初沿置。汉武帝时,采用公孙弘建议,《诗》《书》《礼》《易》《春秋》每经置一博士,故称五经博士,博士成为专门传授儒家经学的学官。西汉杰出的政治家、思想家、文学家贾谊,十八岁能诵《诗》《书》,二十岁博通诸子百家之言,被文帝召为博士。汉朝大儒董仲舒,从小勤奋读书,有"三年不窥(花)园"的美说,由于学识渊博,被景帝举为博士。司马迁在《史记·循吏列传》中有"公仪休者,鲁国博士也,以高等为鲁相。"到了唐朝,设置国子、太学、四门等博士。另有把对某一种职业有专门精通的人称为"博士",如魏晋以后,常任用精于礼仪的人为太常博士,掌宫廷礼仪;任用通晓音律的人为太乐博士,掌宫廷祭祀享宴作乐歌舞;任用精通医术的人为术医博士、医药博士;任用精通天文、星历、卜筮之术的人为天文博士、漏刻博士、历博士、太卜博士、卜博士等,专掌天文、历法、占卜等事。

　　杨万里所担任的国子博士,即国子监里的正八品教授儒学的官员。国子监是中国古代隋朝以后的中央官学,为中国古代教育体系中的最高学府,又称国子学或国子寺。杨万里国子博士的位分虽仍不高,但这一官职向来选用饱学之士,这一任用是对杨万里学识的认可。进京第二年,杨万里挚友、恩师张浚之子张栻由于反对佞幸近习执掌要职而得罪虞允文被排挤出京,知袁州。杨万里抗章力争张栻不当去位,又致书虞允文,以正理相规劝,公而忘私,深为世人称道。而虞允文并没有因为杨万里的唐突而计较,反而因为杨万里不惧权势,不顾安危,敢于直言,连连举荐提拔杨万里,对他恩遇有加,杨万里接连升任太常丞、太常少监。但好景不长,乾道八年(1172年),虞允文出朝再任四川宣抚使,朝中失去依仗的杨万里于淳熙元年(1174年)正月,离京出任漳州知州。临行时不忘上札,忠告皇帝戒贪吏、族廉吏。

　　知州是中国古代官名。宋以朝臣充任各州长官,称"权知某军州事",简称知州。"权知"意为暂时主管,"军"指该地厢军,"州"指民政。宋太祖为了削弱节度使的权力,防止唐五代时期藩镇割据的局面重演,规定诸州刺史得直接向朝廷奏报和接受诏令,节度使不得干预除所驻州之外(所谓支郡）的政务。后来，逐步派遣京朝官（文臣）接替刺史管理州务，称"权知某某州州军事"。宋朝重文轻武，往往委派文官担任州最高长官，所以才有宋朝是历代军事实力最弱小的朝代的结果，"知州事"不是一个正式的官名，州的实际管理者是通判，知是"知会，管理"的意思，后来发展成为牵制、监视州府长官的一种定制，因此不能简单地认为通判就是知州的副职，当时人视之为"监州"，则更符合其身份。"权"明确表示不是正式职务，所以级别不一定。而让杨万里最为尴尬的是，此时前任的漳州知州还刚刚上任，他必须在家待阙近三年，才能到漳州去接任，这也是宋代冗官现象的一个反映。唐代每届取进士三四十人，宋朝动辄四五百人。公元991年，朝廷取士总计竟达一万七千三百人，每年成千上万的人涌入官僚队伍。唐太宗时曾将中央政府官员从两千多减至六百三十四人，宋仁宗时代中央内外属官已超过一万七千人，而北宋所辖疆域仅为唐疆域的二分之一。宋朝涌现的人才数量不少但其效能不是被埋没，便是在官僚机构中被销蚀。

就在杨万里回家待阙的这一年，名相虞允文在蜀地去世了。杨万里悲痛万分，挥笔写下了《虞丞相挽词三首》：

　　负荷偏宜重，经纶别有源。雪山真将相，赤壁再乾坤。

　　奄忽人千古，凄凉月一痕。世无生仲达，好手未须论。

杨万里评传

首联"负荷偏宜重，经纶别有源"，赞颂虞允文的治国才能和学识，写虞允文有治国之才，最擅长处理国家大事，他治国治军的谋略方法又不同寻常，另有渊源。"雪山真将相，赤壁再乾坤"，虞允文治理四川颇有政声，称得上是蜀地的真将相；采石矶大捷扭转乾坤，稳定了国势。此句化用了杜甫曾在《八哀诗·赠左仆射郑国公严公武》中悼念严武的诗句："公来雪山重，公去雪山轻。"虞允文是四川仁寿人，曾两度出任四川宣抚使，政绩显著。杨万里此句以赤壁大战中孙刘联军以少胜多大败曹军来代指虞允文指挥采石矶大捷。赤壁一战形成了魏、蜀、吴三分天下的局面，采石矶之战则奠定南北对峙之势。"奄忽人千古，凄凉月一痕"，一代英雄忽而殒命，忠骨埋于地下，只有一轮冷月凄凉地照着。这两句与颔联所写的赫赫功业恰成鲜明对照，凸现出挽词的哀伤特质，让人不由得生出无限感慨。最后两句把虞允文比作诸葛亮，感叹当世没有像司马懿那样有雄才大略的对手，又有谁能称得上好手，能和虞允文一较短长呢？在这首挽词中，杨万里从大处落笔，用极其洗练的文字总结了虞允文一生的主要功绩。清末诗人陈曾寿曾说："予最喜诚斋《挽虞丞相》二句云：'雪山真将相，赤壁再乾坤。'真大手笔，向来无人拈出。"这一联气势雄浑，用典也仿佛自然天成一般，确实是不可多得的佳句。其二、其三为：

保爽方为左，希文自请西。不劳三尺剑，已办一九泥。

已矣归黄壤，伤哉梦白鸡。清风谁作诵，何石不天齐。

一老堂堂日，诸贤得得来。但令元气壮，患不塞尘开。

名大天难著，人亡首忍回。东风好西去，吹泪到泉台。

全诗章法严谨，对仗工整，气格雄浑，体现出杨万里稳健的笔力。

杨万里并没有真正赴任漳州知州，淳熙四年春，朝廷下令杨万里改知常州。然而上一任常州知州也依然在任，杨万里极力推辞，请求去做祠官。祠官是挂虚名的官职，不用到任，但还有俸禄。杨万里有《待次临漳，诸公荐之，易地毗陵，自愧无济剧才，上章丐祠》诗记录此事，其中写道："亦岂真辞禄，谁令自不才。"他辞官不做并不是真的认为自己的才能不够，实际上是以辞官来表达对朝政的不满。辞官不获准，杨万里所能做的，依然只有在家等待。待阙时间越来越久，倒使得杨万里适应了这样终日与同门旧友聚首相叙的闲适生活。杨万里的代表诗作，活泼清新、家喻户晓、脍炙人口的七绝《小池》就创作于此时：

泉眼无声惜细流，树阴照水爱晴柔。小荷才露尖尖角，早有蜻蜓立上头。

小池的源泉是那一股涓涓细流的泉水。泉水从洞口流出，没有一丝声响，当然是小之又小的。流出的泉水形成一股细

流，更是小而又小了。这本来很寻常，然而作者却凭空加一
"惜"字，说好像泉眼很爱惜这股细流，吝啬地舍不得多流
一点儿。于是这句诗就立刻飞动起来，变得有情有趣，富有
人性。树阴在晴朗柔和的风光里，遮住水面。这也是极平常
之事，可诗人加一"爱"字，似乎用树阴的阴凉盖住小池，
以免水分蒸发而干涸，这样就化无情为有情了。而且，诗舍
形取影，重点表现水面上的柔枝婆娑弄影，十分空灵。池中
有一株小荷以及荷上的蜻蜓。小荷刚把她的含苞待放的嫩尖
露出水面，显露出勃勃生机，可在这尖尖嫩角上却早有一只
小小蜻蜓立在上面，它似乎要捷足先登，领略春光。小荷与
蜻蜓，一个"才露"，一个"早有"，以新奇的眼光看待身边
的一切，捕捉那稍纵即逝的景物。

诗人触物起兴，用敏捷灵巧的手法，描绘充满情趣的特
定场景，把大自然中的极平常的细小事物写得相亲相依，和
谐一体，活泼自然，流转圆活，风趣诙谐，通俗明快。且将
此诗写的犹如一幅画，画面层次丰富：太阳、树木、小荷、
小池，色彩艳丽，还有明亮的阳光、深绿的树荫、翠绿的小
荷、鲜活的蜻蜓，清亮的泉水。画面充满动感：飞舞的蜻蜓、
影绰的池水，充满了诗情画意。写小池，并不写池塘本身，
而是写小池里的泉眼、荷叶、蜻蜓以及池边树木，让读者想
象小池的可爱。钱锺书在《谈艺录》中说："放翁善写景，
而诚斋善写生。放翁如画图之工笔；诚斋如摄影之快镜，兔
起鹘落，鸢飞鱼跃，稍纵即逝而及其未逝，转瞬即改而当其
未改，眼明手捷，踪矢蹑风，此诚斋之所独也。"这首诗就体
现出了杨万里诗的这种如摄影快镜，善于抓住最典型画面的

特色。诗的后两句"才露"两字，抓住了初出水面的新荷这一景物，又选取立于其上的蜻蜓作画面的焦点，让整个画面蕴含着一种动态的美。

淳熙四年（1177 年）四月，五十一岁的杨万里到常州出任知州。常州为新石器时代村落遗址，有三千二百多年的文字记载史。春秋末期（公元前 547 年），吴王寿梦第四子季札封邑延陵，开始了长达两千五百多年有准确纪年和确切地名的历史。隋文帝开皇三年（583 年）废郡，以州统县。开皇九年（589 年）于常熟县置常州，后割常熟县入苏州，遂移常州治于晋陵，常州之名由此始，唐武宗会昌四年（840 年）升常州为望，列入全国州府十望之一。宋常州属两浙西路。杨万里出任知州一职，实际公务在通判手中掌管，自己就闲暇了很多，因此在这段时间里，杨万里对自己的诗歌创作进行了大刀阔斧的改革，由师法前人，完全变为师法自然，获得了创作的自由。据他自己后来编《荆溪集》时统计，在担任常州知州的短短十四个月里，他写下了四百九十二首诗。比较有代表性的如《醉吟》：

> 古人亡，古人在；古人不在天应改。不留三句五句诗，安得千人万人爱？
>
> 今人只笑古人痴，古人笑君君不知。朝来暮去能几许，叶落花开无尽时。
>
> 人生须要印如斗，不道金槌控渠口！身前只解皱两眉，身后还能更杯酒？
>
> 李太白，阮嗣宗，当年谁不笑两翁？万古贤愚

杨万里评传

俱白骨，两翁天地一清风！

此诗作于宋孝宗淳熙五年（1178 年），杨万里在常州任上。此诗以"醉吟"为题，表明是诗人酒后之作，同时所吟的内容也是饮酒、作诗。在这首诗中诗人批评那些只知道追求高官厚禄、权力名位的蝇营狗苟之辈，赞美不慕荣华，能诗善饮的诗人李白和阮籍，使全诗鄙薄富贵重视文章的主旨非常鲜明。这首诗感情浓烈，气势流转，颇有李太白歌行体的风味。"古人亡，古人在；古人不在天应改"，古人虽然早已经死去，但是有的人却流芳百世，如果历史把他们遗忘，那么天道、世风就会改变。如果不留下值得传诵的诗句，怎能赢得身前身后无数读者的喜爱？古人认为人有三种途径可以达到"不朽"，《左传》曰："太上有立德，其次有立功，其次有立言，虽久不废，此之谓不朽。"曹丕在《典论·论文》中也说过："盖文章，经国之大业，不朽之盛事。"《左传》中所说的"不朽"，曹丕所论的"文章"，并不专指诗歌，但意义相通。之后谈到，现在的人们说起古人，总有人笑古人"痴"，比如嵇康，不懂得"存身之道"，非要反对司马氏，最后被杀；比如陶渊明不懂"为官之道"，最后只能在贫病中死去。可是古人嘲笑那些追名逐利的今人，他们还不知道呢。岁月在朝来暮去中流逝，人生能有多长呢？叶落花开，春秋轮回，时间是无限的，而人的生命在无限的时间面前仿佛一瞬，极其短暂。无限的时间和有限的生命构成一个永恒的矛盾，生命和时间的矛盾无法从根本上解决，但是人们可以在有限的生命历程中创造出能够不朽的东西，使生命在另一种意义上延续。有的人一生追求富贵荣华，但是这些东西死了之后是带不去的，如果用来陪葬，这些随葬的珠宝还可能招来盗墓贼呢。金槌控口，典故出自《庄子·外物》，是说大儒和小儒去盗墓，墓中的尸首口中含着珠宝，大儒就告诉小儒说，用金椎敲开两腮，慢慢分开两颊，不要伤到口中的珠宝。"身前只解皱两眉，身后还能更杯酒"，有的人每天紧锁着眉头，整日拨弄权、钱这两个算盘，算计投机钻营，却不想想就算生前有不尽的富贵，在他们死了之后还能喝上一杯酒吗？这是用豁达的语气调侃那些蝇营狗苟之辈，他们活着的时候其实也享受不到生活的乐趣，死了之后更是只能是"速朽"了。像李白、阮籍这样的鄙弃富贵，不同流俗的诗人，当年的凡夫俗子们有谁不耻笑他们"不识时务"呢？自古以来，不论是聪明人也好，愚笨的人也好，曾经是位高权重的也好，或者郁郁不得志的也好，最终谁也逃不过生死的大限，变成一堆白骨。而像李白、阮籍这样的人，他们以伟大的诗篇"不朽"，他们自由不羁的精神化作天地间的清风，永远流传着。

这首诗语言非常浅显，但是所说的道理却引人深思：权位金银，毕竟成空；人生短暂，何以"不朽"？古人认为"立德""立功""立言"可以留芳百世，从而不朽，就杨万里自己一生作为来看，他为官刚正不屈，宋孝宗都曾说他"直不中律"，又鄙弃富贵，当时人们就赞他"清得门如水"，道德情操一直为世人所推重。他致力于诗歌创作，独创"诚斋体"，成为一代诗坛领袖，可以说杨万里同李白、阮籍他们一样，为后人所怀念，死而不朽。从艺术上看，这首诗的构思也很独特，在诗中，今人、古人同时登场，今笑古人"痴"，古人却反诘今人："朝来暮去能几许？"逃得过生死吗？"金槌控口"，带得走权位金银吗？活着的时候算尽机关，斤斤计较，死后难道还能享受生活吗？这三问真让那些放不下权钱二字的"今人"哑口无言。通达者与执迷者真仿佛"清风"与"白骨"一般，实在是有云泥之别，全诗在强烈的对比中作结，让人不由得掩卷深思。

常州这一时期的生活，还给了杨万里细赏世事的机会，咏物言情，也是杨万里诗中常见的主题，如《促织》：

> 一声能遣一人愁，终夕声声晓未休。不解缲丝替人织，强来出口促衣裘。

此诗作于淳熙五年（1178 年），诗人在常州任上。这是一首咏物诗，促织是蟋蟀的别名，俗称蛐蛐，蛐织，于夏秋夜间鸣叫。促织这一名称既是谐蟋蟀鸣叫的声音，同时也有谐意，民间俗谚有"蛐织鸣，懒妇惊"，意思是天气变凉了，蟋蟀开始叫了，要赶紧动手做冬衣了。这首诗就是从促织的名称的谐意引出诗人的感慨。促织一声声地鸣叫，它的每一声叫都能让一个人感到愁闷，然而这促织不停歇地叫了整整一晚上，会有多少人因此而愁呢？然而小小的促织如何能够"一声能遣一人愁"呢？下面两句，诗人才告诉我们答案。"不解缲丝替人织，强来出口促衣裘"，促织不仅不懂得替人缲丝帮人纺纱织布，还强横地叫唤着催促人们快点做好衣裘。这两句是用促织比喻催缴租税的官吏，他们不做利于百姓的事，只知道强加征敛，那催缴租税的恶吏在谁家叫嚷，谁家就会为缴纳沉重的征敛而陷于愁苦之中。听到促织的鸣叫而产生愁思，这在古典诗词中十分常见。立秋之后，草木凋零，秋风渐凉，促织的鸣唱更让人感到秋天的萧飒，故而诗人多听秋声而感悲愁，如唐代杜甫有《促织》诗："促织甚微细，哀音何动人。草根吟不稳，床下夜相亲。久客得无泪，故妻难及晨。悲思与急管，感激异天真。"这是听到促织细弱的鸣叫生发孤独凄凉的感慨。杨万里《促织》诗也写促织之叫声让人愁，但这愁却不是悲秋感怀的愁，而是写不堪重负的人民的愁，还有诗人作为能够体恤百姓的官吏看到百姓的痛苦而生的愁。

这段时间，杨万里与周必大、范成大、尤袤互相唱和，传为诗坛佳话。纵观南宋，文人之间的交游唱和，蔚为大观。入宋以来，重文之风使得这一朝代拥有了大批文化素质和文学造诣都相当高的王公贵族和知名文士，更趋于完善的科举考试吸引全国各地有志于仕途的青年才俊纷纷走上文坛。已有文名的文人也愿意相聚在一起，或讲学、或游历、或会友，文人之间交游不断，自然唱和不断。加之南宋政事的变革也易引起文人间的交游唱和，"绍兴和议""隆兴和议""开禧北伐"以及最后南宋的覆亡，这些事件都会影响文人心志，使其不吐不快。从纵向来看，南宋一朝的交游唱和在整个唱和史上也有着重要地位。唱和于唐朝才真正兴起，而至宋朝蔚为大观，南宋更呈鼎盛之势，以诗词唱和为目的诗社唱和风起云涌。从横向来看，南宋文坛的交游唱和，对本朝的文学发展也有着重大推动作用。诗歌唱和，对唱和主体的创作思想内容、表现手法、艺术风格都有不同程度的影响。而唱和对一个文学群体、文学流派的形成发展也有着重要的促进作用，频繁而密切的交游唱和，使文人在创作中取长补短、提高创作技艺，进而形成有着基本一致的艺术风格、审美品质的群体。因各在宦途，杨万里与周必大、范成大的唱和多凭借鸿雁传书，淳熙六年（1179 年），杨万里在常州，将离任回家，作《寄题石湖先生范至能参政石湖精舍》：

> 万顷平湖石琢成，尚存越垒对吴城。如何豪杰干戈地，却入先生杖履声！
>
> 古往今来真一梦，湖光月色自双清。东风不解谈兴废，只有年年春草生。
>
> 不关白眼视青云，四海如今几若人？渭水傅岩看后代，东坡太白即前身。
>
> 整齐宇宙徐挥手，点缀湖山别是春。解遣双鱼传七字，遥知掉脱小乌巾。

诗人在第一首诗里描述了石湖的历史变迁，歌颂了石湖的辽阔无限、湖光月色、萋萋芳草；后一首赞许了范成大淡泊宁静、点缀湖山的自我超脱性格。范成大写了《次韵同年杨廷秀使君寄题石湖》作为应答：

> 仪凤当瑞九绍成，何事栖莺滞碧城！公退萧然真吏隐，文名籍甚更诗声。
>
> 句从月胁天心得，笔与冰甄雪碗清。书到石湖

春亦到，平堤梅影毂纹生。

半世轻随出岫云，如今归作外云人。小山有赋格游子，大块无私佚老身。

禅板梦中千峰晓，鬓丝风里万花春。新年社瓮鹅黄满，剩醉田头紫领巾。

前一首诗称赞杨万里离开官场回家隐居的举措，称颂了杨诗创作的冰清特色及其影响，并赞美杨万里的书信如和煦春风给石湖带来了一派生机。后一首诗，写自已隐居石湖的悠闲自在生活和怡然自得的情趣。从二人的唱和中，可以看出他们有着共同的情趣和语言，这是他们的友谊得以保持和发展的一个重要条件。

而杨万里与尤袤的唱和，则因为这段时间尤袤也正身在常州老家，而直接以相伴交游、诗酒相会的方式进行着。

尤袤（1127 年—1202 年），字延之，小字季长，号遂初居士，晚年号乐溪、木石老逸民。南宋著名诗人、大臣、藏书家。尤袤自小受家学熏陶，五岁能为诗句，十岁有神童之称，十五岁以词赋闻名于毗陵郡（今常州，时无锡属毗陵）。绍兴十八年（1148 年）登进士第。光宗朝官至焕章阁侍制、给事中，后授礼部尚书兼侍读。卒后谥号"文简"。尤袤与杨万里、范成大、陆游并称为"南宋四大诗人"。在当日中兴诗人的交游圈中，尤袤其实是很活跃的一位，尤其是他与杨万里的交游，更具有诗人之交的典范意义。两人在学术上宗儒践道，政治上相互声援，性格志趣亦多投缘。文学上往来唱和，旨趣渐近，诗风大体表现为出江西而返晚唐的趋势。

作为诗坛领袖，杨万里对尤袤的才华激赏不已。这对于提升尤袤诗歌的地位、加速其流传起到了相当大的作用，而且，由于两人诗风的一致性，后人也往往将其相提并论。

尤袤一生仕途较为顺利，据《宋史》本传记载，他成名甚早，而且享有当时学子梦寐以求的入太学的荣耀。他在太学亦是"词赋冠多士"，故于绍兴十八年（1148 年）一举考中进士。相比之下，杨万里六年之后方才二举考中进士。尤袤初入仕途便表现不凡，他任泰兴县令时，金兵毁盟攻掠扬州，独泰兴得以保全，《宋史》卷三八九载：吏民罗拜曰："此吾父母也"，为立生祠。后尤袤除外任台州、江东一段时间外，均在朝任职。这样，杨万里与尤袤有多年共事的经历，在几次重大的政治事件中，两人均持相同或相近的态度，二人结下了深厚的友谊。同在常州盘恒之时，杨万里为尤袤写下《谢尤延之提举郎中自山间惠访长句》：

> 淮南使者郎官星，瑞光夜烛荆溪清。平生庞公
> 不入城，令我折却屐齿迎。
> 交游云散别如雨，同舍诸郎半为土。二老还将
> 两鬓霜，三更重对孤灯语。
> 向来南宫绫锦堆，南窗北窗桃李开。先生诵诗
> 舌起雷，一字不似人间来。
> 剡藤染出梅花赋，句似梅花花似句。几年金钥
> 秘银钩，玉匙不施恐飞去。
> 秋风呼酒荷边亭，主人自醉客自醒。侬能痛饮
> 渠不饮，饮与不饮俱忘形。

鬓今如霜心如水，功名一念扶不起。侬归螺山
渠惠山，来岁相思二千里。

诗歌中杨万里对尤袤的情谊之深，尊崇之重显而易见。"二老"相见，都已经是满头白发，对灯畅谈之后，友人离开，只剩下孤零零的自己。尤袤的诗歌如同"起雷"般响亮，仿佛是仙人所作，非常人能比，堪有"此曲只应天上有，人间能得几回闻"（杜甫《赠花卿》）的意味。剡藤上题着的《梅花赋》，字字醒目，提醒着节操的永固。两人均不再在乎功名之事，如今心如止水。可见两人是不拘身份，不限形迹的知心朋友、忘年之交。至此分离，杨万里明年又要赴广东一带，只能是"螺山"与"惠山"相忘，虽然相隔千里，但杨万里相信两人始终有源源不断的思念。

淳熙六年（1179 年）正月，杨万里提前结束了在常州的任期，奉命调到广南东路提举常平盐茶公事。正值盗贼沈师进犯南粤，杨万里效仿恩相虞允文，以文人之力亲自率兵讨平。宋高宗称他为"仁者之勇"，由此遂有重用他的意思，于是提升为提点刑狱。杨万里又请求在潮、惠二州的外围修筑寨堡，在潮州用来震慑盗贼的巢穴，在惠州用来扼住盗贼的道路，颇有作为。而正是这一番平定贼寇，使得杨万里深切体会到，南宋后期由于内忧外患，加重了对人民的盘剥，激起人民剧烈反抗，所谓"茶寇"，今按历史唯物主义观点，即农民起义军是也，也就是贪官盘剥之下无法生存的贫苦百姓。但"茶寇"从荆、湘剽掠江西，逼近岭南，来势凶猛，扰乱地方百姓，就当时来说确实也需要尽快加以平定。在这

方面，先于杨万里任职广东的理学家林光朝的平寇事迹，就
唤起了杨万里内心深处的共鸣。

林光朝（1114 年—1178 年），字谦之，兴化军莆田人。
生于宋徽宗政和四年（1114 年），卒于孝宗淳熙五年（1178
年）。专心圣贤之学，动必以礼。有气节，早年得理学名儒周
敦颐"濂洛学派"真传，讲学于莆田东井、红泉、蒲弄等书
堂，后世学者称其为"红泉学派"，尊为"南夫子"。朱熹少
时过莆田，尝听其讲学。南渡后，以伊、洛之学倡东南，自
光朝始。隆兴初，第进士。累迁广西提点刑狱，移广东。有
文载：淳熙元年（1174 年），林光朝在广东任上。"茶寇"从
荆、湘剽掠江西，逼近岭南，来势凶猛。林光朝亲自带领郡
兵，传檄摧锋统制路海，本路钤辖黄进分兵控制要害之地。
这时皇帝下诏：光朝为转运副史。林光朝认为"茶寇"的势
力正嚣张，就留在军屯中没有离开，督察二将拦击敌人，将
其连连挫败，"茶寇"惊恐，连夜奔逃。皇帝听说后高兴地
说："林光朝儒生，乃知兵耶。"遂加官直宝谟阁，召拜国子
祭酒兼太子左谕德。后以集英殿学士出知婺州（今浙江金
华）。引疾，提举兴国宫。卒，谥"文节"。杨万里来到广
东，亲身经历了与"茶寇"的对峙后，更加仰慕林光朝急公
好义，勇于担当，确保一方平安的气概，为一年前去世的林
光朝写下了《林运使墓志铭》：

> 公讳孝泽，字世传，莆田人也。曾祖质，故赠
> 朝奉郎，祖傅，故不仕。父选，故任承议郎致仕，
> 赠右中大夫。公少好词章，卓然自立，一时流辈罔

不推表。大观四年，升贡入太学。宣和六年，登进士第。

建炎初，调建阳县尉，再调南剑州顺昌县尉。会有告某贼欲犯城邑，公不谋同僚，不檄旁援，独计以为可先未发禽也，提兵宵征，黎明至其所，贼方槌牛酾酒，聚神祠中，乃突捣之，无一人免者。未几，丁太夫人忧，当论功，而郡僚有沮格者，通判吴逵曰：使贼而张，州且不保，况邑乎？是不可不赏！乃以闻。服除授左承事郎，监建阳县麻沙镇税。秩满，调泉州晋江县丞。太守器其详整，讼有积岁不决者，一以属公，靡不立断，人情慊焉。公所至廉于身，力于职，必欲以其韫及物。至干以私，秋毫不可，上官敬惮之，通判兴国军。秩满，谒祠官之禄，得主管台州崇道观。

知南康军。公为郡严而不苛，吏不敢欺。提举广南路市舶，有胡妇蒲持环产以献，为子求官得之。公持之不下，而言诸朝曰：互市与夷接也，舶之所入，法归有司以俟。公上之须，未有私献无益之物者，倖源一启，远人何观？事遂寝，朝论韪之。

即拜转运判官。先是官吏，以岭南为非法令所能远驭，类黩货。有县令挟大官要人，囊橐之墨且横，公得其受赇状，即举奏之，一路震虩，曰：是何可犯？解印绶去者十数人。知漳州，公年弥高矣，聪决益精明。北边有衅，敛兵于漳以戍焉。前守匮于赋，故事戍者既行，居者增餐钱，而州不时给。

其徒族立庭下不去，有猘色，公不为动，徐曰：若辈欲反，必先杀我。餐钱极无几尔，独不可强取。叱令还营，取一二尤者真之法，而令月庚之，众服其暇。岁大疫，为糜鬻药饵，赒路畀。死不能掩埋者，官为棺敛。

部使者上最，进提点广南东路刑狱，公力辞不就。天子高之，改除直秘阁，主管建宁府武夷山冲佑观。训词曰：循良之吏吾所重，止足之人吾所敬，重秘之直吾所惜。朝廷方行综核之政，切齿汙吏。有言于丞相者曰：林公虽老，持节乡部，肃清一路，独不可耶？丞相然之，白上，除公本路转运副使。命下，八郡耸然曰：此真监司也。公即以乡里引嫌，有旨趣公入奏，公谓所知曰：广南之命既得辞矣，顾拜今命，辞远乐近，非人臣义。章再上，朝廷知不可强致，复俾祠禄，是岁乾道六年也。

公则萧然自放，因旧茸庐，疏渠引泉，周以花竹，日哦其间。故人过逢，瀹茗弈棋，杯酒淋浪，其乐殆非尘中有也。明年正月十八日疾终，得年八十有三。后九日，葬南郭五云寺之东北。

公性澹然，无外嗜。与人交，一见倾底里；至遇事，凛不可犯。南康、临漳岁倚山泽之入以佐公帑，公尽捐以俾民。遇过使客，燕饗俭而敬，宾亦忼然满意。公自律清苦，一夕视事，竟有持烛送公至闑内者，公曰：此官烛也，亟命持去。

林氏自唐正元旌表门闾，公始茸之，敷文阁直学士王公十朋诗而碑焉。公娶阮氏，封安人，先卒。
男二人：榕，左迪功郎、新台州州学教授；枅，左
奉议郎、秘书省秘书郎，出知信州。女二人：适文
学方庭贲、方自诚。孙十人：文之，为信州贵溪县
尉；居之、千之，并将仕郎；余尚幼。枅立朝岩然，
弗激弗随。予晚与枅同朝而厚，予得外补，枅迢送
予曰：先君子竁而未碣，非懈，实有待，子其人哉！
予谢不能，既归庐陵，枅又遣一介，走二千里来请，
铭曰：

> 士稚而节，石漱雪啮。既奇而泞，毁珠负涂。
>
> 我羂我驹，我亨我卫。我日我晡，畴舒其驱？
>
> 林公烺烺，闽粤之望。天子是奖，南东其荡。
>
> 公掺以辞，孰完不隳，孰溢不欹，胡釐不归？
>
> 莆城之南，佛屋之北。言艺其柏，以妥公宅。
>
> 清风肃而，米之玉之。式讹彼贪，尚或怩之。

相似的经历使得杨万里对林光朝平贼之事感同身受，钦
慕之情越发真挚，一篇墓志铭写得情真意切，感人至深。

淳熙八年，杨万里始任广东提刑，即提点刑狱公事。"提
点"就是负责、主管的意思。宋代在"路"（与明清时期的
"省"相近）这一级先后分设了转运司、提点刑狱司和提举
常平司等机构，从中央派文臣担任转运使、提点刑狱公事即
"提刑官"、提举常平公事。这三个机构合称为"监司"，其
长官被称为监司官，都负有监察州县地方官的职能。同时，
这些监司官又有一定的分工，其中，"提刑官"负责地方刑

狱、诉讼。北宋太宗朝开始设立"提点刑狱公事"，到真宗朝逐渐制度化，设置了提刑司的衙门。提刑司多设在占据交通要道的州府，"提刑官"则每年定期到所辖的州县巡查。对于地方官判案拖延时日、不能如期捕获盗犯的渎职行为进行弹劾。"提刑官"还负责审理疑难案件，平反冤狱，以及接受民众的上诉。北宋太宗朝开始设立"提点刑狱公事"。朝廷选派文臣到地方，审理疑难案件，清理积压的旧案；到真宗朝逐渐制度化，设置了提刑司的衙门。后来"提刑官"虽有暂时的撤废，但两宋大部分时间都是存在的。史载宋代"提刑官"的职能，除了监察地方官吏之外，主要是督察、审核所辖州县官府审理、上报的案件，并负责审问州县官府的囚犯，对于地方官判案拖延时日、不能如期捕获盗犯的渎职行为进行弹劾（《宋史·职官志七》）。宋代杖刑以下的犯罪，知县可判决；徒刑以上的犯罪，由知州判决，而"提刑官"主要负监督之责；州县的死刑犯一般要经过"提刑官"的核准，提刑司成为地方诉讼案件的最高审理机构。"提刑官"在巡查州县的监狱时，除了查看囚犯的人数、囚禁时间外，还审理疑难案件，平反冤狱，以及接受民众的上诉。由于经常性的州县官渎职，胥吏敲诈勒索，导致案情"虚幻变化，茫不可诘"，"提刑官"是判决的一个重要关卡，他们能否尽职，关乎百姓能否得到公正的判决，冤狱能否得到昭雪。因此宋王朝很重视"提刑官"的人选，多由曾长期任职于地方的、熟悉地方事务的官员担任。杨万里的被任命，正是源于朝廷对他广东常平提举任上表现的认可。但杨万里赴任不久，就再次以居丧去官，这次去世的，是他的继母。

杨万里的继母罗氏，是父亲杨芾的续配妻子，杨万里生母自他幼年去世，继母罗氏将他抚养长大，自己一生没有生育，与杨万里感情甚笃。杨万里"事继母尽孝，禄养三十年，人不知罗之为继母也"。继母去世，杨万里立刻向朝廷报了丁忧，回原籍为继母守孝。在为继母守孝的三年间，杨万里深居简出，甚至连从不间断的诗歌创作也完全停顿下来。直到淳熙十一年（1184 年）十月除去孝服，他的长子杨长儒请他重新作诗，他才又重新吟咏起来。

十月下旬，杨万里奉诏入朝，任吏部员外郎。吏部是中国古代官署之一，东汉始置吏曹，改自尚书常侍曹，魏晋以后称吏部。隋、唐、五代，列为尚书省六部之首，长官称为吏部尚书。"吏"指文职官员，多是"官吏"齐称，相等于现代的文职公务员。吏部下设吏部司、司封司、司勋司、考功司，掌管天下文官的任免、考课、升降、勋封、调动等事务。十二年五月，杨万里应诏上书，极论时事。垂相王淮问"宰相何事最为急务"，杨万里以"人才最急先务"为答，并条上《荐士录》，共举荐了六十人，全都是正人端士，首列朱熹。

朱熹（1130 年—1200 年），字元晦，又字仲晦，号晦庵，晚称晦翁，谥号"文"，世称朱文公。祖籍徽州府婺源县（今江西省婺源），出生于南剑州尤溪（今属福建省尤溪县）。宋朝著名的理学家、思想家、哲学家、教育家、诗人，闽学派的代表人物，儒学集大成者，世尊称为朱子。朱熹是唯一非孔子亲传弟子而享祀孔庙，位列大成殿十二哲者中，受儒教祭祀。是"二程"（程颢、程颐）的三传弟子李侗的学生，与二程合称"程朱学派"。朱熹的理学思想对元、明、清三朝影响极大,成为三朝的官方哲学,是中国教育史上继孔子后的又一人。朱熹十九岁考中进士,做官清正有为,振举书院建设,淳熙六年(1179年),朱熹知南康军的时候,重建了著名的白鹿洞书院,白鹿洞书院是宋代四大著名书院之一。原址在江西星子县境内庐山五老峰东南。此处曾经是唐代名士李渤隐居讲学之处,当年李渤喜养白鹿,因此得名。南唐开始在此建立学舍,号为"庐山国学",宋时又在此建立书院。朱熹派人访查白鹿洞旧址,并拨款重建了书院,又遍搜江西诸郡书籍文字以充实藏书,购置日产以供办学之用。书院得到朝廷的认可,教学活动由朱熹亲自主持。淳熙十二年(1185年),杨万里向朝廷上《荐士录》云:"朱熹,学传二程,才雄一世,虽赋性近于狷介,临事过于果锐,若处以儒学之官,涵养成就,必为异才。"(《淳熙荐士录》)朱熹因此荐而除江西提刑之职。从荐语中可知,杨万里对朱熹的师承、学术影响及性格几无不洞悉,而此时他却并没有与朱熹见过面,大概是从南轩处知晓朱子之学的。

在中央朝廷为官使杨万里得以站在更宏观的视角来审视朝野,这让走上仕途后就开始积极研究宋王朝积贫积弱的原因,探寻富国强兵之道的杨万里能够更清晰客观地进行分析,逐渐总结出薄赋节用、富民宁邦的经济思想。杨万里早在《千虑策·民政》中就例举江西屯田者的境遇原因在于"租重。租重,故一年而负,二年而困,三年而逃,不逃则囚于官,不瘦死,不破家则不止"。可见,由于赋税过重,农民种地越多,耕作越勤恳,则离家破人亡越近。而商人的境遇与农民大体相当。淳熙十二年，杨万里向孝宗上《上寿皇论天变地震书》：

> 五月二十四日，朝奉郎尚书吏部员外郎杨万里，谨斋沐裁书，昧死百拜，献于皇帝陛下。
>
> 臣闻：言有事于无事之时，不害其为忠也；言无事于有事之时，其为奸也大矣。昔者贾谊陈治安之策，有"厝火积薪"之喻，此文帝最盛时也；苏洵献审敌之策，有"弊船深渊"之喻，此仁宗最盛时也；西汉之文帝，本朝之仁宗，何君也？后世尧舜之君也。以后世尧舜之君，而二子有积薪弊船之喻，何也？臣故曰：言有事于无事之时，不害其为忠也。……今则不然。南北和好愈二十年。一旦使绝，虏情不测。而或者曰："彼有五单于争立之祸。"又曰："彼有匈奴困于东胡，元魏扰于柔然之祸。"既而皆不验。或者曰："彼将畏我。"或者曰："彼不敢图我。"使果畏我而不敢图我乎？道涂相传，缮汴京之城池，开海州之漕渠，又于河南北签民兵，增驿骑，制马枥，籍井泉。又收彼之海舟，入彼之内地，葺而新之。其意甚秘，其禁甚严，而吾之间谍不得以入，此何为者耶？今夫千金之家有巨盗焉，日夜摩厉以图行劫而夺之货。为千金之子者，方且外户不闭，般乐饮酒，处之以坦然。夫有其备而处之以坦然，可也；无其备而处之以坦然，可乎？……臣窃闻论者或谓缓急淮不可守，则弃淮

而守江；是不然！有淮所以有江也；淮苟无矣，安得而有江哉？吾果弃淮乎？虏以兵居之，居之而不去，近则通、泰之盐利为彼所据，将无以给吾之财用；远则吴、蜀之形势为彼所裂，将无以通吾之脉络。盖昔者吴与魏力争而得合肥，然后吴始安；李煜失滁、扬二州，自此南唐始蹙。今日弃淮而保江，既无淮矣，江可得而保乎？……且南北各有长技。若骑若射，北之长技也；若舟若步，南之长技也。今为北之计者，尚收其海舟而缮治之，至于南之海舟，则不闻缮治焉。或曰，吾舟素具也；或曰，吾之舟虽未具而惮于扰也。自绍兴辛巳南北之战，今几年矣？当时山东之功，采石之功，不以骑也，不以射也，不以步也，舟焉而已。当时舟胜则胜矣。今几年矣？素具之舟复可用乎？且夫斯民一日之扰，与社稷百世之安危，孰轻孰重也？……当今之时，陛下以为何时耶？金虏日逼，疆场日忧，而未闻防金虏者何策，保疆场者何道。但闻某日修某礼文也，某日进某史书也，是以乡饮理军，以干羽解围也。……自频年以来，两浙最近则先旱，江淮则又旱，湖广则又旱，一方有旱，则民之流徙者相续，道殣者相枕。常平之积，名存而实亡；入粟之令，上行而下不应。静而无事，尚未知所以赈之救之；动而有事，将何仰以为资耶？……臣闻善为备者，备兵不若备粮，备粮不若备人。古者立国，必有可畏。非畏其国也，畏其人也。……异时名相如赵鼎、张

浚，名将如岳飞、韩世忠，此金虏所惮也。近时刘
珙可用则早死，张栻可用则沮死。万一有缓急，不
知可以督诸军者何人，可以当一面者何人，而金虏
所惮者又何人耶？……臣愿陛下……勿矜圣德之崇
高而增其所未能；勿恃中国之生聚而严其所未备；
勿以臣下之苦言为逆耳而体太宗之导谏；勿以女谒
近习之害政为细故而监汉唐季世致乱之由……勿使
赂宦官而得麾节如唐大历之弊，勿使货近幸而得招
讨如梁段凝之败。以重蜀之心而重荆襄，使东西形
势之相接；以保江之心而保两淮，使表里唇齿之相
依。勿以海道而无虞，勿以大江为可恃。增屯聚粮，
治舰扼险。君臣之所咨访，朝夕之所讲求，姑置不
急之务，精专备敌之策。平居无事，常若敌至。庶
几上可消于天变，下不堕于戎心。……

尽管南宋经济繁荣，但确不是一个"无事"之朝，杨万
里委婉陈言，希望统治者能够有所作为，而非一味地苟且偷
安。他多次上书申论国事，指出表面安定、实质空虚的危险
性；且密切注意北方金国的动态和本朝的一切政治措施，坚
持恢复中原，发愤图强，提出了很多比较全面的、切实可行
的政见和战略。身处偏安小朝廷，面临着中原沦丧、河山半
壁、敌强我弱、国仇痛切的黯淡局势，杨万里在众多政论散
文中反复揭露国家弊病，坚决反对投降求和，大声疾呼："为
天下国家者不能不忘于敌，天下之忧，复有大于此者乎！"
（《千虑策·国势上》）劝当权者不可忘记耻辱，而应励精图

治，奋发图强，积极筹备恢复失地。他对于现实状况有着很清醒的认识，"顷者新天子即位之初，春秋鼎盛，圣武天挺。超然有必报不共戴天之心，克复神州之志。天下仰目而望，庶几中兴之有日也。然亲征之诏朝下，而和议之诏夕出。……盖兆今日之和者，符离之役也。……是故前日之勇，一变而为怯。前日之锐，一变而为钝，安得而不归于和哉？"（《千虑策·君道中》）纵然不断有英雄志士积极准备收复山河，但佞幸当政，近习握权，统治者也宁愿安于一隅的安稳和优渥，客观上兵力孱弱，主观上亦并无收复失地、一统江河的强烈愿望，主战派在朝中遭受到了越来越严厉的打压。苦言无益，杨万里既而主张以"守而取"（《与陈应求左相书》），欲图恢复，需先充实国力。杨万里出身寒门，对劳动人民有一定的同情；而且有多年任职地方官的经历，对民生疾苦有比较深切的感受。他不断给皇帝上书、向宰相进言，要求重视民心。《上寿皇论天变地震书》中亦可见杨万里为民请命的文字："自频年以来，两浙最近则先旱，江淮则又旱，湖广则又旱。一方有旱，则民之流徙者相续，道者相枕。常平之积，名存而实亡。入粟之令，上行而下不应。静而无事，尚未知所以振之救之，动而有事，将何仰以为资耶？"作为一名封建士大夫，杨万里对百姓能有如此的同情和体恤，殊为可贵。杨万里不是空洞泛泛地表达仁政爱民的政治思想，而是屡次上书，在强调民本的基础上提出了很多切实可行的具体措施，供君主采纳。

杨万里对重视人才的呼吁也是不遗余力的。明君贤臣两相欢是封建时代文人们的一个政治理想，人才论也是杨万里反复阐述的一个问题。《上寿皇论天变地震书》中直言"臣闻善为备者，备兵不若备粮，备粮不若备人。古者立国，必有可畏，非畏其国也，畏其人也。"他把人的因素放在第一位，认为强国之本为储备人才。哪个国家的文臣武将储备得多，哪个国家便拥有了外交及战争的主动权。观点延续了他在《千虑策》"人才"三篇中对人才问题的思考。

当然，这篇《上寿皇论天变地震书》照例没有引起孝宗的足够重视，但两个月后，淳熙十三年（1186年），孝宗亲擢杨万里为太子侍读。当时的太子，即宋孝宗赵昚第三子赵惇，后来的光宗皇帝。赵惇，绍兴十七年九月乙丑日（1147年9月30日）生于孝宗藩邸，母亲是成穆皇后郭氏。绍兴二十年（1150年），赐名赵惇，授右监门卫率府副率，转荣州刺史。宋孝宗即位后，拜镇洮军节度使、开府仪同三司，封恭王。孝宗嫡长子庄文太子逝世后，孝宗认为光宗的英武才能像自己，想立为太子，但因为按长次轮不到他，所以迟迟没有决定。后来虞允文为相，请求趁早确立皇太子。乾道七年（1171年），赵惇立为皇太子。

据宋高承《事物纪原·法从清望·侍读》载："唐明皇开元三年七月，敕每读史籍中有阙，宜选耆儒博硕一人，每日侍读。故马怀素褚元量更日入直，此侍读之始也。"太子侍读并没有很高品级，只是陪侍太子读书论学或为皇子等授书讲学。但因为事关太子——也就是未来皇帝的成长，人选从不马虎，非"耆儒博硕"的饱学之士不可。宋朝的太子侍读与侍讲都是为皇太子授书讲学的，均为兼职，杨万里也是以尚书左司郎中兼任太子侍读。除此以外，选拔条件也极其严格，主要要求：一是必须进士出身；二是人格高尚，德高望重，不能有一点不良传闻；三是学问渊博，必为世所公认之学界翘楚。而杨万里的入选，也正是对他渊博学识与方正人品的一个最好认可。杨万里与太子赵惇颇为相得，太子曾亲自为杨万里题"诚斋"二字。

淳熙十四年（1187年）十月，太上皇赵构去世。淳熙十五年（1188年），即赵构去世的第二年，南宋朝廷议论高庙配享。配享，亦作"配飨"。太庙是中国古代皇帝的宗庙。最早太庙只是供奉皇帝先祖的地方。后来帝后和功臣的神位也可以被供奉在太庙。一般的皇亲还不行，必须是近亲或有功于江山社稷的皇亲。还有有功于社稷的臣子和子民，经皇帝允许，也可以在死后享用太庙的待遇，这些臣子死后将是以郡王之礼厚葬。翰林学士洪迈请以吕颐浩、赵鼎、韩世忠、张俊配享。洪迈的奏疏见于南宋李心传的《建炎以来朝野杂记》甲集卷二高宗孝宗配享功臣条：

> 永思陵复土，翰林学士洪迈言：圣神武宪孝皇帝祔庙有期，所有配食臣僚，先期议定，臣两蒙宣谕，欲用文武臣各两人。文臣：故宰相、赠太师、秦国公、谥忠穆吕颐浩，特讲、观文殿大学士、谥忠简赵鼎。武臣：太师、蕲王、谥忠武韩世忠，太师、鲁王、谥忠烈张俊。此四人皆一时名将相，合于天下公论，望付侍臣详议以闻。

洪迈提出的这四位人选，确为高宗时的有名将相。南宋初期，吕颐浩二度拜相，《宋史》本传评其为有胆略，善鞍马弓剑，当国艰难之际，人倚之为重。但同时又指出其任用私人，报复恩仇，创立月桩钱而为患东南的严重缺失。赵鼎为南渡名相，高宗对其赞叹不已：赵鼎真宰相，天使佐朕中兴，可谓宗社之幸也。赵鼎两为相，于国有大功，再赞亲征皆能决胜，又镇抚建康，回銮无患，他人所不及也。韩世忠为一代名将，在抗击西夏和金的战争中功勋卓著，在平定各地叛乱中也作出了重大贡献。张俊为南宋中兴四将之一，后转主和，迎合朝廷对金议和意向，成为谋杀岳飞的帮凶，深受高宗宠爱。四人中，吕颐浩和张俊颇受时人非议，而洪迈以为他们都合于天下公论，均可入享高庙。时任秘书少监的杨万里得知配享名单中竟然没有抗金名将、恩师张浚，不禁大怒，立刻上奏疏力争张浚当配享庙祀，并严厉指斥洪迈的专断无异为指鹿为马。杨万里的奏折为《驳配飨不当疏》，虽未点出议臣姓名，但锋芒直指洪迈：

> 今者议臣建配飨功臣之议则不然。曰欺，曰专，曰私而已。先之以本朝之故事，惟翰苑得以发其议。抑不思列圣之庙有九，而庙之有配飨者八。发配飨之议者非一，而出于翰苑者止于三……以一人之口，而杜千万人之口，其弊必至于指鹿为马之奸。臣之所忧，不特一配飨之议而已。

杨万里的指责非常严厉，显得意气过于刚猛，而指鹿为马之喻，本是指斥洪迈的专断无异，但喻义牵及当时的皇帝

宋孝宗，有将宋孝宗比为秦二世之嫌。作为南宋著名文学家，
杨万里确有思虑不周之处。但对于张浚当预配享的理由，杨
万里思考得很充分，列举了张浚五大社稷之功：高宗复辟元
勋、首发建储大议、诛悍将范琼、安蜀、定淮，因此宜配飨
于新庙者，莫如浚也，配飨新庙者，舍浚而谁哉。杨万里此
论，俨然以张浚为高宗朝第一功臣。对于洪迈配享提议，宋
人多有评论。罗大经在《鹤林玉露》乙编中记载："识者多
谓吕元直不厌人望，张魏公不应独遗。"张魏公即魏国公张
浚，为南宋初年一度总中外之任的显赫人物。吕颐浩功勋固
然不及张浚，但在张浚因功过相抵而不能入选的情况下，复
辟之功只能归于吕颐浩，且吕氏主张北定中原，力排秦桧，
也是他的好处。在《鹤林玉露》丙编中，罗大经将张浚不预
配享的原因归罪于洪迈："后以（曲）端恃功骄恣，废不用。
又惧其得士心，竟杀之。自端之死，众心稍离淳熙间，议高
宗配享，洪景庐举此为魏公罪，迄不得侑食。"作为定国安邦
的名臣，张浚也有富平之战和隆兴北伐的败绩，但富平之战
几近击败金兵，因部将赵哲溃逃而导致失利。隆兴北伐时，
张浚已老将死，力不从心，朝廷未将总帅职位授予虞允文等
后辈。张浚一生功勋卓著，却因这些缺失影响其配享高庙资
格。杨万里全不顾此，一味替张浚争配享资格。就杨万里自
身来说，也处境尴尬。据南宋张端义《贵耳集》记载：

> 德寿丁亥降圣，遇丙午，庆八十。寿皇讲行庆
> 礼，上尊号。周益公当国，差官撰册文，读册书，
> 拟杨诚斋、尤延之各撰一本，预先进呈。益公与诚

斋乡人，借此欲除诚斋一侍从为润笔。册文寿皇披阅至再，即宣谕益公："杨之文太聱牙，在御前读时生受，不若用尤之文温润。"益公又思所以处诚斋，奏为读册官，寿皇云："杨江西人，声音不清，不若移作奉册。"寿皇过内，奏册宝仪节及行礼官，至杨某，德寿作色曰："杨某尚在这里，如何不去？"寿皇奏云："不晓圣意。"德寿曰："杨某殿册内比朕作晋元帝，甚道理？"

杨万里一味耿直，思欠周虑，既然以洪迈比赵高，孝宗就是秦二世了。孝宗心胸狭窄，便不愿再用杨万里的文章，甚至以杨万里是江西人，官话吐音不清为由，不用杨万里为读册官，曰："万里以朕何如主？"如此，为张浚辩护的杨万里得罪于孝宗，张浚不预配享便是很自然的事。杨万里与洪迈配享之争的直接后果是二人皆离京，杨万里出知筠州，洪迈出知镇江。因议配享事而致大臣补外，宋三百年，此为仅见。

淳熙十五年（1188年）四月，杨万里先回故乡安置家小后，再赴离家不远且有赣江、锦江水道相连的筠州去就任知军州事。

筠州历史悠久，旧石器时代，县境即有人类活动。秦统一六国以前，县境属"巴蜀本南外蛮夷地"一隅。公元前221年，秦始皇统一六国，筠连归大一统的中央王朝。公元前202年，刘邦建立汉朝。汉武帝建元六年（公元前135年），置犍为郡（郡治今贵州省遵义县西）。元封二年（公元前 109 年），犍为郡属益州（州治今成都市）刺史部。汉武帝建元六年（公元前 135 年）或元光五年（公元前 130 年）置南广县，驻所在今珙县沐滩乡傅家坝，县境属益州犍为郡南广县地。公元 9 年，王莽建立新朝，改益州刺史部为庸部，改犍为郡为西顺郡，县境属庸部西顺郡南广县地。公元 23 年，蜀地为公孙述割据，将庸部还名益州，西顺郡复名犍为郡，县境仍属益州犍为郡南广县地。汉建安二十一年（216 年），改犍为郡辖地为朱提郡，领朱提、汉阳、南昌、堂螂、南广五县，县境属益州朱提郡南广县地。公元 221 年四月，刘备于成都称帝，分益州为二十一郡，朱提郡仍置，领县亦有南广，县境隶属与前无异。蜀汉延熙（238 年—257 年）年间，于南广县立南广郡，县境归益州南广郡南广县，不久废郡存县，仍属益州朱提郡南广县。晋武帝泰始七年（271 年），合南中建宁、云南、古兴、永昌四郡置宁州（州治今云南省曲靖市），并分朱提置南广，县境即属宁州南广郡南广县。太康五年（284 年）撤销宁州，县境仍属益州朱提郡南广县。隋炀帝大业初废协州入开边县（县治今云南省盐津县滩头），至后仍又荒废。唐武后时置筠州，领县八：盐水、筠山、罗余、临居、澄澜、临昆、唐川、寻源。又置连州，领县六：当为、都宁、逻游、罗龙、加平、清坎。”“初唐四杰”中的杨炯曾在此任县令。天宝七年（748 年），唐剑南节度使鲜于仲通被南诏打败，羁縻筠州、连州等地被南诏占领。宋咸平四年（1001 年）将蜀地分为益、利、夔、梓四路，今县境内各羁縻州属梓州路（路治潼州府，今四川省三台县）戎州。徽宗政和四年（1114 年）改戎州为叙府，徽宗重和元年（1118年）改梓州路为潼川府路。至北宋末。羁縻笔州、连州均属潼川府路（原梓州路）叙州府（原戎州）所辖。

杨万里在笔州任知州的第二年，即淳熙十六年（公元1189年），他曾经辅导侍讲过的太子赵惇接受了父亲宋孝宗的禅位，登基为帝，次年改元绍熙。经过多年的等待后，光宗一旦有了一定的主政用人权力，立刻想起了饱学多才的杨万里，于是，已是花甲之年的杨万里受诏还京，任职秘书监。

秘书监，古代官名，东汉延熹二年（159年）始置。属太常寺，典司图籍。晋初并入中书。晋永平（291年）时又置，并统著作局，掌三阁图书。隋炀帝时曾称秘书省令。唐高宗时曾改称太史，旋复旧，用于掌管皇家经籍图书，是秘书省的长官，掌理著作国史等事，后来这些事务改由其他单位负责，秘书监仅负责校对勘误而已。秘书监不是掌握重大政务的繁重职务，然而以爱读书的人，也常寻求机会担任这一职务。白居易有《秘省后厅》诗，描述诗人担任秘书监时工作的情形："槐花雨润新秋地，桐叶风翻欲夜天。尽日后厅无一事，白头老监枕书眠。"天水一朝，中华文化虽极其繁盛，秘书监并不是一个受重视的官职，官职和俸禄都不比前朝，杨万里也并未得到十分的重用。但曾为新君之师，并在光宗即位之初就亲自召回，还是证明了杨万里在光宗心目中较为重要的位置。

杨万里的奉诏赴京，也使他不得不重陷朋党纷争。淳熙后期，先后以宰相王淮、周必大、留正为核心，形成了三大朋党。王淮于淳熙八年（1181年）拜相，淳熙十五年（1188年）罢相。七年间，他组建了一个连孝宗也为之称盛的相党集团。淳熙十年（1183年）六月，王淮党羽郑丙、陈贾以"道学"之目，攻击政敌，指斥"附之者，常借其势以为梯媒；庇之者，常获其助以为肘腋，植党分明"，"以济其伪"。因王淮相党竭力抑制道学，攻击"道学朋党"，所以史称庆元"伪学""伪党"之禁始于此。作为被攻者，道学在政治上的势力不断扩大。淳熙八年（1181年），侍讲史浩荐引薛叔似、陆九渊等十五位道学人士，"有旨令升迁，皆一时之选"；淳熙十四年（1187年），道学的庇护者周必大为右相，开始反攻王淮。淳熙十五年（1188年），王淮被罢，周必大与留正并相。留正为相后，纠集王淮相党的残余势力，攻劾周必大；同时搜罗周必大的"肘腋"道学人士，成为自己的党羽。淳熙十六年（1189年），在留正相党的排挤下，周必大罢相。由此等等，均为前引"险尽山川多少心"的诗句作了注脚。淳熙十六年（1189年），杨万里也是怀此心理，自筠州被召还朝的。他还朝途中所作《再观十里塘捕鱼有叹》说：

> 渔者都星散，那知不是真。忽然重举网，何许
> 有逃鳞。暗漉泥中玉，光跳日下银。江湖无避处，
> 而况野塘滨。

这对于钟情"山水窟宅"的杨万里来说，难免畏惧重重，忧心忡忡。他在入朝后的奏章中就反复写到这一点："臣是时蒙陛下收召，臣子大义岂宜俟驾而行。世路孔艰，又欲自崖而返，辞不获命，进退徘徊，积忧熏心。""臣迫于成

命，怊所居官，危迹难安，少缓东门之车马，逾时申控，终采南山之蕨薇。"上列诗歌，借鱼和捕鱼者的关系，暗喻动荡时局的险恶，以及重陷险恶时局的畏惧。

回朝第二年，杨万里就接下了一份重要的工作，这份工作只在宋代存在，可谓前代无古人，后代无来者，那就是接伴金国贺正旦使。正旦，即春节——每年的正月初一日。宋金两国之间有互派使臣祝贺新年的习惯，这一本来充满祥和与友好的举动因为宋朝的极度软弱而带有了屈辱意义。贺正旦使及对方来使的接伴使的设置，要从宋金两国的议和历史说起。宋靖康二年（1127年），汴京陷金，徽、钦二宗北狩（被金军掳至今黑龙江阿城），北宋亡。其后宋室南渡，改元建炎，以迄绍兴十一年（1141年）之十五年间，与金始终处于交战状态。惟交战期间，宋未尝一日忘和，一面请和，一面抗战。宋金酝酿议和，始于绍兴七年（1137年）。方是时，伪齐刘豫废，中原空虚，金熙宗又新立，内部不安，无暇南顾，正为宋乘时光复河山之机。然高宗缺乏勇气，既惧金放还钦宗，失去王位，又惧一旦战胜，造成武人跋扈，故虽岳飞、韩世忠、张浚诸将，与宰相赵鼎等力请，终从秦桧之意，一味避战，专心媾和。宋金首次议和，是在绍兴八年（1138年），惟不久金发生政变，新执政者兀术，废约再度侵宋。此后直至绍兴十一年（1141年），始在杀岳飞为条件之下，宋金第二次议和。其盟约要点如下：一、宋对金奉表称臣，受金册封为皇帝。二、两国疆界，东以淮水中流，西以大散关（陕西宝鸡）西南为界；自淮而西，宋割京西唐（河南泌阳）、邓（河南邓县）二州，及陕西商（陕西商县）、秦（甘肃天水）二州之半与金。三、每岁金主生辰及正旦，即新年，宋遣使称贺。四、宋岁贡银绢二十五万两匹，於每岁春季，搬送至泗州（安徽盱眙）交纳。五、金许归宋徽宗梓宫及高宗母韦太后。宋称臣割地，岁贡贺旦，自列于藩属，与其说是盟约，毋宁称作降书。宋金第二次议和后，双方维持近二十年之友好，至绍兴三十一年（1161年），始由金海陵王重开战端。其间双方各有胜负，高宗于三十二年（1162年）传位孝宗，改元隆兴。隆兴二年（1164年），宋金第三次议和，双方约定：一、易君臣之称，为叔侄之国，宋主称金主为叔父。二、两国文书，改表诏为国书。三、宋岁币银绢各减五万两匹，并不称岁贡。四、两国疆界，仍一如绍兴之旧。五、两国各归还被俘之人，但叛亡者不与。此次盟约，虽仍极不平等，但已较绍兴十一年（1141年）大有进步。宋"至是始正敌国之礼，可稍湔臣事之耻。"淳熙十六年（1189年）十一月，杨万里奉命为接伴金国贺正旦使，乘舟北征，经苏州、镇江、瓜洲、扬州、高邮、宝应、楚州、洪泽，至淮河，过盱眙，经运河返临安。宋光宗绍熙元年（1190年）正月又伴送金使北返。杨万里一生主张抗金，然而此时却担任接伴使之任，陪伴金国使臣，表面要强颜欢笑，内心积蓄着无限愤慨。这两次往返，杨万里来到了从未踏足过的宋金边境，见到了北宋遗民父老，这种震撼，唯有用诗的语言来表达，诗人把激愤的情绪发而为诗，一路写下许多感情深沉的爱国诗篇。《初入淮河四绝句》是杨万里最有名的爱国诗篇之一：

其一

船离洪泽岸头沙,人到淮河意不佳。何必桑干
方是远,中流以北即天涯!

写诗人初入淮河时的心情,航船驶离洪泽河的岸头,到
达南宋的边界淮河,我的心情非常不快。这两句诗开篇点题,
交待了行程,"意不佳"三字为整组诗奠定了感情基调。洪
泽,湖名,在江苏省洪泽县西部,古称"破釜塘",隋代称
"洪泽浦",唐代始名"洪泽湖",北宋神宗熙宁时开洪泽河
通淮河。岸头,岸边。"何必桑干方是远,中流以北即天
涯"——不必只把北方的桑干河当作辽远的地方,现而今淮
河中流以北就是南宋的天涯了!桑干,河名,即今永定河上
游,在今山西省北部和河北省西北部,相传每年桑椹成熟时
河水干涸,故名。唐代桑干一带是唐与北方少数民族的交界
处,唐诗中常用桑干来指遥远的北方边疆战地。中流,江河
中央,淮河中流是当时宋金两国分界线。南宋在绍兴十一年
(1141 年)与金国议和,史称"绍兴和议",南宋向金称臣;
隆兴二年(1164 年)年又改为叔侄关系,划定东起淮水,西
至陕西宝鸡西南的大散关一线为界。屈辱的关系,内缩的边
境,脆弱的和平,总能引起南宋的爱国之士的无限感慨。如
果南宋能够收复失地,杨万里初入淮河,定会愉悦地吟咏淮
河的风光,但是在现实中,淮河却是诗人的伤心之地,因此
杨万里离边界越近,就越是觉得心头沉重。对这种沉重的心
情,诗人并没有选择尽情地发泄,而是用含蓄的,同时也是
更为深沉的笔触写下他的所感所思。诗的前两句写行程已入

淮河，无论从语调还是句法上看都比较平淡，但这种平淡其实是愤懑情感的积聚，这种情感在诗的后两句爆发了："何必桑干方是远，中流以北即天涯！"今日的淮河已然成了南宋的"桑干"，中流以北就成了南宋可望而不可及的"天涯"，这其中包含着无限的感慨。"何必"二字更增添了一种讽刺的语气，透出诗人心中难以排遣的愤懑之情。

　　其二
　　刘岳张韩宣国威，赵张二相筑皇基。长淮咫尺分南北，泪湿秋风欲怨谁？

　　这首诗是回顾南宋的历史，称赞能够安邦定国的将相，含蓄地指责造成"长淮咫尺分南北"之屈辱现实的责任人。"刘岳张韩宣国威，赵张二相筑皇基"——宋初的抗金将领刘锜、岳飞、张俊、韩世忠曾经大败金兵，展示国威；赵鼎、张浚安定了政权，奠定了南宋基业。刘锜、岳飞、张俊、韩世忠是南宋初期的抗金名将，南宋时张、韩、刘、岳往往并称，但是其中张俊后来附和秦桧，参与谋杀岳飞，有辱名节。宣国威，向敌人展示了国家的力量。赵张二相，指赵鼎、张浚，南宋初期宰相，坚决反对与金国议和，后来奸臣秦桧当权，二人均被贬斥。筑皇基，奠定了南宋政权的基础。"长淮咫尺分南北，泪湿秋风欲怨谁"——如今这条长长的淮河成了南北的边界，看到近在咫尺的失地，却只能在萧瑟的秋风中黯然落泪，然而既然不乏贤相良将，那造成如今局面应该怨谁呢？是应当怨陷害忠良的奸臣秦桧，还是该怨任用秦桧的宋高宗赵构呢？

第一首诗是写船驶进淮河的心情，第二首诗则回顾历史，谴责造成山河破碎的奸臣昏君。杨万里在诗中用了欲抑先扬的手法，先是赞扬南宋初期的名将良相，让人生出历史的自豪，再用现实的画面打落这种豪情，最后用虚笔点出全诗落点——谁是国家的罪人？杨万里继承儒家温柔敦厚的诗旨，认为诗要"色而不淫，怨诽而不乱"，他在《诚斋诗话》中曾说："唐人《长门怨》云：'珊瑚枕上千行泪，不是思君是恨君。'是得为怨诽而不乱乎？惟刘长卿云'月来深殿早，春到后宫迟'，可谓怨诽而不乱矣。近世陈克咏李伯时画《宁王进史图》云'汗简不知天上事，至尊新纳寿王妃'，是得谓为微、为晦、为婉、为不污秽乎？惟李义山云'侍宴归来宫漏永，薛王沉醉寿王醒'，可谓微婉显晦、尽而不污矣。"杨万里认为用诗来批评讽刺，要做到含蓄有致，不能太过直白浅露，就像此诗"泪湿秋风欲怨谁"一句，是反问，更是慨叹，其实应当怨谁又有谁不知道呢。这种含蓄的表达虽然失掉了悲壮的激情，却引人走向更深沉的思索。

其三

两岸舟船各背驰，波痕交涉亦难为。只余鸥鹭
无拘管，北去南来自在飞。

第三首诗人抓取眼前景物，整首诗虽然全是景语，但其中寄寓了诗人很深的感慨。"两岸舟船各背驰，波痕交涉亦难为"——淮河中流是南宋与金的国界，所以两岸的船泊只在

自己这一边航行，互相之间并不通航，而且两边船只竟然都不敢互相靠近，因此船只激起的波浪都很难交织在一起。其实淮河两岸原本都是宋朝的国土，在淮河北岸的父老又何尝不盼望着两岸能自在通航呢？"波痕交涉亦难为"是金国"拘管"的结果。背驰，相背而驰，互不通航。难为，不易做到。"只余鸥鹭无拘管，北去南来自在飞"——只剩下那些在水面飞翔的鸥鹭没有拘束，最是自由，在淮河上自由自在地飞来飞去。"只余"两字写出了拘管之严，让人想到诗的前两句所描绘的界限分明的景象背后有着多少无奈。而"自在"二字又含有人不如鸥鹭的味道，更让人觉得辛酸。拘管，拘束、管制。

在前两首诗中，杨万里怀古伤今，慨叹世事变迁，第三首则把笔触转向淮河上的景物，以景传情。这首诗四句全写景物，前两句取淮河两岸的船只，后两句取河上的鸥鹭，仿佛是一幅淮河图。这首诗描绘了三个画面，诗人把这三个画面安排得很有层次：首先写两岸互不来往的船只，"各背驰"是实景，写出了两岸的隔绝；再用波痕不能交涉从正面衬托，写出两岸隔绝之严；最后用"自在飞"的鸥鹭作前两个画面的反衬，以鸥鹭的自由更衬出人的不自由。所以用这组诗第二首中的"长淮咫尺分南北"一句来作这幅淮河图的名字可以说是最为贴切。杨万里在《颐庵诗稿序》中说："夫诗何为者也？尚其词而已矣；曰：善诗者去词。然则尚其意而已矣。曰：善诗者去意。然则去词去意，则诗安在乎？曰：去词去意，而诗有在矣。"杨万里讲"去词去意"，不是说诗不要词藻和思想情感，而是强调诗的本质不在于词藻，也不在于诗要表达的意思，诗的本质毕竟不是词藻的排列或者情感的宣泄，诗的本质是用词藻以一种耐人寻味的方式艺术地表达思想情感。在这首诗中没有只字片语直接写诗人心中的悲哀，而是通过描绘景物含蓄地表达诗人深沉的感喟，耐人寻味。

其四

中原父老莫空谈，逢着王人诉不堪。却是归鸿不能语，一年一度到江南。

这首诗是诗人想象中原父老向自己诉说种种困苦的情景，一方面写父老的不堪蹂躏，一方面写出诗人的痛苦和无奈。

中原父老见到南宋的使臣定然是会含泪诉说在金人铁蹄下生活的种种不堪，然后定然是满怀期望的询问："几时真有六军来？"（范成大《州桥》）然而面对中原父老的诉说，我该怎样对答呢？我知道这种种诉说期待其实都是一场空谈，与其伤心绝望，倒不如不谈。这两句是诗人想象中见到中原父老之后的对答。"却是归鸿不能语，一年一度到江南"——那向南飞去的鸿雁，虽然不会说话，倒是每年都能飞到江南；而淮河以北的中原父老却只能是年复一年的翘首南望。这两句是借鸿雁写出中原父老对故国的向往之情。这是《初入淮河四绝句》的最后一首，诗人并没有踏上淮河北岸与中原父老交谈，诗中所写是诗人虚拟的情景。虽是虚拟的情景，却是句句都饱含着诗人的真情。诗的前两句"中原父老莫空谈，逢着王人诉不堪"字面上是写中原父老诉说不堪蹂躏之苦，字面下呈现出的却是诗人自己痛苦无奈的心情。"莫空谈"三个字，语意异常沉痛。中原父老想要诉说"不堪"，诗人却直接了当地说不要"空谈"了，仿佛是有些不近人情，但其中更多的是诗人的辛酸，杨万里很清楚，此时的南宋朝廷只求求和自保，根本不顾及中原父老的死活。但是如果中原父老真的向他含泪诉说，那么诗人将怎样回答呢？是给一个虚假的期望，还是说出残酷的现实呢？不如一开始就说"莫空谈"！三四句以景结情，点出中原父老还不如鸿鸟，能够飞到江南。"不能语"也让人感慨良深。归鸿自然不能诉说中原父老的苦难，但是南宋那些心系中原的有志之士力主抗金，收复失地，却一再被打压，就算飞到江南的鸿雁"能语"，一心求和的朝廷也只能是置之不理。

《初入淮河四绝句》以"意不佳"为组诗的情感线索，第一首写边境现状"中流以北即天涯"，是悲；第二首回顾历史，指责历史罪人，"泪湿秋风欲怨谁"，是愤；第三首写出隔绝现状，"只馀鸥鹭无拘管"，是叹；最后一首是写朝中主和派当权，恢复无望，"中原父老莫空谈"，是痛。这组诗中浸透了诗人深沉的爱国之情，千载之下依然让读者唏嘘不已。这段担任贺正旦使的经历在杨万里的心中烙下了一生无法磨灭的伤痕，也是他终其一生无法接受哪怕一点点与金谈和可能性的一个重要原因。

杨万里回京后，一度对光宗抱有中兴的极大希望，他连上三札，要求光宗爱护人才，防止奸佞，做到"一曰勤，二曰俭，三曰断，四曰亲君子，五曰奖直言"（《第三札子》）。其情可感，其言谋深虑远。然而，性格懦弱、没有主见的光宗却不是一代明主，朝政从他登基第二年开始就逐渐为李皇后把持。光宗皇后李凤娘，是庆远军节度使李道的次女，由术士皇甫坦推荐给高宗，聘为恭王妃。她生性嫉妒，经常向高宗、孝宗诉说太子身边人的不是，遭到两宫的训斥。光宗即位后身体渐次衰弱，病情时好时坏，无法正常处理朝政，这正中皇后李氏下怀。"政事多决于后"，大权旁落李氏之手。然而，她既无兴趣也无能力参决朝廷大政，权力对她而言，最大的作用就是可以为娘家大捞好处。她封娘家三代为王，侄子孝友、孝纯官拜节度使，一次归谒家庙就推恩亲属二十六人，一百七十二人授为使臣，下至李家门客，都奏补得官。李氏外戚恩荫之滥，是南宋建立以来所没有的。李氏家庙也明目张胆地僭越规制，守护的卫兵居然比太庙还多。李后一门获得的显赫权势、巨额财富，无疑都是其患病的丈夫光宗所赐。

绍熙元年（1190 年），孝宗《日历》修成，照例应由秘书监杨万里为《日历》作序，而孝宗却另嘱他人，杨万里于是自劾失职，请求去职，光宗挽留。接着又因要进孝宗《圣政》书，宰臣以他为进奉官，而孝宗犹念旧恶，大不痛快。当日出为江东转运副使。江东，即指江南东路。绍兴元年（1131 年）正月，恢复江南东路、江南西路的区划，以建康府、池、饶、徽、宣、信、抚、太平州、广德、建昌军为江南东路，以江、洪、筠、袁、虔、吉州、兴国、南康、临江、南安军为江南西路。绍兴四年（1134 年）七月，以抚州、建昌军隶江西路，南康军隶江东路，江州改隶江西路。此后江南西路辖十一州军：洪、袁、吉、虔、抚、筠、江州、临江、

117

建昌、南安、兴国军。其中兴国军辖今湖北阳新、大冶、通山之地。饶州、信州、南康军在江南东路管辖之下。南康军的建昌县（今永修县）在鄱阳湖西岸，夹在江州、洪州之间。此时鄱阳湖基本都在江东，只有西南一角属南昌、新建，坐船来要望到西山才算进入江西界；陆路东北行，过了进贤就是出境。杨万里《过润陂桥》曾提到在进贤县过润陂桥的情形："润陂初上板桥时，欲入江东尚未知。忽见桥心界牌子，脚跟一半出江西。"转运使，中国唐代以后各王朝主管运输事务的中央或地方官职。首见于唐。唐玄宗开元二年（714年），置水陆转运使，掌洛阳、长安间食粮运输事务。宋初为集中财权，置诸路转运使掌一路财赋，并监察地方官吏，官高秩重者为都转运使，简称漕，实为府、州以上行政长官。皇帝出巡时有行在转运使，出兵征讨则有随军转运使。辽南面财赋官亦有都转运使与转运使，掌赋税钱谷仓库出纳与度量衡制度，各路置转运使。杨万里任职的转运副使"就是"副转运使"。

绍熙三年（1192 年），朝廷下令于江南诸郡行使铁钱会子，杨万里上书力谏，且不奉诏。所谓会子，是南宋于高宗绍兴三十年（1160 年）由政府官办、户部发行的货币，是宋朝发行量最大的纸币，是一种取钱物的凭证。见于记载的有会子、钱会子、铅锡会子、寄附钱物会子等。起源于临安，也称作"便钱会子"（即汇票、支票），高宗绍兴三十一年（1161 年）二月，正式成立行在会子务，发行会子，分一贯、二贯、三贯，在东南各路流通，又称"东南会子"。由户部侍郎钱端礼主持该事，会纸取于徽、池，续造于成都、临安，

"仍赐左帑钱十万缗为本。"孝宗隆兴元年（1163 年），又造二百文、三百文、五百文会。洪适在《户部乞免发见钱札子》中说："小郡在山谷之间，无积镪之家，富商大贾足迹不到，货泉之流通于廛肆者甚少，民间皆是出会子往来兑使。"南宋会子发行初期，由于政府措施得当，发行谨慎，尚能维持其币值。当时宋孝宗曾对大臣说过："朕以会子之故，几乎十年睡不着"（洪迈《容斋三笔》卷十四）。一代帝皇对发行纸币如此重视，从中可见封建统治者对纸币发行的小心态度。后时值宋金战争期间，金海陵王完颜亮率领大军南下，钞票不断印制，不数年发生贬值现象。到乾道二年（1166 年）十一月十四日为止，共发行一千五百六十几万道（贯）。乾道三年（1167 年）十二月，下诏出内库银二百万两以五百万新会收换旧会，收旧会子焚弃。隔年定三年为一界，每界以一千万贯为限。宁宗嘉泰三年（1203 年）杭州会子库设置监官。开禧三年（1207 年），南宋发行会子的金额平均相当于其赋税收入金额的百分之八十二。嘉定二年（1209 年），会子的流通额度是一亿一千五六百万贯，已经高达乾道四年的十一倍。嘉定十一年（1218 年）又增印五百万道作抗金军费。随着会子发行量的逐渐增多，为防止伪钞的流通，会子的发行有分界之说，分界即期限。乾道四年始有分界，会子分界发行后，三年为一界，旧会子收回，但未严格执行。淳佑七年（1247 年）甚至规定第十七、十八界会子更不立限，取消了分界发行办法，最后造成了通货膨胀，十八界会子二百贯甚至买不到一双草鞋。杨万里对纸币会子给社会带来不稳定因素的担忧不无道理，其后南宋自宁宗开禧年（1205 年

—1207 年），朝廷命韩侂胄率兵伐金，嘉定十年（1217 年），宋金之间又进行了长达十余年的战争。金亡以后，端平元年（1234 年），又屡与蒙古军队作战，长期的战争使得国库空虚，财政窘迫，政府为了筹措军费，除了增加百姓的税收外，再就是采取通货膨胀的政策，加紧榨取人民的血汗钱财，为维持摇摇欲坠的封建统治服务。而朝廷有识之士纷纷呼吁建议："欲重楮，自节费始。欲节费，自省兵始。军实核而不滥，边衅窒而不开，谨之重之，皆以高孝两朝为法。此救楮币之第一义也"。对于南宋政府采取大量印造纸币，来维持国用的措施，不少大臣曾力陈其弊。"主兵，大臣之责也，国家版图日蹙，财力日耗，用度不给，尤莫甚于迩年。闻之主计主臣，岁入之数，不过一万二千余万，而其所出，乃至二万五千余万，盖凿空取办者过半，而后仅给一岁之用，其取办之术，则亦不过增楮而已矣。呜呼！造币以立国，不计其末流剥烂糜灭之害，而苟然以救目前之急，是饮鸩以止渴也"（高斯得《耻堂存稿》）。货币的发行有一定的自身规律，流通中的纸币供给量过多，其本身的价值必然下跌。"自边烽未撤，楮券印造之数，不啻数十倍。而钱监所铸之钱，比祖宗盛时，仅二十之一，上下百费，悉抑于楮。昔也，楮本以权钱之用；而今也，钱反无以济楮之轻，钱日荒而楮日积。端平初，谋国者不思所以变通之宜，而但拘以一易一之说。循至于今，楮价之损，几不可言"（《杜清献公集》）。按照货币流量学说，物价过于低落，百姓的购买力不高，经济萧条将引发经济危机。而在适当的时候，政府采取轻微的通货膨胀政策，物价上涨并不是一件坏事。但是，当通货膨胀呈现恶性化，纸币贬值，物价急剧飞涨以后，货币制度紊乱甚至破坏，最终将导致经济崩溃。南宋政权灭亡的原因之一，就在于此。

（六）抒写性灵度余生

杨万里的拒不配合会子实行，得罪权臣，因而改知赣州。但他并未赴任，托辞生病自动免官，回到了故乡吉水。"如病鹤出笼，如脱兔投林……自此幽屏，遂与世绝"（《答沈子寿书》）。杨万里为人清直，个性刚褊，"终身厉清直之操"（罗大经《鹤林玉露》甲编卷五），"临事则劲节凛然，凌大寒而不改"（周必大《跋杨廷秀所作胡氏霜节堂记》），"立朝愕愕，知无不言，言无不尽"（同上《题杨廷秀浩斋记》），指摘时弊，"论议挺挺"，无所顾忌，因而孝宗贬他"直不中律"，光宗称他"也有性气"（《鹤林玉露》同上），因此，始终不得大用。实际上他一生视仕宦富贵犹如敝履，随时准备抛弃。早在赣州司户任上，有所不乐"，便"欲弃官去，先太中怒挞焉，乃止"（《与南昌长孺家书》）。作京官时，常预先准备好了由杭州回家乡的盘缠，锁置箱中，藏在卧室，又戒家人不许买一物，以免一旦离职回乡时行李累赘，就这样天天都似促装待发者。这与那些斤斤营求升迁、事事患得患失之辈恰成鲜明对照。杨万里为官清正廉洁，不扰百姓，不贪钱物。江东转运副使任满时，应有余钱万绪可得，他全弃之于官库，一文不取而归。作于此时的《行役有叹》云：

去年丐西归，谓可休余生。今年复东下，驾言入神京。

卧治方小安，趋召岂不荣。何如还家乐，醉吟听溪声。

诗中直白地表达了避祸全身的心声。杨诚斋自秘书监将漕江东，年未七十，退休南溪之上。老屋一区，仅庇风雨。长须赤脚，才三四人。徐灵晖赠公诗云："清得门如水，贫唯带有金。"盖纪实也。聪明强健，享清闲之福十有六年。宁皇初元，与朱文公同召。文公出，公独不出。文公与公书云："更能不以乐天知命之乐，而忘与人同忧之忧，毋过于优游，毋决于遁思，则区区者，独有望于斯世也。"然公高蹈之志，已不可回矣。尝自赞云："江风索我吟，山月唤我饮。醉到落花前，天地为衾枕。"又云："青白不形眼底，雌黄不出口中。只有一罪不赦，唐突明月清风。"

六十六岁的杨万里回到了家乡，而朝堂之上的权力之争越演越烈。光宗病情不断加重，皇后李氏负有不可推卸的责任。她生性妒悍，又有着强烈的权力欲。一方面，她独霸后宫，不允许任何女人与她争宠，光宗对此只有忍气吞声，抑郁不乐；另一方面，她视孝宗夫妇为她皇后地位的最大威胁，想方设法离间孝宗、光宗父子，从很大程度上加剧了光宗的病态心理。李后干政的触角同样不可避免地伸向了立储一事。光宗皇后李氏只生有嘉王赵扩一人，立为太子，本是顺理成章之事，但却受到孝宗的阻挠。可能是因为嘉王天性懦弱，孝宗认为其不适宜继承皇位，相比之下，魏王赵恺的儿子嘉国公赵扩生性聪慧，深得孝宗喜爱。当初光宗取代了二哥赵恺，成为太子，如今孝宗却宠爱赵恺之子，不同意将嘉王立为储君，无形中加深了光宗心中对孝宗本就存在的猜忌，让光宗时时感到恐惧和不安。在他看来，父亲似乎不仅对嘉王的太子地位，甚至对自己的皇位，都是潜在的巨大威胁。在别有用心的李后和宦官们不断离间挑拨下，这种恐惧感逐渐成为光宗挥之不去的阴影，其心理和精神压力越来越大，终于导致了无端猜疑和极度偏执的症状。他视孝宗颐养天年的重华宫为畏途，不再定期前去问安，尽可能躲避着孝宗。天子孝行有亏，臣子劝谏责无旁贷，而臣僚们的这些言行更激起光宗的固执与疑惧，终于引发历时数年的过宫风波。在过宫问题上，有些大臣对光宗的进谏晓之以情、动之以理，光宗有时也似乎被打动，当时答应了过宫，但一入后宫，就会在李后操控下改变主意，最终也未能成行。一次，光宗在谢深甫等大臣的苦谏下传旨过宫，即将出发之时，李后从屏风后走出来，挽他回去，中书舍人陈傅良出班拉住光宗衣襟，一直跟随至屏后。不料却遭到李后的呵斥，陈傅良只得大哭而出。宗室赵汝愚是光宗较为信任的大臣，但对于他的劝说，光宗也是反复无常。

绍熙五年（1194 年）五月，孝宗去世，光宗病情随之的恶化，政局也开始动荡不安，群臣再也无法容忍这个疯子皇帝。两个月后，绍熙五年（1194 年）七月，赵汝愚、韩侂胄等人在太皇太后吴氏的支持下拥立嘉王赵扩登基，是为宋宁宗。宋宁宗登基后，尊光宗为太上皇，皇后为寿仁太上皇后，移驾泰安宫。而在宁宗即位的过程中，韩侂胄以"翼戴之功",官至宰相,一步步走进了政治权力中心。因权力分配不均,赵、韩反目成仇。韩侂胄纠集反道学人士,反击赵汝愚及其党羽。赵汝愚召前朝元老杨万里与道学"大老"朱熹赴朝,以壮势力。朱熹应召入宫,侍讲经筵,杨万里却辞而不赴。朱熹致书杨万里,邀其趁召一出,联袂战胜"反道学党"。杨万里回信拒绝了朱熹的邀请,但信中没有坦言拒绝的理由,而是向朱熹描述了自己做的一个梦:梦遇二仙对弈,"至末后有一着,其一人疑而未下,其一人决焉,径下一子,疑者顺颊",遂相争执。正当此时,苏轼与黄庭坚至,二仙起迎,迎后复弈。苏、黄边观二仙对弈,边谈已往之事,当谈及元丰、元祐年间的新旧党争时,"且叹且泣",悲哀不已。其实,这是一个寓言。它隐喻了当下党争的性质,又预言这场党争将给士人造成悲剧命运,这一预言很快就变成了现实。朱熹立朝四十六天就被驱逐出朝,在严酷的"伪学""伪党"之禁中告别了人世,由此可见杨万里的先见之明。也因如此,他能避祸全身,在"江风索我吟,山月唤我饮"中,做"清闲"之人,吟"清闲"之诗,"享清闲之福十有六年"。杨万里晚年誓不出仕,据说是由于不满权臣韩侂胄当国。

韩侂胄(1152年—1207年),字节夫,相州安阳(今河南安阳)人,南宋宰相、权臣、外戚,魏郡王韩琦曾孙,宝宁军承宣使韩诚之子,宪圣皇后,即宋高宗赵构的皇后吴氏之甥,恭淑皇后,即宋宁宗赵扩的皇后韩氏的叔祖。绍熙五年(1194年)六月,太上皇宋孝宗病逝之时,宋光宗与父亲素来不和,以患病为由,拒绝主持丧礼。朝野内外对此议论纷纷。知枢密院事赵汝愚与韩侂胄、殿帅郭杲等人谋议,决定发动宫廷政变，迫使宋光宗退位，拥立太子赵扩为皇帝。当时，太皇太后吴氏（宋高宗皇后）尚在，住在慈福宫中。韩侂胄因是吴太后的外甥，被遣往慈福宫，密告谋议。他通过慈福宫内侍张宗尹、重华宫提举关礼，先后向吴太后进言，终于取得吴太后的支持。赵汝愚又命郭杲率殿前司进驻大内，进行军事布置，控制皇宫。是年七月，吴太后在孝宗灵前垂帘，以太皇太后的名义宣布光宗退位，由太子赵扩继位，即宋宁宗。韩侂胄有定策之功，逐渐受到宋宁宗的宠信，趁机窃弄威福，掌握军政大权达十三年之久。在他擅权的前七年，制造了庆元党禁，凡与党人有牵连的，不得任官职，不得应科举。韩侂胄曾经修筑了一座南园，要请已经在家乡隐居的名宿杨万里作"记"，杨万里鄙夷韩侂胄为人，说："官可弃，记不可作也！"予以坚决拒绝。后来韩专政日甚，杨万里不由得忧愤成疾。家人知他忧国心重，凡一切时政消息都不敢告知。他闲居在家的十五年，都是韩侂胄专权柄国的日子。

开禧元年（1205 年），韩侂胄为平章军国事，立班丞相之上。这时南宋在与金朝的关系上，又逐渐趋于紧张，宋宁宗因为不满金朝蛮横要求按旧时的礼仪行事，对自己受屈辱的地位感到不满，因此他支持韩侂胄对金朝采取强硬的措施。韩侂胄当权的后期，为洗刷国耻，收复失地，而全力发动了"开禧北伐"。事实上，"开禧北伐"是韩侂胄为捞取政治资本而采取的一次军事上的冒险行动。由于实行党禁，逼走赵汝愚，使韩侂胄在政治上失了人心。当时金朝的情况不太妙，金章宗完颜璟沉湎酒色，朝政荒疏，内讧迭起，北边部族又屡犯金朝边境，在连年征战中士兵疲敝，国库日空。于是韩侂胄认为有机可乘，就把恢复故疆、报仇雪耻作为建立功业的途径，作为争取人心、提高威望的一种手段。为了得到更多的支持，他还重新启用了辛弃疾等一批主张对金用兵的大臣。开战之前，就有一些有识之士在分析形势之后，提出此时进行战争对宋朝不利，认为这场战争几无胜算。叶适不仅拒绝起草宣战诏书，还上书宋宁宗，认为轻率北伐"至险至危"。武学生华岳上书，认为此时南宋"将帅庸愚，军民怨恨，马政不讲，骑士不熟，豪杰不出，英雄不收，馈粮不丰，形势不固，山砦不修，堡垒不设"，认定这次北伐将"师出无功，不战自败"。结果华岳被削去学籍，遭到监禁。反对的声音立即被韩侂胄镇压下去。韩侂胄请直学院士李壁起草了伐金诏书，以鼓舞士气："天道好还，中国有必伸之理，人心效顺，匹夫无不报之仇。……兵出有名，师直为壮，言乎远，言乎近，孰无忠义之心？为人子，为人臣，当念祖宗之愤。"于是宋朝军队不宣而战，首先对金朝军队发起了攻击。

开禧二年（1206 年）五月七日，杨万里的一位族侄从外而至，愤然说到邸报所载韩侂胄出兵北伐之事，已是暮年的杨万里闻罢痛哭失声，愤然叹呼："奸臣妄作，一至于此！"他料定韩侂胄意存侥幸，轻举妄动，必然会遭到失败，贻害国家，当晚彻夜不能成眠。第二日早晨，他又不肯进食，兀坐书斋中，呼纸手书云："韩侂胄奸臣，专权无上，动兵残民，谋危社稷。吾头颅如许，报国无路，惟有孤愤！"又另书十四言告别妻儿，落笔长逝。享年八十岁。《宋史·杨万里传》记载：

> 杨万里为人刚而褊。韩侂胄用事，欲网罗四方知名士相羽翼，尝筑南园。属万里为之记，许以掖垣。万里曰："官可弃，记不作可。"侂胄恚，改命他人。卧家十五年，皆其柄国之日也。侂胄专僭日益甚，万里忧愤，怏怏成疾。家人知其忧国也，凡邸吏之报时政者，皆不以告。忽族子自外至，遽言侂胄用兵事。万里恸哭失声，亟呼纸书曰："韩侂胄奸臣，专权无上，动兵残民，谋危社稷，吾头颅如许，报国无路，惟有孤愤！"

其后北伐战事的发展，证明了包括杨万里在内的有识之士的判断。开战初期，宋军收复了一些地方，如泗州等地。但由于金朝事先得到了风声，觉察到南宋"将谋北侵"，已有了准备，在遭到进攻后立即进行了反击。由于韩侂胄用人不当，中路军统帅之一皇甫斌率军攻打唐州时被金军击溃，接着在攻打蔡州时大败于溱水，韩侂胄急忙把他撤了。北伐主战场两淮统帅邓友龙等也因兵败而被撤职。不久，金军就在东、中、西三个战场上，对宋军发起了进攻，宋朝军队由进攻转为防守。在金军的大举进攻之下，真州（今江苏仪征）、扬州相继被金军占领，西路军事重镇和尚原与蜀川的门户大散关也被金军所占。韩侂胄想通过吴曦在四川战场挽回败局，但陕西河东招讨使吴曦却早已在四川暗通金兵，叛变称王。这场战争于第二年以宋朝战败而结束。接着，又是兵败之后的谈判。而对南宋来说，战败以后的和谈是气短的。作为胜利者，金朝自然提出了苛刻的条件。除了提出割地赔款之外，还要求将发动这场战争的主谋缚送金国。打了败仗以后，就要有人到金军去谈判，这份差事朝廷中谁也不愿去，选来选去，最后选中了萧山县丞方信孺作为南宋派出的谈判代表。方信孺不仅能言善辩，而且在金人面前威武不屈，金人将他投入监狱，断绝饮食，并以杀头相威胁，要求他答应金朝提出的割地赔款、缚送首谋等五个条件。方信孺不怕威胁，说缚送首谋，向来无此办法。金朝将领威胁说："你不想活着回去吗？"方信孺说："我奉命出国门时，已将生死置之度外。"最后金人也没有办法，只得将方信孺放回。这年八月，韩侂胄听取了从金营中谈判回来的宋使方信孺的汇报。当方信孺汇报了割两淮、增岁币等金人提出的四项条件以后，变得欲言又止。在韩侂胄的逼问之下，方信孺只得如实相告："是要太师的人头。"韩侂胄听后大怒。多割一点地，多赔一点钱，韩侂胄还可以退一点，可最后一条是没有退路的。韩侂胄迁怒于方信孺，夺去方信孺三级官阶，将其贬到临江军居住。谈判的条件不能接受，只得硬着头皮再打仗。韩侂胄撤了两淮宣抚使张岩的职务，任命赵淳为两淮置制使，负责镇守江、淮。在这种形势下，朝廷中的主和派又形成了势力，礼部侍郎史弥远和杨皇后是主要的代表。杨皇后因当年韩侂胄在宋宁宗选皇后的问题上不倾向于她而怀恨在心，同时她也认为北伐过于轻率。他们通过皇子向宋宁宗进言："韩侂胄再启兵端，将危社稷。"杨皇后也在旁边劝说宋宁宗，但宋宁宗很犹豫，一时难以定夺。杨皇后担心如果宋宁宗走漏风声，让大权在握的韩侂胄知道，后果将十分严重，就与史弥远、参知政事钱象祖等人密谋，设法除掉韩侂胄。开禧三年

（1207 年）十一月，韩侂胄在上朝途中被殿帅夏震派出的将士挟持，杀死于玉津园中。韩侂胄被杀以后，史弥远立即派人把这一消息告诉了金朝，并以此作为向金朝求和的砝码。此后朝政被史弥远、钱象祖把持。经过与金朝的谈判，按照金朝的要求，韩侂胄之首被送往金朝示众。韩侂胄死后，宋宁宗对大臣说："恢复岂非美事，但不量力尔。"嘉定元年（1208 年），南宋王朝与金朝签订了"嘉定和议"，和议条款为：两国境界仍如前；嗣后宋以侄事伯父礼事金；增加岁币银帛各五万；宋纳犒师银三百万两与金，疆界依旧。宋朝皇帝与金朝皇帝的称谓由以前的侄叔改变为侄伯，比"隆兴和议"更能显示合约的屈辱性。

然而，"也有性气"的杨万里却没能等到这一天，作为官吏，杨万里的生命结束了；作为诗人，他的声名却流传了千载。嘉定六年（1213 年）十二月，宋宁宗宣敕，赐杨万里谥号"文节"。宋朝文武大臣谥号的用字取自据说出于周公的《谥法》，其格式为："经纬天地曰文。道德博闻曰文。学勤好问曰文。慈惠爱民曰文。愍民惠礼曰文。赐民爵位曰文。刚彊直理曰武。威彊敌德曰武。克定祸乱曰武。刑民克服曰武。夸志多穷曰武。"其中，杰出文臣赐以"文"字为第一字的谥号，等级最高的是"文正"，如范仲淹谥号范文正公，其次是"文贞"，正、贞之后，依次与"文"搭配的字为成、忠，如欧阳修谥号欧阳文忠公，司马光谥号司马文忠公，苏轼谥号苏文忠公，其后为献、端、定、简、懿、肃、毅、宪、庄、敬、裕、节、义、靖、穆、昭、恪、恭、襄、清、修、康、洁、敏、达、通、介、安、烈、和。杨万里得赐谥号

"文节"，正是他政坛一生的最好反映——虽非朝廷不可或缺的经天纬地之臣，但他的道德博闻、他的学勤好问、他的慈惠爱民、他的愍民惠礼无愧一个"文"字，而"好廉自克曰节；不侈情欲曰节；巧而好度曰节；能固所守曰节；谨行节度曰节；躬俭中礼曰节；直道不挠曰节；临义不夺曰节；艰危莫夺曰节"，"文节"是一代名臣、一代诗宗杨万里人生的最好写照，他的一生为后世历代文人所追慕，名垂青史。

二、杨万里的诗

　　杨万里一生作诗两万多首，其中四千二百首留传下来，被誉为一代诗宗。杨万里诗歌大多描写自然景物，并以此见长，且多为七言绝句，也有不少反映民间疾苦、抒发爱国感情的作品，语言浅近明白，诗风清新自然，富有幽默情趣。南宋诗论家严羽所著名重于世的《沧浪诗话》中最早提出"诚斋体"的概念，他在《沧浪诗话·诗体》中以"以人而论"来划分诗歌体式，并以"杨诚斋体"来概括杨万里的诗学特点，且对此作了注解："其初学半山、后山，最后亦学绝句于唐人，已而尽弃诸家之体而别出机杼"。杨万里诗无疑是南宋诗坛上风格个性最为鲜明的一家，严羽《沧浪诗话·诗体》中以人而论的各家中，南宋仅有"杨诚斋体"一种。"诚斋体"以其"别出机杼"的独特审美风貌打破了宋诗"以文为诗"的创作模式，给南宋中后期诗坛注入了新鲜的活力，它的出现为宋诗开辟了一条新的创作道路，并因此成为继苏、黄之后宋诗创作的又一高峰。时人在诗话、文集和诗歌唱和中对他大加赞扬。代表作有《晓出净慈寺送林子方》《小池》《宿新市徐公店》《闲居初夏午睡起》《新柳》《舟过安仁》等，收录在其子杨长孺所编《诚斋集》中。

（一）诗歌创作总体情况

杨万里的诗歌创作，走的是一条由广学博取到师法自然的道路。他的诗始学江西诸君子，后又学陈师道五字律，王安石七言绝句、唐人绝句。他广泛地向前辈学习，但又绝不为前辈所固，他说："笔下何知有前辈。"（《迈使客夜归》）又说："传宗传派我替羞，作家各自一风流，黄（庭坚）陈（师道）篱下休安脚，陶（渊明），谢（灵运）行前更出头。"（《跋徐恭仲省干近诗》）对比南宋大诗人中存诗较多的有陆游（1125 年—1210 年）、杨万里（1127 年—1206 年）、范成大（1126 年—1193 年）三人，他们的年岁十分接近。然而陆游的存诗始于十八岁时，范成大的存诗始于十九岁时，而杨万里的存诗始于三十六岁时。杨万里此前的诗作千余首都被他付之一炬了。他在自己诗集的多篇序言中，对自己的诗歌创作不断有所反思，以求创作的新变。他在《南海诗集序》里这样说过："予生好为诗。初好之，既而厌之。至绍兴壬午，予诗始变。予及喜，既而又厌之。至乾道庚寅，予诗又变。至淳熙丁酉，予诗又变……予老矣，未知继今诗尤能变否。延之尝云予诗每变每进。能变矣，未知犹进否"。从这里可见他一生在诗歌创作上勇于否定自己，而否定是以新颜取代旧貌。最后，他辞谢所学的前人，以感兴为诗，自此"万象毕来，献予诗材。"他正是以这种不肯傍人篱下、随人脚跟的开拓创新精神，使得诗歌始终处于频繁的变化之中。他作诗讲究所谓"活法"，即善于捕捉稍纵即逝的情趣，用幽默诙谐、平易浅近的语言表达出来。如《檄风伯》："风伯劝尔一杯酒，何须恶剧惊诗叟！"就充分体现了诚斋体的特色。自此，"落尽皮毛，自出机杼"（吕留良、吴之振、吴自牧《宋诗钞·诚斋诗钞》），别转一路，自成一家，形成了"诚斋体"独具特色的诗风，为时人所重，对后人也有很大影响。

杨万里诗风的多变，当从宋代诗歌发展的大背景下去考察。北宋立国之后，为了吸取唐朝藩镇割据的教训，采用重文抑武的基本国策，文人由科举考试而进入仕途，成为宋代官僚阶层的主要成员。宋初百余年间，国内相对比较安定，在经济，文化方面取得了巨大的成就，全社会文化水平大幅提高。宋朝初年，宋人对唐诗多有学习和模仿，表现出强烈的崇尚典范的创作心理。如宋初诗坛的白体、晚唐体、西昆体等，分别模仿白居易、贾岛、李商隐、杨亿等人的诗歌，但因为缺乏内在气韵和思想情感，无法完成对唐诗的超越。他们必须另辟蹊径，才能别开诗坛生面。欧阳修、苏轼、王安石都是别开生面的诗人，而最有影响的诗人群体是以黄庭坚为领袖的"江西诗派"。黄庭坚被后人奉为江西诗派的开山祖师，他讲过两段很有名的话，一是："自作语最难，老杜作诗，退之作文，无一字无来处。盖后人读书少，故谓韩、杜自作此语耳。古之能为文章者，真能陶冶万物，虽取古人之陈言入于翰墨，如灵丹一粒，点铁成金也。"二是惠洪《冷斋夜话》所引的："诗意无穷而人之才有限，以有限之才，追无穷之意，虽渊明少陵不得工也。然不易其意造其语，谓之换骨法；窥人其意而形容之，谓之夺胎法。"前者被称之为"点铁成金"，后者被称之为"夺胎换骨"，注重的是对前人诗歌的改造以成新诗。故有了为时人乐道的"以才学为诗"，成为诗歌创作的最新方法，并为世人所重。一时间陈师道、潘大临、谢逸、洪刍、洪炎、洪朋、饶节、僧祖可、徐俯、林敏修、汪革、李錞、韩驹、李彭、晁冲之、江端本、杨符、谢逴、夏倪、林敏功、潘大观、何觊、王直方、僧善权、高荷等二十五人，都被称为江西诗人。虽说江西诗派因黄庭坚是江西（江西，即江南西路，宋朝的一个地方行政区，首府在洪州，今南昌市境内。宋太宗将行政区划改"道"为"路"，其后又分"江南路"为"江南东路"和"江南西路"，其中"江南西路"简称"江西"，包括今天的江西大部、鄂东南。）人而得名，但被视为江西诗人的陈师道等人，主要是诗味相投。后来被归入江西诗派的还有吕本中、曾几、陈与义等人。江西诗派在诗歌创作上以"点铁成金"、"夺胎换骨"为指导，或师承前人之辞，或师承前人之意，追求字字有出处，即所谓的"以故为新"，并以生新瘦硬的风格自成一体，从而为诗歌创作指示了门径，黄庭坚、陈师道、陈与义先后成为江西派诗人的榜样。黄、陈法度森严的创作更为青年诗人提供了法则和规范，而严酷的政治局势又从外部促使诗人的心态更加内敛。于是，吟咏书斋生活，推敲文字技巧，便成为江西诗派的创作倾向，这也是当时整个诗坛的倾向，这导致一些诗人转向书斋生活，以学问为诗歌创作的源泉，并特别注重诗歌语言表现的技巧。这一风气从北宋中叶漫延至南宋中叶，杨万里正是在江西诗派仍然兴盛的时候走上了诗坛。而后公元 1126 年的"靖康之变",金人攻陷汴京,国家的平静被打破了,诗坛的沉闷也被打破了。杨万里出生的靖康二年(1127 年)四月,徽、钦二宗被掳入金,北宋灭亡;五月,宋高宗赵构即位,是为南宋之始。这决定了杨万里在中原沦陷的情势下,尽管正值南宋中兴,也有难以言表的悲愤与爱国情怀,寄情于诗成为必然。杨万里的诗歌创作道路,也正是在这样的诗坛背景和社会背景下展开。

考中进士后,杨万里赴任零陵县丞,在任第四年的时候,杨万里已经三十六岁。到这时,他共写了一千多首诗。可是,他渐渐觉得,自己的诗虽然精炼,工于词句,但时常觉得不流畅,读来拗口,缺乏生活气息。他认为,问题就出在一味仿照古人写法,没有新意。冥思苦想之下,他决心与过去告别,把以前写的千多首诗稿尽行焚毁,算作对过去诗歌创作方式的一个了断。《诚斋江湖集序》:"予少作有诗千余篇,至绍兴壬午七月皆焚之,大概江西体也。"其后,诗歌创作又经历了数次变化,由师法前人到师法自然,创造了他独具特色的"诚斋体"。

(二) 诗歌创作分期

今存杨万里诗共分九集,其创作年代的跨度为四十四年,所存的诗共有四千二百多首。其每集写作年代情况如下表:

序号	诗集	写作年代
1	《江湖集》	绍兴三十二年(1162)～淳熙四年(1177)
2	《荆溪集》	淳熙四年(1177)三月～淳熙六年(1179)二月

3	《西归集》	淳熙六年（1179）三月~淳熙六年（1179）十二月
4	《南海集》	淳熙七年（1180）一月~淳熙九年（1182）六月
5	《朝天集》	淳熙十一年（1184）十月~淳熙十四年（1187）六月
6	《江西道院集》	淳熙十四年（1187）七月~淳熙十六年（1189）十月
7	《朝天续集》	淳熙十六年（1189）十一月~绍熙元年（1190）九月
8	《江东集》	绍熙元年（1190）十月~绍熙三年（1192）五月
9	《退休集》	绍熙三年（1192）六月~开禧二年（1206）五月

杨万里诗风多变，几乎是历代论者的共识。宋末方回甚至认为"杨诚斋诗一官一集，每一集必一变"。根据其变化情况，可将杨万里诗歌创作分为以下四个时期。

1．模仿期

杨万里模仿期的诗歌，自称主要是学习江西体。这些诗在绍兴壬午（1162 年）七月皆焚之，使后人难睹其真容。好在他在《江湖集序》里提到过："予尝举似旧诗数联于友人尤延之，如'露窠蛛恤纬，风雨燕怀春'，如'立岸风大壮，还舟灯小名'；如'疏星煜煜沙贯日，绿云扰扰水舞苔'，如'坐忘日月三杯酒，卧护江湖一钓船'。延之慨然曰：'焚之可惜。'予亦无甚悔也。然焚之者无甚悔，存之者亦未至于无悔。"这是杨万里早期创作，残存在《江湖集序》中。可知他那时的诗歌音节拗峭，造语生新，有黄、陈诗歌的痕迹。

杨万里焚诗以后对江西派仍是有所继承，不过有些是不自觉的，有些是不明显的，有些是既自觉又明显的。他的《江湖集序》说："予少作有千余篇，至绍兴壬午七月皆焚之，大概江西体也。"《荆溪集序》又说："予之诗始学江西诸君子，既又学后山五字律，既又学半山老人七字绝句，晚乃学绝句于唐人，戊戌三朝……忽耳有悟，于是辞谢唐人及王陈江西诸君子皆不敢学，而后欣如也"。这说的是真情，但不是绝对化，从此就跟江西体一刀两断，毫无瓜葛了。绍兴壬午是公元 1162 年，淳熙戊戌是 1178 年，淳熙十五年（1188 年）杨万里有《过南荡》诗云："秧才束发幼相依，麦已掀髯喜可知"，作法颇似山谷《观化》诗之"竹笋初生黄犊角，荻芽已作小儿拳"。绍熙元年（1190 年）杨万里《题龟山塔》云："向来一厄遭群犬，挽以六丁兼万牛"。山谷《次韵李之纯少监惠砚》云："万牛不动六丁愁"。绍熙二年（1191 年）杨万里《宿牧牛亭秦太师坟庵》云："今日牛羊上丘垄，不知尽相更慎不？"山谷亦有诗云："牛羊今日上丘垄，当时迈前左右慎"。可见杨万里还是用夺胎换骨之法，而且直接从山谷诗夺胎换骨。这是因为学江西诗已形成习惯，虽然下了决心戒除，但积习总难除尽，有时不知不觉又冒出来了。陆游《老学庵笔记》说杨万里在高安有一首小诗，陆游告诉他，此意古人已道，他愕然不知。再告诉他是王荆公怎样说过，他才大喜。他自己在《南海集序》也说他的《竹枝歌》，尤延之以为有刘梦得之味，他未敢信。此二事皆在辞谢唐人及半山不敢学之后。他学江西更久，也会相似相袭而不自觉。不过这不是他着意要继承的，并未影响他的基本风格。即如上举夺胎之例，他已把山谷原句的比喻换成了他喜用的拟人，把他不喜欢作的拗句点化得合律了。

焚诗不敢学，也不是前功尽弃。《南海集序》云："予生好为诗，初好之，既而厌之，至绍兴壬午（1162 年），予诗始变，予乃喜。既而又厌之，至乾道庚寅（1170 年），予诗又变。至淳熙丁酉（1177 年），予诗又变"。这才变成了诚斋新体诗。这三变正是他学江西、学后山半山，学唐人的三个阶段。每变每进，进至突变，便是大悟。创造是不能一蹴而就的，是在批判继承的基础上发展而成的。他自己也说过："炼句炉槌岂可无？句成未必尽缘渠"（《晓寒题水仙花并湖山》）。只有炉槌功深，句成才不必再费炉槌。炉槌锻炼乃是进步的必经之阶，没有经过江西派那种日锻月炼的功夫，他后来是不可能有那样纯熟的技巧的。这种作用虽然在诚斋体中表现不很明显，但这是不可缺少的基本功。不敢学，只是不模仿，不乞人残余。杨万里对黄庭坚始终是尊崇的。

2. 过渡期

杨万里诗歌创作的过渡期，即自绍兴三十二年（1162 年）至淳熙四年（1177 年）的十五年间，共存有五百八十二首诗，编成《江湖集》。这一阶段杨万里自言学习陈师道五言律诗、王安石七绝和唐人绝句，模仿与创新并存。陈师道为苏门六君子之一，江西诗派重要作家。陈师道在一段时期内学习过黄庭坚的诗风，其后就发现黄庭坚"过于出奇，不如杜之遇物而奇也"（《后山诗话》），因而致力于学杜。对于他学杜甫所达到的境界，黄庭坚也表示钦佩。陈师道不像苏轼那样才气过人，作诗不主故常，信手拈来。他也没有黄庭坚那样深厚的学力，诗歌的题材也较窄，主要是写日常的生活经历和人生感慨，但大都情真意切。如《别三子》和《示三子》等。以《示三子》为例：

去远即相忘，归近不可忍。儿女已在眼，眉目
略不省。

喜极不得语，泪尽方一哂。了知不是梦，忽忽
心未稳。

元丰七年（1084 年），陈师道的岳父郭概提点成都府路
刑狱，因为师道家贫，妻子与三个儿子及一个女儿只得随郭
概西行，而陈师道因母亲年老不得同去，于是忍受了与妻子
儿女离别的悲痛。将近四年以后，即 1087 年（元祐二年），
陈师道因苏轼、孙觉等人之荐，充任徐州州学教授，才将妻
儿接回到徐州。纪录这一场生离死别，他写下了不少情意诚
笃、感人至深的佳作，这首《示三子》即是作于妻儿们刚回
来之时，也是非常杰出的一首。"喜极"二句是见面之后复
杂心情的表现。久别重逢，惊喜之余，千言万语不知从何说
起，只是相顾无言，泪洒千行，然后破涕为笑，庆幸终于见
面。此十字中，将久别相逢的感情写得淋漓尽致，诗人抓住
了悲喜苦乐的矛盾心理在一瞬间的变幻，将复杂的内心世界
展现出来。通篇造语质朴浑厚，无矫饰造作之气，读来恻恻
感人，诗人感情的真挚，语语皆从肺腑中流出，其浑朴得力
于陈师道向古乐府和杜甫诗的学习。杨万里非常仰慕陈师道，
他学习陈师道也写了一些五律。如《得亲老家问二首》
其一：

节里难为客，家中数有书。慈亲问归否，意绪
各何如。

强酒那能尽，添愁不更除。旧来贫未仕，父子岂相疏。

再如《午憩堆钱岭》：

早作难为饭，前途又苦饥。尘劳正未了，眠食且随宜。

小憩那思去，追程得更迟。馆人只冷眼，还为惜奔驰。

这些诗歌都以日常生活为题材，语言清新质朴，明显具有陈师道诗风的痕迹。

其后，杨万里又学习王安石的七绝。当然更多的是倾向学习王安石晚年的绝句。叶梦得说："王荆公晚年诗律尤精严，选语用字，间不容发，然意与言会，言随意遣，浑然天成，殆不见有牵率排比出"。

王安石晚年退出政治舞台后，心情渐趋平淡，诗风也随之发生了变化，语言精练，风格平淡。杨万里学习他，诗歌风格也与王安石相近。如《晚望二首》：

其一：
月是小春春末生，节名大雪雪何曾？夕阳不管西山暗，只照东山八九棱。

其二：
万松不掩一枫丹，烟怕山狂约往山。却被沙鸥恼人损，作行飞去略无还。

这组诗语言简易质朴，通过拟人手法，赋予普通物象生命，活泼清新，趣味盎然，无矫揉造作之态，仿佛是一幅幅优美的图画，"诚斋体"诗崭露头角。王安石对诗圣杜甫顶礼膜拜，王安石七绝句的源头便是杜甫诗。因此，杨万里进而学唐人绝句，尽管他这里的一些诗还不成熟，但仍有值得称道的作品，"诚斋体"诗的创作趋于自觉。如《夏夜追凉》：

夜热依然午热同，开门小立月明中。竹深树密虫鸣处，时有微凉不是风。

这首诗撇开暑热难耐的感受，仅就"追凉"着墨，勾勒出一幅夏夜追凉图，其中有皎洁的月光、树荫、竹林、虫吟，还有诗人伫立的身影。可以说，夏日中午时分是一天中最酷热的时刻，而今，晚上和白天一样热。迫于无奈出门纳凉。在幽静的竹林深处，虫鸣凸显了夜晚安静和诗人好静的意趣，但这一意趣并未直接点明，直到最后才说"时有微凉不是风"，那么微凉源于心静，比直截了当地道出诗的本意更有味道。

3. 形成期

淳熙丁酉（1177 年）、戊戌（1178 年）以后，"诚斋体"已经完全成熟。淳熙丁酉（1177 年）四月，杨万里知常州。这时他的诗歌发生了根本的变化。首先，杨万里"辞谢"前人，结束模仿，开始自成一体。其次，"万象毕来，献予诗材，浏浏焉无复前日之轧轧矣"，诗歌创作进入自如的状态。他在《荆溪集序》中对此有明确的表述：

> 予之诗，始学江西诸君子，既又学后山五字律，既又学半山老人七字绝句，晚乃学绝句于唐人。学之愈力，作之愈寡。尝与林谦之屡叹之，谦之云："择之之精，得之之艰，又欲作之之不寡乎？"予唶曰："诗人盖异病而同源也，独予乎哉！"故自淳熙丁酉（1177 年）之春，上暨壬午（1162 年），止有诗五百八十二首，其寡盖如此。

> 其夏之官荆溪，既抵官下，阅讼牒，理邦赋，惟朱墨之为亲，诗意时日往来于予怀，欲作未暇也。戊戌三朝时节，赐告少公事，是日即作诗，忽若有寤，于是辞谢唐人及王、陈、江西诸君子，皆不敢学，而后欣如也。试令儿辈操笔，予口占数首，则浏浏焉无复前日之轧轧矣。自此，每过午，吏散庭空，即携一便面，步后园，登古城，采撷杞菊，攀翻花竹，万象毕来献予诗材，盖麾之不去，前者未雠，而后者已迫，涣然未觉作诗之难也。盖诗人之病去体将有日矣方是时不惟未觉作诗之难亦未觉作州之难也。

> 明年二月晦，代者至，予合符而去，试汇其稿，凡十有四月，而得诗四百九十二首。予亦未敢出已示人也。今年备官宫府掾，故人钟君将之自淮水移

书于予曰："荆溪比易守，前日作州之无难者，今难
十倍不啻！子荆溪之诗，未可以出欤？"予一笑，抄
以寄之云。

淳熙丁未（1187 年），庐陵杨万里廷秀序。

对自己的诗歌创作风格演变历程进行了深入剖析，并说：
"试汇其稿，凡十有四月，而得诗四百九十二首。"这时作
诗，达到了"浏浏焉"的境界，诗思及语言表达顺畅无碍，
不再是"轧轧"即文思艰涩了。这是杨万里诗歌的质变，
《荆溪集》有诗四百九十二首，其中大部分为写景咏物之作，
其它题材的诗歌只占很少的比例。这时候，杨万里从师法前
人到师法自然，诗歌诙谐风趣，成就了其独特的"诚斋体"
诗歌。如《玉山道中》：

村北村南水响齐，巷头巷尾树阴低。青山自负
无尘色，尽日殷勤照碧溪。

"村北村南水响齐"写村南村北到处都听到溪流的潺潺
声响，从听觉角度，"青山""碧溪"写山水色彩，从视觉角
度，表达了作者对自然山水的热爱和赞美。
《月夜观雪》其一：

仙人爱雪不嫌寒，挈月来看夜不眠。游遍琼楼
霜欲晓，却将玉镜挂青天。

宁静的雪夜，天地成了白茫茫的一片，分不清雪与月。皓皓圆月犹如一个大雪团，清冷的月光与雪光融合在一起，相互映衬，把天地照亮，银色的世界让人沉醉其中。月与自然景物的搭配是极为和谐的，任意的搭配便能带来不同美的体验，带着最原始的纯朴天然之美。同时，月是思念的化身，与鸿雁红豆一般，皎洁的月亮，柔和的月光总是与思念相糅合，给人带去无限的思乡思亲之情。月有阴晴圆缺，人有悲欢离合，诗人常常用月来衬托离合之情，透过月亮我们可以感受到诗人浓浓的亲情、友情与爱情。杨万里在外为官，漂泊天涯的孤独感勾起他的思乡之情，唯有透过月亮抒发感情。这一时期的诗和《江湖集》的诗作相比，成熟了许多，他心思缜密，观察生活细腻，即便是司空见惯的物象，也能透过它发现新的意趣。

4. 发展变化期

从杨万里的《朝天续集序》中，可以看到范成大、尤袤读了他的《过扬子江二首》后，都认为淳熙十六年（1189年）十一月以后，其诗风格又变。此时，宋光宗绍熙改元（1190年），杨万里为金国贺正旦使的接伴使，他前往淮河迎金国的贺正旦使。"诚斋此一行，写出了一连串极有价值的好诗，甚至可以说在全集中也以这时期的这·分集（《朝天续集》）的思想性最集中、最强烈。在这一连串诗中，为首的是他第一次要渡长江往北迎接敌使的《过扬子江》两首七律。"

其一：

只有清霜冻太空，更无半点荻花风。天开云雾东南碧，日射波涛上下红。

千载英雄鸿去外，六朝形胜雪晴中。携瓶自汲
江心水，要试煎茶第一功。

其二：

天将天堑护吴天，不数崤函百二关。万里银河
泻琼海，一双玉塔表金山。

旌旗隔岸淮南近，鼓角吹霜塞北闲。多谢江神
风色好，沧波千顷片时间。

淳熙十六年（1189 年）宋孝宗禅位，宋光宗即位。当年
九月，杨万里奉召还临安（今浙江杭州）为秘书监，冬，以
焕章阁学士头衔，充金国贺正旦使的接伴使。杨万里此行是
取道镇江北去的。这两首诗就是他从临安赴淮河迎接金国使
者途中，自镇江过长江时所作。第一首诗从江上景色写起，
由景入情，表现了英雄不留，江山空在，人事徒劳的思想，
隐含着对当时国家形势的担忧。第一首诗开头写江上景色，
首联上句写空中流霜，寒气犹在，见其时为晨；下句写风平
获静，江水无波，状其日为晴；颔联出句写云开雾散，天色
澄碧，复状其晴；下句写旭日东升，光芒似箭，又见其时为
晨。若诗到此结束，那也不过描写了清晨江面晴朗、平静的
景色而已，但紧接着的一联，为全诗开拓了一个新的境地。
颈联对句的一个"晴"字，将前两联的描写作了一个概括。
但与"六朝形胜"连在一起，其意就不止于描写气候的晴朗
了。扬子江畔，为六朝故都所在，而南宋小朝廷，偏安江左，
又与南朝十分相像。此时宋金已缔结和议，宋朝以屈辱的条

145

件，换得了一个苟安局面，因此扬子江畔，这古战场也渐趋平静。这里的"晴"字，除指气候外，也含有形势平静之意。"雪"字与出句"鸿去"呼应。此处"飞鸿"，指"千载英雄"，也就是杨万里同一年在《初入淮河四绝句》中提到的岳飞、韩世忠、赵鼎、张浚等名将良相。颈联的意思是：昔日的英雄如飞鸿一去，渺然难追，空余山川形胜，映照着雪霁清空。尾联回到题上，"汲江心水"，正是过江之时。这两句的意思是：英雄不留，江山空在，人事百般，终归徒劳无益，不如且饮眼前一杯茶。清人纪昀评第一首诗最后两句说："结乃谓八代不留，江山空在，悟纷纷扰扰之无益，且汲江煎茶，领略现在耳。""用意颇深，但出手稍率，乍看似不接续。"（《瀛奎律髓刊误》）

第二首诗称赞扬子江形势险要，景观雄丽，交通便利，含蓄地表达了天时地利不如人和、天意不能代替人为的观点。组诗写景结合形势，意境开阔，感慨深远。从议论入题，载重而来，不见痕迹。开头表出长江的天险地利，首联极言长江之险，用"天堑"直接代指扬子江，说长江天堑是南宋的天然屏障，崤山、函谷关也难与之相提并论。颔联以具体的形象加以形容，上句描写长江澎湃的气势，如万里银河一泻千里，奔流到海不复回；下句描写金、焦二山挺拔的气概，高耸云霄，隔江对峙，犹如一双玉塔。前两联极写长江天险，气势宏伟，意境开阔。尤其是颔联，"银河""琼海""玉塔""金山"，句中自对，"表"名词转动词，"金"字一字两用，都显得巧而不俗。清词丽句，把祖国山河写得非常可爱。颈联从正面点明当时的形势。出句写江之北岸，战旗飘拂，正是淮南边备之地，着一"近"字，金人逼迫之势可见。船行离对岸越来越近，诗人的心情越来越沉重。对句写"鼓角吹霜"，正是边塞景象。看金兵"舳舻千里，旌旗蔽空"，听金人"羌管悠悠霜满地"（范仲淹《渔家傲·塞下秋来风景异》），扬子江此时似乎变成了玉门关，直教"金山端的替人愁"（杨万里《雪霁晓登金山》）。著一"闲"字，则宋之无能，金之得意，自在言外。此句与前首"六朝形胜雪晴中"，同一意思。尾联点题，以轻笔很巧妙地结束全篇。"风色"便是"天时"，"沧波千顷"便是"地利"，然而，"公卿有党排宗泽，帷幄无人用岳飞"，这天时和地利只不过是"片时间"而已，实不足恃。陆游之愤激在这里是看不到了，因为杨万里实在是太"温柔"了，因而"关心国事的作品远不及陆游的多而且好"（钱锺书《宋诗选注》）。当代学者周汝昌评道："一结两句表面是感谢江神，庆幸渡江很快当，可是假如敌兵来袭，只要'风色'一好，照样也是'沧波千顷片时间'，这就把开篇两句彻底推翻了！"（《杨万里诗选注》）

除了上面两首诗外，杨万里还创作了《初入淮河四绝句》《过瓜州镇》《雪霁晓登金山》等体现爱国风貌的作品。他的诗由写景咏物转向抒发爱国热情，主要是杨万里独特的官场经历决定的。

此后，杨万里在诗歌创作上没有停止求新求变的脚步，他大胆吸收民歌，农家语等，将其运用于诗歌创作，以期寻求诗歌语言的新变。这在《朝天续集》和《江东集》中可以看到。上述曾提及，这里不再论述。诗人在《跋徐恭仲省干近诗》）说："传派传宗我替羞，作家各自一风流。黄、陈篱下休安脚，陶、谢行前更出头。"我们认为，"求变"是诗人一直贯穿的一个诗歌创作法则。只有变，诗歌才能超越前人，取得突破，才能使诗歌永葆生命力。正因为他敢于别转一路，不随人脚跟，终于自成一家。对当时诗坛风气的转变，起了一定的促进作用。

（三）诗歌内容

1. 爱国爱民诗

杨万里半生为官，师从张浚、胡铨等一代抗金名将，他作诗的兴趣绝不仅限于艺术特色最为鲜明的书写自然景物的"诚斋体"方面。纵观他的诗作中，爱国爱民的主题仍占有一定的比重，以直抒胸臆的笔触，对国事民生寄予了深刻的同情和关心。如前文所引《读罪已诏》三首诗，或总结、或规劝、或讽刺、或抒情，表达了诗人对祖国的无限忠诚与热爱。再如，《舟过扬子桥远望》也是杨万里直抒爱国胸臆的代表作品：

> 此日淮壖号北边，旧时南服纪淮壖。平芜尽处浑无壁，远树梢头便是天。
>
> 今古战场谁胜负，华夷险要岂山川。六朝未可轻嘲谤，王谢诸贤不偶然。

此诗作于宋孝宗淳熙十六年（1189 年）冬。杨万里任接伴金国贺正旦使乘船北上，经过长江北岸的扬子桥时，看到旧日战场，不胜感慨，作此诗抒怀。江苏省扬州以南有扬子津，古时在长江北岸，由此南渡京口（今镇江），扬子桥在扬子津上。南宋与金以淮水为界，杨万里乘舟北上经过扬子桥后，已然是进入南宋的"边塞"地区了。此诗首联以今昔边界的对比写国土沦丧，语意沉痛。颔联写平芜之景，但意绝不在于写景，而是借写景点出南宋军备松弛，毫无抗金伐金的准备。国土沦丧是可悲，不图恢复只能说是可耻了。南宋朝廷中主和派以为低头纳贡就能求和，退守长江便可自保。其实纳贡无异于以肉喂狼，徒增其贪；而当年六朝也持有长江之险，却也不免覆亡厄运。颈联、尾联正面表达了诗人的抗金主张：国家要任用贤相良将，做好政治、经济、军事多方面的准备，才能立国御敌，完成恢复大业。杨万里的这种政治主张是非常理智稳健的，然而其政治理想并没能付诸现实。宋代及宋以后的诗评家常常批评宋诗"以议论为诗"，最有名的批评要数严羽了，他认为"诗有别材，非关书也；诗有别趣，非关理也"（《沧浪诗话》）。其实以议论为诗，固然有人论得道理粗浅，观点陈旧，枯燥乏味，但也有人能在不失却诗的形象性艺术性的基础上论得新鲜精辟，发人深思。《舟过扬子桥远望》一诗论得有情有理，又含蓄有致，是以议论为诗的佳作。诗人将自己的忧时之心、愤激之情尽诉诸言，大胆、直接地坦露了关心国事、嘲讽统治者无能苟安的情怀，与《过扬子江二首》中"千载英雄鸿去外，六朝形胜雪晴中"委婉表现自己爱国之情的手法有着明显的区别。而在杨万里的爱国诗中，《过扬子江二首》式的委婉诗风比例较大。

杨万里评传

杨万里的爱国诗风格，与同为宋朝的著名爱国诗人陆游诗风有很大差异。陆游的爱国诗，尤其是抒发忧国忧民的思想和报国壮志的诗篇，总体上表现出豪迈悲郁的风格。陆游的豪迈诗风主要表现在奇特的夸张和想象上，如"十年学剑勇成癖，腾身一上三千尺。"写他的武艺超群，"国仇未报心未平，孤剑床头夜有声"，写英雄无用武之地的悲愤。而杨万里的爱国诗多数不象陆游那样豪迈直露，而是往往把心中的慷慨激昂隐于诗歌的字里行间。这种隐而不发，就表现出一种婉而多讽的诗风。如前文所引《初入淮河四绝句》其二：

两岸舟船各背驰，波浪交涉亦难为。只余鸥鹭无拘管，北去南来自在飞。

诗人在这里发出的是无奈的感慨，以至于无奈到没有一点脾气。我们可以感觉到诗人对南宋朝廷的极度失望，这种失望已经到了无以言的地步。诗歌最后的落脚点也只能是对无拘无束的鸥鹭的羡慕，我们从陆游的爱国诗里读出的是"饥餐胡虏肉，渴饮匈奴血"的快感，从杨万里的爱国诗里读出的则是"有心杀贼，无力回天"的痛苦和无奈。这是两种不同的风格给我们带来的不同的审美感受。

杨万里在一些关心民生、与民同甘共苦的诗歌中，直抒胸臆的表现形式更加明显。例如《悯农》：

稻云不雨不多黄，荞麦空花早着霜，已分忍饥度残岁，更堪岁里闰添长！

诗人以白描的手法，写出旱灾、冻灾给农民带来的灾难。农民本来已是"忍饥度残岁"，痛苦不堪，加之"岁里闰添长"，就更加度日如年，倍受煎熬了，表现了诗人对人民疾苦的深切关注。其他如"去秋今夏旱相继，淮江未净郴江沸。饿夫相语死不愁，今年官免和籴不？"（《旱后郴"寇"又作》）"田夫抛秧田妇接，小人拔秧大儿插。"（《插秧歌》）"双鬓愁得白，两膝拜将剥。"（《望雨》）"三年再旱独堪闻？一熟诸村稍作欣。老子朝朝弄田水；眼看翠浪作黄云。"（《观稼》）及《旱后喜雨》《农家》等诗，或是揭露封建统治者残酷剥削掠夺、逼民为盗的事实，或是写人民劳作的艰辛，或是写天灾人祸给农民带来的灾难，无不以朴实的语言，直抒其与民同乐、与民同忧的思想感情。

2. 山水田园景物诗

宋室南渡以后，诗坛上活跃的"中兴四大诗人"尤袤、杨万里、陆游、范成大，其中杨万里名气尤高，姜特立在《谢诚斋惠长句》中称："今日诗坛谁是主？诚斋诗律正施行"。诚斋诗内容是多方面的，但占绝大多数、给人留下深刻印象的，是景物诗。景物诗在诚斋诗中占有十分重要的地位。诚斋诗的这个特点，当时人就看得很分明。姜夔在《送朝天续集归诚斋时在金陵》中说得很精彩："翰墨场中老斫轮，真能一笔扫千军。年年花月无闲日，处处山川怕见君"。杨万里本人对自己喜欢写景物诗也很清楚，他曾说过："江风索我吟，山月唤我饮。醉倒落花前，天地为衾枕"。他赞别人的诗，也多是夸别人的景物诗。钱锺书先生在《宋诗选注》杨万里条序中说："可以说他努力要跟事物——主要是自然界一

杨万里评传

一重新建立嫡亲的骨肉关系，要恢复耳目观感的天真状态"。这段话道出了杨万里景物诗的一个重要特色。杨万里的景物诗，绝大多数是就景写景，极少用典和议论。他是为写景物而写景物，不象其他诗人让景物担负一种比、兴或环境渲染等任务，他的景物诗是单纯的，无牵无挂的。另外，他常常把自己和景物放在一起来写，和自然界打成一片，甚至达到物我无间的亲密地步，似乎已通物性而成为自然界中的一物似的。如《舟过安仁》："初爱遥山献画图，忽然卷去淡如无。莫欺老眼犹明在，和雾和烟数得渠"。瞧这山多调皮，和诗人捉起迷藏来了。在诗人笔下，不仅物与人通性，而且物与物之间也通性。它们不是机械的被动的存在，而是活泼的主动的，它们也构成一个活生生的世界。如《山云》："春从底处岭云来，日日山头絮作堆。恋着好峰那肯去，欲开犹绕两三回"。那不知被春从何处领来的云对山顶竟然那么依恋，难舍难分。这类诗在杨万里诗集中俯拾即是，可见出杨万里与自然的天真关系。

我国的山水景物诗，滥觞于东晋之谢灵运。他的特点是以精细的刻画达到形似，另外他的诗也没有摆脱玄言诗的影响。到了唐代的王维，他的风景诗追求一种意境，力求勾勒一幅完整的画面，给人以整体的印象和感受，追求的是一种隽永的情韵。到李白时，以其天才的彩笔歌咏祖国的名山大河。李白的山水诗主要是以奔逸豪放的气势取胜。到宋代，王安石、苏轼等，也写过出色的山水景物诗，但似乎都没有形成自己的鲜明特色。至杨万里，景物诗创作有了新的突破，这个"新"可以从两个方面见出。从形式上看，他的景物诗不是着力于描绘一个完整的画面，而是在发展变化中描写景物，或是多侧面多角度的表现景物。如果说王维的景物诗是诗中有画，那么杨万里的景物诗就是活动的图景。他的景物诗景面变动很活，透着一股灵巧劲儿。如《夏夜玩月》：

> 仰头月在天，照我影在地；我行影亦行，我止影亦止。
>
> 不知我与影，为一定为二；月能写我影，自写却何似？
>
> 偶然步溪旁，月却在溪里！上下两轮月，若个是真底？
>
> 唯复水是天，唯复天是水？

时天时地，时月时影。活泼淋漓，令人目不暇接，但没有一幅完整的画面。这种景物诗轻松活泼，转动自如，是典型的所谓"活法诗"。刘祁《归潜志》说杨万里的诗是"活泼刺底，人难及也"。此言得之。如"雨来细细复疏疏，纵不能多不肯无。似妒诗人山入眼，千峰故隔一帘珠。"（《小雨》）"村北村南水响齐，巷头巷尾树阴底。青山自负无尘色，尽日殷勤照碧溪。"（《玉山道中》）等等，活泼得很，读之趣味盎然。罗大经在《鹤林玉露》卷六载有一则轶事，颇能见出诚斋之为人。其言曰："尤梁溪延之，博洽工文，与杨诚斋为金石交……二公皆善谑，延之尝曰：有一经句请秘监答对，曰'杨氏为我'。诚斋应曰：'尤物移人'！众皆叹其敏确。诚斋戏呼延之为蟛蜞。延之戏呼诚斋为羊。一日食羊白肠，延之曰：'秘监锦心绣口，亦为人食乎？'诚斋笑吟：'有肠可食何须恨，犹胜无肠可食人'。盖蝤蛑无肠也。一坐大笑"。诚斋机颖敏悟，聪明轶伦。刘克庄在《后村诗话》中说："放翁学力也似杜甫，诚斋天分也似李白"。性灵派大师袁枚也屡夸诚斋"天才清妙""天性使然"。杨万里自己也说过："从来天分低拙之人，好谈格调而不解风趣。何也？格调是空架子，有腔口易描；风趣专写性灵，非天才不办"。（《诚斋诗话》）风趣是天才的表现，是性灵的火花。诚斋正是以儿童的心理和儿童的眼光来看世界，使自然界的景物都带上了童话的色彩。

诚斋景物诗除了性灵外，还"仗他才子玲珑笔"。诚斋诗的构思往往是很巧妙的。他常常是先叙写一种情景，然后忽地一变，以变化迅速出人意外而得情趣。如《晓行望云山》：

雾天忽晓未明间，满目奇峰总可观。却有一峰忽然长，方知不动是真山。

下了一夜的雨，东方刚破晓，诗人出门，影影绰绰地看到天边有连绵不断的山峦。忽然他发现有一座山峰向上升，于是在对比之下，知道那不动的山，才是真山。描绘了雨后初晴、天色欲晓未晓时因云雾变幻呈现出来的满眼都是奇形怪状的山峰的壮观景象。诗人善于摄取自然景物的特征，把晓行所见静与动的景致写得变幻神奇。把云误当山峰，写得新颖、活泼，很有情趣。语言质朴自然，明白如话，却把景物描摹得生动逼真。作者以自己由错觉到获得真知的体会告诉人们：生活中，常有以假乱真的现象发生，但假象终究不能掩盖真实。我们想要不被假象所迷惑，就应全面深入地观察事物，以明辨真伪，体现了诚斋体的突出特点，就是善于巧妙地摄取自然景物的特征和动态。

杨万里的景物诗从境界上看，不是很开阔的，虽然在《南海集》《朝天集》和《江东集》里也写过一些名山大川，但只是貌其外形而很少能写出气势。他笔下的景物大多是月、梅、云、风、芙蓉、杨花、海棠等等，是典型的"嘲风月、弄花草式"的景物诗。格局小，质地轻灵，"锦心绣口擘花草"道出了杨万里景物诗的特质。虽然他的诗写的是小景，但由于他不是着意去描绘一个画面，而是灵活的多方面的去写，使欣赏者得其趣而遗其形，所以读者也不觉得境界狭小，成因全在"活法"二字。杨万里喜欢写景物诗，与喜爱游山玩水，细致地观察大自然有密切的联系。是活生生的大自然赋予他诗材和灵感。他在诗中也每每提到。"山思江情不负伊，雨姿晴态总成奇。闭门觅句非诗法，只是征行自有诗"。（《下横山头望金华山四首》其二）自然景物和他的关系不是诗人找诗材，而是自然自己献诗材："江山岂无意，邀我觅新诗"（《丰山小憩》）。"江天万景无拘管，乞与诗人塞满船"（《江雨三首》其三）。杨万里确实和大自然亲密无间，他曾说："半似清狂半白痴，不须人笑我心知，烟霞平日真成癖，山水中年却语离"（《和周元吉左司梦归之韵》）爱山水烟霞到了癖狂的程度。他每到一地，都要游览那里的风景胜地。"不是风烟好，何缘句子新"（《过池阳舟中望九华》），杨万里如痴如醉地爱着大自然，大自然也把蕴涵在体内的无限诗情都无私地献给了杨万里。

虽然杨万里说过"辞谢唐人及王陈江西诸君子皆不敢学"的话，实际上，他的景物诗还是潜移默化地受了一些前贤的影响的。杨万里的景物诗受杜甫的影响比较大。现在人们说起杜甫的山水诗，多提"星垂平野阔，月涌大江流"之类的深沉壮阔的诗，实际上这只是杜甫山水诗的一个侧面，杜甫在成都时，还写过不少清新明丽的景物绝句，其中一部分表现情趣的风景诗和杨万里的诗很相似。如《绝句漫兴九首》中的"熟知茅檐绝低小，江上燕子故来频。衔泥点污琴书无，更接飞泥打著人"等等。只是杜诗比杨诗要浑成一点，不似杨诗的"才子玲珑笔"。说杨万里景物诗受了杜甫的影响，从《诚斋集》中就可以寻出蛛丝马迹来。杨万里很推崇杜甫，和儿子共读杜诗就说过："一部杜诗揉欲烂"。他在诗中还几次提到杜甫的景物诗，《跋丘宗卿侍郎见赠使北使王七言一轴》中有这样两句："君不见唐人杜子美，万草千花句句绮"。在《拟花蕊亚枝红》中也称赞杜甫的景物诗："顿觉江山丽，却看绵绣笼。春光谁画得，分付少陵翁"。这里指的是"迟日江山丽，春风花草香"一类的诗。在另一篇《拟归院柳边谜诗》中说过："少陵花底路，物物献诗题"。在内容广博深厚的杜甫诗中杨万里偏偏就特别地欣赏那些写花与草的诗，真是所谓"我似岑参与高适，姓名得入少陵编"（尤袤《蒙杨廷秀送西归朝天二集赠以七言》）了。杨万里的景物诗，还受到苏东坡的影响。苏、杨两人的景物诗相混的不少，说明它们之间有不少相似之处。清人恒仁《月山诗话》

云："'毕竟西湖六月中，风光不与四时同，接天莲叶无穷碧，映日荷花别样红。'此杨诚斋《晓出净慈送林子方》诗。坊刻《千家诗》误为东坡作。二如亭《群芳谱》亦沿其谬，《广群芳谱》亦未改正。又按《月令辑要》亦载此首，题曰《苏轼湖上诗》"。蒋礼鸿校注的《苏轼诗集》卷四八校勘记第二五六条和《苏轼诗集增补》校注第一条也有关于苏、杨景物诗相混的记。苏轼的山川草木一类的诗，对杨万里影响较大，以致后人误把杨诗当作苏诗"。苏轼的某些景物诗在气质和外形上都与杨万里的景物诗相近。如《六月二十七日望湖楼醉书》："黑云翻墨未遮山，白雨跳珠乱入船。卷地风来忽吹散，望湖楼下水如天"。才见云，雨已入船，才下雨，忽又雨霁云销，活泼灵转，是诚斋活法诗的先导。如果说杨万里在短诗方面受杜甫、苏东坡的影响大一点的话，那么长篇景物诗则受韩愈的影响较大。傅增湘《藏园群书经眼录》卷十四载：有宋刊本《南海集》八卷，后有杨万里门人刘焕的跋，其言曰："侍读诚斋先生，乃今日之昌黎公也。……常非胸中涵蓄者渊泓澄深，无以异于昌黎，则词源之溢，横流逆折，纡徐迅激，新态百出，宜夫变之之亟，非一体之可定也。先生既与昌黎并驾……"。这位杨万里的门人把杨万里和韩愈相提并论，是由于他看出了杨万里诗像韩愈诗的雄奇纵态，曲尽其妙。写一件事物，要直写竖写，横写侧写，前写后写，必变尽其态，曲尽其妙而后止，显得淋漓酣畅，如杨万里《羲娥谣》：

羲和梦破欲启行，紫金毕逋啼一声；声从天上落人世，千树万落鸡争鸣。

素娥西征未归去，簸弄银盘浣风露；一丸玉弹
东飞来，打落桂林雪毛兔。

谁将红锦暮半天？赤光绛气贯山川；须臾却驾
丹砂毂，推上寒空辗苍玉。

诗翁已行十里强，羲和早起道无双。

此诗作于宋孝宗淳熙十六年（1189 年）秋赴京途中。这
一年二月，宋孝宗赵昚禅位，太子赵惇即位，是为光宗。光
宗即位以后，起用贬在筠州的杨万里，此年八月召杨万里入
京。此诗描绘了日升月落之际稍纵即逝的景致，充分体现出
杨万里写诗"万象毕来""生擒活捉"的本领。诗前小序说：
"中秋夜宿辟邪市，诘朝早起，晓星已上，日欲出而月未落，
光景万变，盖天下奇观也。作《羲娥谣》以纪之。"

太阳中三足的金乌一声啼叫，惊醒了羲和的梦，她准备
驾着六条神龙拉的车，载着太阳启程了。金乌的叫声从天上
传到人间，世上千村万落的雄鸡听到这啼叫，都争着报晓。
据《神异经·东荒经》："盖扶桑山有玉鸡，玉鸡鸣则金鸡
鸣，金鸡鸣则石鸡鸣，石鸡鸣则天下之鸡悉鸣，潮水应之
矣。"扶桑为神话中东方的巨树，太阳升于此处。神话中使得
天下鸡鸣报晓的应当是扶桑山上的"玉鸡"或者"金鸡"，
在此诗中诗人说是金乌叫声传到人间引得天下鸡鸣，只是顺
势而写，不必深究。"素娥西征未归去，簸弄银盘浣风露"
在鸡鸣声声，红日将升的时候，月神素娥还没有完成她西归
的征途，好像还在玩耍似的用晨风朝露浣洗银盘一般的明月。

启明星像是一丸玉弹从东方飞来，打落了垂在西边天际的月亮。"谁将红锦幕半天，赤光绛气贯山川"，是谁将火红色的锦缎遮蔽了东方半边的天空呢？红紫色的光彩充溢了天下山川。这两句把朝霞之景色写得特别壮丽辉煌，把日出前最后一刻的气势铺垫得非常到位。不一会儿，羲和就驾着红色的神车出发了，她把车慢慢向上推去，碾压着青色的天空。谁说羲和是最早起来赶路的呢？在她刚刚动身的时候，我这个已经有一把年纪的诗翁已经赶了十几里路了。钱锺书在《谈艺录》中曾经这样表述杨万里诗的特色："诚斋则如摄影之快镜。兔起鹘落，鸢飞鱼跃，稍纵即逝而及其未逝，转瞬即改而当其未改。眼明手捷，踪矢蹑风，此诚斋之所独也。"这段话用来做本诗的批注也非常恰当。正像诗人在小序里说的，这首诗描写的是"日欲出而月未落，光景万变"的奇观。杨万里用他迅捷的诗笔抓住了这一不易捕捉的过程，写得层次井然：前四句写日欲出而鸡已鸣；接下来的四句写月亮在启明星升起后迅速落下；然后写霞光满天，太阳升起。然而诗人并不是全然像照相机一样的纪录，而是在精准描绘的同时，运用神话思维，驾车东征的羲和，浣洗银盘的素娥，金乌、仙桂、玉兔……都给全诗披上一层瑰丽神奇的色彩。这首诗写到"推上寒空辗苍玉"处，已经把日出奇观描绘完毕，全诗本可以在此处结尾，然而诗人却别出心裁，以自己早起赶路的形象作结。这并不是画蛇添足的败笔，而是翻出新意的所在。这个诗翁不仅不以早起赶路为苦，更因比羲和更早起身而洋洋自得，在诗翁的身上有一种充满生命力的乐观的情绪，这使他成了全诗最生动的所在。诗翁的形象，使这首诗在运用神话思维描绘日出奇景之外，更蕴含着对充满活力的人的赞颂。确实是"新态百出"，曲尽其妙，"横流逆折"，雄奇魂丽，颇有韩诗风味。清人陈汗说："杨诚斋矫矫拔俗，魄力又足以胜之……有笼挫万象之概，攀韩领苏宜也"。（《诚斋诗选评语》）确实是有识者之见。

中国的山水景物诗，从玄学附庸到借景抒情、理学附庸，直到杨万里才就景写景，使人与山水景物之间的关系从疏远逐渐到物我无间，使景物甩掉一切庸赘而独立存在，使山水景物还原其本来面目。在中国诗歌史上，杨万里是把一生主要精力用于写景物诗的惟一的大诗人，其数量之多，质量之高，也是少见的，他是中国诗苑中一株放射着异光奇彩的奇葩。从这些方面看，杨万里把景物诗向前发展了一大步，在中国山水景物诗的发展史上，具有里程碑的意义。

3．交游唱和诗

在宋代，受"重文轻武"的影响，文人地位空前提高，文人数量也空前增加，尤其是进入仕途的文人，生活优裕，崇尚才华，有更多的时间、精力去进行诗歌的创作，交游、宴乐等逐渐融入日常生活，交游唱和诗的创作不断繁盛。而这一时期的交游唱和诗创作不再要求必须和韵，也不要求必须和意。另一方面，和诗在题材上也不断发生变化：在宋代之前，唱和诗的内容主要体现在交友、抒怀、娱乐。应酬、切磋等方面，而到宋及后来，唱和诗内容进一步丰富，从交友抒怀扩大到描写风俗人情、反映生活以及增加对人的教化等。

杨万里一生创作诗歌数量巨大，现存诗歌约有四千多首，以"诚斋"著名，在南宋诗坛上独树一帜。在杨万里的四千多诗歌中，有唱和者七十余人，和诗三百零六首，虽然数量不多，但研究意义非常重要，和诗在揭露残酷统治、关心民间疾苦、抒发自我情感，表现诗人生活等方面都有重要作用，由于特殊的时代以及个人仕途经历、交游活动等，促使杨万里形成独特的交游唱和风格。

　杨万里一生辗转多地做官，从漳州到京城，从杭州到广东，结交了众多为官的朋友，并与他们多有交游唱和之作。杨万里为人耿直豪爽，力主恢复中原，收复失地，其政见多与朝中主战派相同，尤其深得胡铨等人的认可。在地方做官时，曾得到同地官员张材、唐明德、胡铨等人的帮助，并常与他们结伴交游，唱和赋诗，其中与张材、胡铨的交往颇深。而在亲朋友人之中，杨万里与陆游、尤袤、范成大四人关系最为友好，与他们往来频繁，杨万里除临安时，曾与陆游、尤袤等人游园赏花、彻夜饮酒论诗，而他们之间也多有诗歌来往。张功父、徐衡仲、赵稷臣、段季承等人，都是杨万里的好友，其中张功父在生活中与杨万里来往密切，多次赠物、赠诗。而他们不仅对于杨万里的诗文创作、人格修养等都有影响，而且对其生活等多个方面都有深刻影响。除此之外，杨万里先后师从于刘安世、王庭珪、张浚、胡铨等人，多有与他们的交游往来。杨万里在诗集中也记载了与刘安世、王庭珪、张浚、胡铨等人的交游唱和之作，尤袤、虞允文等也对他有很多影响，在为学、为人、为官等方面，杨万里都受到了他们的影响，特别是虞允文做为文人而能领兵打仗，让杨万里十分敬佩，二人多在政治见解上能有共识，故而来往其密。在弟子晚辈中，也有与杨万里交往颇深的，赵蕃昌、王子俊、刘朝英、李天麟等人，多学杨万里创作风格以及诗歌语言，都与杨万里有诗歌往来，也曾受他点拨指导。

杨万里与不同群体的唱和有着不同的主题和内容。他与皇室成员的唱和主要载于《朝天集》，其集成于淳熙十一年（1184 年）十月至淳熙十五年（1188 年）七月，淳熙十二年（1185 年）八月，杨万里任东宫侍读，多与太子往来，期间因其志向与力主收复中原的政治见解颇有相同之感，遂将自己的政治希望寄于其身。二人多有诗歌来往。这时期主要唱和对象为皇太子，即指当时的太子后来的光宗赵惇。"淳熙十二年八月初八日，杨万里兼东宫侍读。""淳熙十三年三月，皇太子赵惇召宴，颁赐金杯、襕罗；并为之书'诚斋'二大字。"后杨万里写诗《谢皇太子三月十九日召宴荣观堂，颁赐金杯襕罗》来纪念此事。杨万里在做东宫侍读期间与赵惇的唱和诗主要有三题六首，分别是《和皇太子雨中赏梅偶成》《和皇太子梅诗》《和皇太子瑞雪》，这六首都是景物诗，和赵惇所做，拟写景物来赞赏赵惇同时表达政治愿望。乾隆六十年吉水杨氏带经轩刊《杨文节公诗集》卷末载宋光宗御制景物诗四首，其一：

腊雪加寒飘玉尘，须臾造化应佳晨。乾坤一望浑无碍，为瑞连朝不可频。

如《和皇太子瑞雪》：

二、杨万里的诗

　　白玉花开碧玉天，萦楼绕殿舞翩然。储皇善颂
天皇德，瑞应金穰万万年。

　　揉云接雾碎成尘，落不曾休酉达辰。鹤禁镂水
成七字，野人拜赐敢辞频？

　　原诗中，诗人见眼前之雪，抒发胸中志怀，表达自己壮
志。杨万里在和诗中歌颂上天恩德，感谢天下保佑天下风调
雨顺，万物都有好的收成。储皇善德，天降祥瑞，瑞雪能兆
丰年，同时储皇也能拯救生活于水深火热之中的万民，诗人
借瑞雪祥兆，寄托政治远景，希冀赵惇能够坚持抗金立场，
早日统一河山。

　　有的交游唱和诗写景状物，肯定储皇才学。如《和皇太
子雨中赏梅偶成》题"宋光宗赵惇御制景物诗四首赠杨万
里"，其一：

　　闲来庭院日初长，春暮梅花烂漫芳。甫丽繁英
浑似雪，半随风舞散余香。

杨万里以此写成《和皇太子雨中赏梅偶成》二首：

　　日到青宫分外长，梅兼白雪一时芳。
　　储皇更著琼瑶句，句里天葩别样香。

　　诗中"储皇"是指赵惇，时赵惇为太子，杨万里为侍
读。这两首诗用词简单，通俗易懂，主要应和宋光宗诗中

"梅花"意象,第一首有三句最后一句的韵脚和原诗一样,除了对梅花的赞美之外,还有对宋光宗赵惇的称赞。第二首在内容和用韵方面和第一首并没有多大区别,都是对梅花这个意象和对光宗的称赞。《和皇太子梅诗》题"皇太子"谓宋光宗赵惇,其为皇太子时所作原诗,今已无考。杨万里和诗其一:

> 清赏堂前隔俗尘,南枝得雪晓争新。独将却月凌风影,挽献储皇第一春。

第一首诗用词新颖,通过拟人化手法的运用来应和光宗的梅花诗,既是对光宗才学的肯定,也是对其圃中梅花傲人报春的赞美。第二首时在用韵方面和第一首相同,内容方面也是是对光宗才学的称赞,清新自然,随手拈来。

杨万里与朝廷重臣也多有唱和。杨万里与胡铨师生交往颇深,杨多受其相助,相互唱和相交频繁。如《和胡侍郎见简》,全诗以极其传神的笔触,描绘了作者和诗的情形。上半部分着重写做诗情形描述,后半部分着重写胡铨才智敏捷,大有称赞之意。

余端礼,据《江宁府志》卷十五载:"字处恭,衢州龙游人光宗绍熙二年进士。焕章阁学士。召拜吏部尚书、历右丞相,少保。赠太傅,谥号忠肃。"杨万里卷三三载万里与其唱和之诗,余端礼清凉寺勤晨农时赋诗,杨万里与之和,有《和余处恭尚书清凉寺劝农》一首,此外,杨万里多与余端礼交往,有其他和诗《和余处恭赠方士阎都幹》《余处恭和》

二首见录。其《和余处恭赠方士阎都幹》中阎都幹无考，是一首杨万里和的赠诗，全诗风景描写壮阔，含义隽永，有激励阎都幹上进求真，赞美余端礼之意。而《余处恭和》则是一首在下元日唱和的诗，主要描写余处恭神采，同时暗含对山河失落的苦楚。

沈诜，字宜直，德清人。《弘治湖州府志》卷一九："沈诜，字宜直，位至刑部侍郎，迁户部尚书，以敷文阁学士奏正龙祠。"沈诜与杨万里多有交流。但与沈诜的和诗仅一首，即《谢江东耿漕曼老寄书并与沈侍郎唱和诗》。

周必大，字子充，管城人。绍兴二十一年进士及第。官至吏部尚书、左丞相。周必大工文词，为南宋文坛盟主。与陆游、范成大、杨万里等都有很深的交情。杨万里与周必大唱和诗较多，代表有《和益公谢红都胜芍药之句》《益公和白花青缘牡丹王字韵诗，再和以往》。

杨万里与朝臣唱和较多，内容丰富多彩，不仅意味深隽，更展现杨万里复杂的内心世界。表现了他关心民众生活，教化民众的殷切心情。杨万里在和诗《和余处恭尚书清凉寺劝农》写到："叟携群穉穉扶叟，一生只识茅柴酒。"形象地表现了当时民众的生活，普通的农民，他们一生劳作，不识文字，只知道柴米油盐这些生活品。杨万里在地方任官时，余处恭路过其任地，约定与诗人一同去清凉寺勤农，并赠诗，诗人以此和之。诗人文字间透着悲凉和深深的怜悯。余处恭躬身亲劳，所见所闻，皆是生活在底层的百姓的生活，杨万里据此和诗，眼中都是民众，诗人悲从心底生，悲天悯人的情怀一览无余，同时，字里行间都是深深的同情与怜悯，有心教化，却是无力。有的诗酬唱应和，激励后来。如《和胡侍郎见简》是一首典型的和诗，全诗以极其传神的笔触，描绘了作者和诗的情形。

花边雪里捻霜髭，怪底诗来妙一时。聊复小吟开后悟，便应大用到前疑。

先生此曲难先和，著句如棋且著持。每望南云尺有咫，其人甚远只嗟咨。

上半部分着重写做诗情形描述，后半部分着重称赞胡铨才智敏捷，唱和之形尽显，意味深隽。再如《和余处恭赠方士阎都干》，也是唱和诗典型，但却更有一种激励后来的意味，通过引述老年来激励后来。

河出昆仑江出岷，风吹不断浪花春。但看此水源无竭，底用玄谈谷有神。

老健便为仙放杖，斧斤只在袜生尘。东家自有仁山诀，方士何曾悟一真。

有的诗写景状物，慰藉内心。杨万里与周必大的和诗《和益公谢红都胜芍药之句》以芍药为引，即景抒怀，慰藉内心。"坐令浮花并浪蕊，谁敢涂铅更抹朱。不应一朵翻阶艳，博得龙宫八十珠。"江西春色绚烂，芍药花开，与洛阳牡丹可堪相比，不仅令世人怀念起故国之思，却只得用赏花慰藉。在如《益公和白花青缘牡丹王字韵诗，再和以往》，已是如此。

> 渠是花中异姓王，平园小试染花方。冰霜洗出
> 春风面，翡翠轻稜叠雪裳。

同样是写景物，却暗含抒情，同样是谢牡丹，内心的感觉去与上一首全然不同。

杨万里交游甚广，除了皇室宗亲、高官重臣外，还与很多友人有唱和之作传世。张材字仲良，山东人。"集卷一○○《跋山谷笺祚篇法贴》有：予顷丞零陵，尝与同官张仲良许观山谷先生小楷《两都赋》。"张仲良其人事历无考，韩元吉《南涧甲乙稿》载有其诗，颇具才情，可见张仲良是有才学之诗人。《职官分纪》卷四○载："国朝，上州司法参军一人，从七品下。"据此可知，司法参军为小官，在古代主要是掌管刑法及断刑的官员，时张仲良人永州司法参军。张仲良是杨万里的知心好友之一，常与之饮酒论诗，二人交往甚密，唱和之诗多达二十一首。张镃字时可，又字功父。先世成纪人，官至司农寺丞。张功父与杨万里唱和诗有十七首之多，有《和张功父病中遣怀》《和张功父梦归南湖》《和张功父梅花十绝句》《和张功父桤木巴榄花韵》《和张寺丞功父八绝句》等，内容涉及生活多方面。杨万里与范成大、陆游等人在政见上有共同之处，都力主恢复中原，期盼国家统一，因而时常交游游乐，相互之间来往众多，唱和不断。《宋史·范成大传》"范成大，字至能，吴郡人。"杨万里《和范至能参政寄二绝句》题："时范至能除参知政事。后罢官归家，杨

万里和诗与之。"除此诗外，还有《和石湖居士范至能与周子充夜游石湖松江诗韵》。陆游，字务观，号放翁，越州山阴人。与杨万里、范成大等人交游甚广，淳熙十三年（1186年），陆游应召到临安，杨万里与之交流思想、讨论诗歌，三月初与尤袤等人聚会赏花，杨万里学李白而作《云龙歌调陆务观》。杨万里与陆游唱和诗有《和陆务观见贺归馆之韵》等见录。尤袤，字延之，绍兴十八年登进士第，累迁至太常少卿，二人相交颇深。据《鹤林玉露》卷六载："尤袤博洽工文，与杨诚斋为金石交。二公皆善谑，延之尝出对曰：'杨氏为我'，诚斋对曰：'尤物移人'。众人皆欢其敏确。"杨万里与其的和诗有《和尤延之见戏触藩之韵以寄之》见录与杨万里诗集。除了上述几人在政见方面都有共同主张的人唱和之外，还有萧伯振、周元吉、唐明德、王才臣等人也常与之唱和，他们都是杨万里在地方做官时的互相慕名而结识的。虽然唱和诗数量相对较少，但却是体现交游唱和诗特色的重要组成部分。

　　杨万里除了与皇室成员、朝廷大臣、著名诗人有和诗之外，和族人之间也有相互的唱和。族中唱和诗人有杨辅世（昌英）、杨昭文（文明）、杨蔚文（文黼）都是杨万里的族叔，其中杨辅世与杨万里的唱和最多，存有《和昌英叔雪中春酌》《和昌英主簿叔社雨》《和昌英主簿叔送花》《和昌英叔久雨》《又和春雨》《和昌英主簿叔求潘墨》等。杨万里与其他友人唱和诗数量较多，不仅有交游感思、关心民间疾苦，更有娱乐切磋、表现生活以及抒发自我情感等各个方面，包括日常生活，交流情思。众所周知，杨万里的诗歌以自然朴实著称，和诗已然，如在和张材的和诗中，就涉及生活的方方面面，从喝酒谈诗到答谢友人送花、问病，再到和友人赏花喝酒，都是生活中的常事，诗人同过和诗来变现生活，却是别具一格。如《和司法张仲良醉中论诗》其一：

> 醉话醒犹记，来诗独转新，不缘朋好密，其奈客居贫？
>
> 无乃阳秋误，云何鼠璞珍？端令和者寡，敢以速为神。

诗人从酒醉中醒来，前番说的醉话历历耳旁，记忆犹新，不觉诗性而来，挥笔而就，真实的表现生活中的场景，接着笔风一转，谈论写诗的要诀、诀窍，从辞、意等方面论述，最后坦言自己追求"三折或知医生。"也有浓烈的自我抒情。杨万里为人处世也有狂傲的一面，他曾言"我昔山林人不识，或疑谪仙或狂客。"再如《和昌英叔雪中春酌》中，他更加强烈的抒怀，展现一个不一样的杨万里。《和昌英叔雪中春酌》中"如何呼酒不痛饮，可令诗肩受凄凛。少时狂杀老更狂，长恐此意堕渺茫。"表现更为浓烈。关心民众疾苦，批驳残酷剥削。杨万里的交游唱和诗，对民众生活及民间疾苦都有揭示，同时，对统治阶级的残酷剥削也有深刻的批判。如《和萧伯振祷雨》：

> 云气微升又霍然，丘疑数点长三川。渚东杭稻今无雨，社曲桑麻莫问天。

饿死何愁更平籴，野夫半去只荒田。未辞托命
长镵柄，黄独那能支一年。

《白居易集笺校》卷五八："和籴"一名"助军粮草"，
"是官府以筹助军饷官民商量交易为名儿实际向民众硬性摊派
数额、强买粮食的办法。"其实质就是剥削。杨万里对于统治
阶级的残酷剥削进行尖锐的批判和揭露，对给人民带来苦难
的"和籴"深恶痛绝，他好不留情的指出"饿死何愁更平
籴"，表现了诗人对民众疾苦的关怀和对剥削的痛恨。

独特的生活经历和丰富的人生阅历以及文学修养等众多
因素，让杨万里一生结交朋友众多，从而写出了富有特色的
交游唱和诗。从早年的多师求学到辗转多地做官，再到二十
年的退休生活，让他的人生丰富而有趣味，更锻炼了他易于
常人的乐观和耿直，他看到民众的苦难生活，遂力主抗战，
收复失地，渴望国家统一。从地方州官到太子侍读、吏部郎
中、宝谟阁学士，交游众多，唱和活动也十分频繁，现有可
查的存和诗的交游诗人有七十余人，一百多首和诗，以其质
朴自然，构思精巧别具一格。杨万里的和诗成因，总体上可
分为以下几个方面：第一，社会原因。文人之间的相互唱和，
到宋代，特别是南宋时期，基本成为了一种文人的习惯和惯
例。文人常以文会友，交游之风盛行，从天子到普通的文人，
也正是由于受重文轻武风气的影响，文人地位不断提高，物
质生活丰富，必然促进精神上的进步，文人有时间、经历、
也有才情去交游去唱和。而杨万里生在这样的一个时代，必
不可少的要受这种风气的影响，特别是对于一个身在仕途的

人来说，唱和应酬，自然不可少。第二，独特的人生经历。首先，童年经历和辗转多地为官。杨万里八岁丧母，从小跟随父亲生活，早年日子过得十分贫困，其父杨芾以教书为生，所以免不了有忍饥挨饿的时候，他从小就能体悟下层民众生活的艰辛，所以是个能从心底中深深同情和怜惜人民，体会他们的生活情形，并通过诗文展现出来。"我少也贱，无庐于乡。流离之悲，我岂无肠？"（《祭久叔知县文》）而独特的四十年辗转多地的做官经历，更是锻炼了他的意志，二十年的退休生活更加丰富了他的人生阅历，让他认识和结交了上至皇室贵胄，下至普通民众的人，并与机会与他们唱和，从而成为他形成独特和诗基础。他在永州任职时结识了张材，在病重承蒙其照顾，与之有二十一首和诗。在临安时期，结识陆游、尤袤等人，并与之和诗，在杭州结识了李与贤、巩采若、周元吉等人，都与他们有和诗，也正是由于这些经历，促使他形成这种独特的和诗风格。其次，良好的家庭教养和家族文化熏陶。杨氏家族自古就有重经明理的传统，其族父杨元中"明经重教有方，泽厚于后人。"而他的父亲杨芾以及叔父杨藩、杨蔼等人都以"博学嗜古"著称于世。在这种家族氛围的影响和熏陶之下，杨万里从小就耳濡目染。而杨芾更是以孝传家，以儒家的理想人格标准修身教子，对杨万里清廉正直、为政为文实现自我价值都有深刻的影响，这也使他在写诗作文方面形成富有正气，敢言直谏，质朴自然的特性。也正是由于家族人皆习文博学，杨万里与族叔杨辅世（昌英）、杨昭文（文明）、杨蔚文（文黼）等人之间才有唱和之作。第三，个性特点。首先，转益多师和正直磊落的人格修养。杨万里早年在父亲的带领了，拜了很多老师。"予为童子时，先从君宦学四方。"（《曾时仲母王氏墓志铭》）先后拜高守道、王庭珪、刘安世、刘廷直、刘才邵等人为师，转益多师对于杨万里的思想认识和性格等各方面都有极为深刻的影响。他诗从多人，因而能够形成多样诗风，特别是张浚、胡铨等刚正不阿、忠贞不二、不随波逐流的老师对杨万里的影响更是深远，使得他从小就养成正直磊落的品格。其次，士大夫的传统和直爽耿介的性情。和诗的传统由来已久，文人之间的唱和也是文人交流的一种形式，从最初的文人集会到后来的饮酒赋诗，再到你来我往的相互唱和，慢慢演变成为一种文人士大夫阶层的传统。和诗在唐以后兴盛更快，初唐诗坛上，庾信的和诗以形式华美而影响最大，初唐诗人多有和诗流传，如杜审言的《和晋陵陆丞〈早春游望〉》，盛唐诗人王维、岑参、杜甫同时写了和贾至的《早朝大明宫》诗，名气很大，可谓代表。中晚唐以后唱和之风更盛，有元白唱和、大历诗人唱和到宋代有著名的苏轼和陶诗、元祐更化初同文馆唱和等，无论在形式还是内容方面都有了发展变化，杨万里生在一个唱和的时代，自然免不了和友人亲朋之间的相互唱和。而杨万里耿介的性格，更是让他每唱比和，凡有人与他赠诗，他便和诗以往。

南宋文坛交游唱和蔚然成风，以诗会友更是文人的交游和交流方式。杨万里的和诗内容丰富、风格奇特鲜明，打破了传统和诗"歌功颂德、粉饰太平、溜须吹捧"的呆板模式，打破了以往和诗平淡无奇的做法，为后人和诗的创作增添了更多趣味。把写景状物、关心民众、批判残酷剥削等也纳入到和诗的写作范畴，从而将和诗提升到一个新的境地，形成自己独特的和诗艺术，这对于全面把握杨万里的诗歌的艺术特色有了极大的便捷。同时这也在整个和诗乃至诗歌史上都是前所未有的独创，因而对杨万里和诗的研究有着十分重要的意义。研究者通过对杨万里和诗的创作背景、创作内容及相和对象的深入分析，能够进一步理解南宋文人的生活情况和生存状态、以及从渴望恢复而不得到将愁绪消解到自然山水之中的心路历程。进而对把握后世研究宋代文学发展的整理脉络提供宝贵的佐证材料。

4. 理趣诗

理趣这一概念最早见于南宋李塗的《文章精义》："《选》诗惟陶渊明，自理趣中流出，故浑然无成，无斧凿痕。"李之言重在强调理趣诗乃自然而成，并非贾岛苦吟之功。后流传至明清，沈德潜有言："诗不能离理，然贵有理趣，不贵下理语"并以杜甫的"水流心不竞，云在意俱迟"为例加以证明。可见，理趣早已成为前人品评诗歌的一个重要标准。理趣诗中的"理"指的不是去除情意谈抽象的性理，而是从人们日常司空见惯的事情中诗意地提取出来的自然之理，人生之理以及禅理。但是值得注意的是，这与明清之前所推崇的"理"的概念是有所差异的。在中国文学批评史上，最早以"理""趣"论诗的现象出现在唐朝，直到宋代才有专门的学者将"理趣"作为专业术语来品鉴诗歌。故而明清以前，甚至是清代学者沈德潜所论的"理趣"，赞许的都是唐代王维、杜甫等诗人的禅趣诗，如王维的《山居秋暝》《与胡居士皆病寄此诗兼示学人二首》《辛夷坞》，杜甫的《后游》《秋日夔府咏怀奉寄郑监李宾客一百韵》等等。但是后代人每每提及"理趣"一词，则多以宋代的朱熹、王安石、苏轼为例，如朱熹的《春日》《水口行舟》等。由此可见，我们现如今所言的"理趣"与前人的理解存在分歧与差异：前人所言的"理趣"往往强调的是将顿悟之下的禅理与佛偈融入诗中，获得审美愉悦；而现今所言的"理趣"不仅包括妙悟，更蕴含了自然规律以及人生哲理，将前人所言的"禅理"范围扩大化了。

杨万里的理趣诗在其诗作中所占比例较小，只有近八十首左右，虽量少，但成就斐然。宋代理学盛行，对当时的政治、经济、文化、学术、文学等领域产生重大影响：从政治上看，加强了中央集权统治，巩固了政权；从文化上看，儒学在宋代与佛学、理学、禅学进行融汇交叉之下有了新的发展；从学术上看，宋代不仅是理学家高产的年代，如：邵雍、周敦颐、张载、程颢以及程颐等，更是是理学著作繁盛的时代，如：《四书章句集注》《诚斋易传》等；从文学上看，理学的思维与观物方式逐渐渗透到诗歌创作领域，无形之中拓宽了理趣诗的审美内涵。杨万里拥有理学家和文学家双重身份，他既具有理学家对外物独有的思考与体悟，又具备诗人内在的审美修养。杨万里的理趣诗对于研究理学对于诗学的影响，乃至于对文学的影响都有重要意义。

杨万里现存的八十余首理趣诗中，通过写景来表达理趣的诗歌占总数的四分之三，这与杨万里热爱自然，善于观察自然是分不开的。著名学者钱锺书先生曾将杨万里与陆游就写景诗的艺术创作方面进行对比："……放翁善写景，而诚斋擅写生。放翁如画图之工笔，诚斋则如摄影之快镜，兔起鹘落，鸢飞鱼跃，稍纵即逝而及其未逝，转瞬即改而当其未改，眼明手捷，踪矢蹑风，此诚斋之所独也。"就钱锺书所言，杨万里善于捕捉景物的细节，在不更改景物原貌的情况下进行艺术加工，使诗歌达到空灵轻快的艺术效果。他以自然之景喻自然之理趣，探寻自然的规律。如《入城》：

> 杜鹃有底怨春啼？燕子无端贴水飞。不种自红
> 仍自白，野荼蘼压野蔷薇。

描绘的是作者入城所见之春景。春天到了，杜鹃在树梢低吟，燕子离开巢穴在水面低飞，就连荼蘼，在无人种植呵护的情况下依旧生长茂盛，力压蔷薇，一切都是那么生机勃勃。作者以自然万物的变化来阐明冬去春来，万物复苏的自然规律，避免的枯燥的说教，生动形象。如《小楼晚眺云日》：

> 小楼挂上绿窗棂，落日孤云万态生。碧玉峰峦
> 白银缘，峰峦暗处绿偏明。

写的是诗人倚楼远眺山之晚景，主要采用的是由近到远的写作顺序。首先写近景，诗人倚靠在小楼的窗边，窗子被绿色的格纹妆点，分外雅致。此时，诗人放目远眺，在落日余晖的照耀下，云彩分外妖娆，就连碧玉的山峦也呈现出不同的颜色，一面泛着银光，另一面则绿得深沉。生动的表现

175

出自然界本身的发展规律，使读者在感悟道理之余又不失品诗之趣。

理学家有一种观物方式叫做格物致知。理学家们往往通过对自然外物的的观察得出知识，避免被内心蒙蔽。杨万里作为著名的理学家，他所创的"诚斋体"的最大的特色便是以自然景物作为独特的审美对象，经过心灵和情感的锤炼，得出自身的了悟。比如杨万里最为人们所熟知的诗作——《小池》：

> 泉眼无声惜细流，树阴照水爱晴柔。小荷才露尖尖角，早有蜻蜓立上头。

这是一首清新的小品。描写一个泉眼、一道细流、一池树阴、几支小小的荷叶、一只小小的蜻蜓，构成一幅生动的小池风物图，表现了大自然中万物之间亲密和谐的关系。一切都是那样的细，那样的柔，那样的富有情意，句句是诗，句句如画，展示了明媚的初夏风光，自然朴实，又真切感人。开头"泉眼无声惜细流，树阴照水爱晴柔"两句，把读者带入了一个小巧精致、柔和宜人的境界之中，一道细流缓缓从泉眼中流出，没有一点声音；池畔的绿树在斜阳的照射下，将树阴投入水中，明暗斑驳，清晰可见。一个"惜"字，化无情为有情，仿佛泉眼是因为爱惜涓滴，才让它无声地缓缓流淌；一个"爱"字，给绿树以生命，似乎它是喜欢这晴柔的风光，才以水为镜，展现自己的绰约风姿。诗人好像一位高明的摄影师，用快镜拍摄了一个妙趣横生的镜头："小荷才露尖尖角，早有蜻蜓立上头。"时序还未到盛夏，荷叶刚刚从水面露出一个尖尖角，一只小小的蜻蜓立在它的上头。一个"才露"，一个"早立"，前后照应，逼真地描绘出蜻蜓与荷叶相依相偎的情景。全诗以小见大，以自然喻社会，表达人们对新生事物的喜爱与执着追求。钱锺书先生在《谈艺录》中赞扬杨万里"擅写生"，他笔下之景皆趣味盎然，生动活泼。《小池》中的取象虽小巧玲珑，但以小物见大景：泉水细细流淌，柳树妖娆的身姿映照在水面上，仿佛也沉醉在暖晴之中。诗人更是于画中寄予了人生之理：新生事物的产生不一定要历经坎坷而刻意地去迎合他人，只要它是美的、好的，自然而然会得到人们的青睐。

杨万里有的诗作阐释了做事情时应该有预见性，防患于未然的道理。既要能够防微杜渐，又要学会应付突发状况。如《岸沙》：

水嫌岸窄要冲开，细荡沙痕似剪裁。荡去荡来元不觉，忽然一片岸沙摧。

河水缓缓地流淌、涤荡，每一次对岸的冲击都那么微不足道，但是随着时间的推移，不知不觉竟将河岸摧毁。所谓"千里之堤毁于蚁穴"，即使堤坝再坚固，一旦有小缝隙的产生，如果不加以维护，千里的堤坝就可能毁于一旦。因此，人们做事情，要学会防患于未然，不因为问题小而忽略它会产生的严重性。

杨万里通过对自身的游玩经历、行舟征途、在家闲居、日常生活等方面的描写，展示人生之理、禅理乃至于哲理，把抽象的理寄予生动的象之中，以闲暇消遣娱乐之事泛现自然规律。如《山居午睡起弄花》：

> 数片荷花漾水盆，忽然相聚忽然分。从教压捺
> 沉盆底，依旧浮来无水痕。

本首诗作于作者六十三岁左右，时年杨万里请求外调，朝廷赐江西道院。这段时间杨万里生活得较为闲适，创作了一批表现生活杂感之诗，如《嘲稚子》。而本诗也是诗人闲适之作，但内容却是意境悠远的。荷花受到风力和水压的影响来回摇曳摆动，忽然聚合在一起，又忽然分开。诗人一时兴起想要将荷花压在盆底，但手放开后，荷花依旧浮出水面，花身无水，找寻不到曾经被压入水中的痕迹。这首诗描绘的是诗人闲来一个的消遣，却蕴含了一个很深刻的自然之理：自然界的万事万物是不以人的意识为转移的，它有自身存在的规律，不会因为人为去改变。

杨万里的理趣诗之所以成就显著，与他既是诗人又是理学家的双重身份是分不开的。理学家的观照方式及理学渊源为杨万里的诗歌创作提供坚实的哲学基础，而诗人的身份则使杨万里笔下的理由生涩枯燥变为形象生动，使理趣诗既具有丰富的内涵、含蓄隽永，又能给读者诗意的审美体验。

5. 童趣诗

所谓童趣，指的是人类童年的那种天真的自然状态。杨万里关于儿童题材的诗歌多以儿童日常生活为审美对象，以

欣赏和尊重的眼光打量、抒写儿童生活，流露出对儿童世界的留恋和向往之情，语言清新活泼，字里行间浸润着童趣美。在不把儿童看作独立的人进行关注和抒写的中国古代诗人群中，杨万里的眼光既是难得也是独到的。杨万里流传至今的童趣诗有三十首之多，数量虽然不多，但艺术价值较高，甚至有研究者认为"诚斋体的核心是童心童趣""诚斋体的伟大，在于充溢其间的童心、童趣"。童心未泯的杨万里被生活中处处散落着的童趣所触动、所感染，激发他从各种角度抓拍、抢拍人生中最接近自然、最合于自然的一个个瞬间，这是他诗歌最迷人的成分。二程曾说："天地之间，非独人为性灵，自家心便是草木鸟兽之心。"杨万里继承了他们"民胞物与"的观点，在《庸论》中详细论述了自己的理学思想，比如"爱心存乎尔，则及乎草木鸟兽；爱心亡乎尔，则至于无父无君。"这种万物相与的理学思维和儿童思维的泛灵论有某种相通之处。"儿童时期的泛灵论乃是把事物视为有生命和有意向的东西的一种倾向。"儿童不能区分有生命和无生命的现象，把整个世界都当作有生命有情感的对象来对待。"民吾同胞，物吾与也"的理学思维方式直接影响了杨万里创作的审美心态和叙述角度：把飞禽动植、山水飞云等审美对象都作为平等有意识的生灵来对待，运用拟人手法建构了一个具有生命灵性、知觉情感的自然世界——它们得意、苦恼、殷勤、行恶作剧，在诗人面前摇头晃脑，煞是热闹，它们都和诗人有着相似的性格——坦诚、乐观、顽皮、多情。由于它们被诗人赋予了性格和感情，于是它们之间，它们和诗人之间，就形成了各种饶有趣味的关系：或为朋友，或成为对手，或相互戏谑，或相互眷恋。杨万里的童趣诗与诚斋体的核心，即"活法"也有着内在的关联。"活法"是杨万里超越既定的法度而悟来的艺术传达方法，追求的是感性，是直觉，是活生生的形象，是自然天成；放逐的是理性，是载道，是陈腐的规矩，是僵死的技巧。杨万里这种观察认识事物的思维方式也颇似儿童时期重直觉、重感性的形象思维。悟得"活法"的杨万里不同于苦吟诗人总是对字词再三推敲，对形式反复锤炼，恪守漫长诗史积淀下来的诗家语，他的诗往往采自客体跃入主体时的第一印象、第一感觉，随手拈来，毫无雕饰，很少进一步挖掘对象身上深厚的文化底蕴，也极难得赋予对象以特别的象征意义。他以当时的书面语言为基础，适当吸取口语、俚语、谚语和民歌民谣。相隔千年，无须借助任何工具书，我们读他的诗，丝毫不觉得有困难，故此，后人对他褒贬不一。如《鸦》这首诗，吕晚村在《宋诗钞》中给杨万里作评传时说："后村谓放翁学力也，似杜甫；诚斋天分也，似李白。盖落尽皮毛，自出机杼。古人之谓似太白者，入今之俗目，则皆'俚谚'也。初得黄春坊选本，又得李高氏所录，为订正手抄之，见者无不大笑！呜呼，不笑、不足以为诚斋之诗！"这"笑"极有意味，褒者因爱而笑，贬者因嗤亦笑。著名学者周汝昌的评论可谓精到："在那些嗤笑者看来，作诗的必须道貌岸然、板起面孔，写出些冠冕堂皇的话言，那才是'好诗'、才是'高格'；像诚斋这样子的，就是'俚俗'，是'粗鄙'，是'恶调'，是'叫嚣'，是'魔障'。——这些词儿都是前人确实对诚斋用过的，并不是我制造的话。老子说过一句话：'下士闻道则大笑。'吕晚村所遇到的那些人，不敢说就都是'下士'；但是他们可能是戴久了'传统诗派'的有色眼镜，乍看到这种新鲜活泼、迥不犹人的诗风，确实有点不习惯，因而就哗然大笑了。"杨万里这种对创新的热情和还没有学会害怕别人嘲讽而毫无成见地看待事物的儿童很是相似。一般的人，长大后这一点常常就丧失了，而主张"大人不失其赤子之心"（《庸言》）的杨万里，不但没有失去天真新鲜的观察力和丰富奇妙的想像力，而且一直保有儿童般的对创造的浓厚兴趣，所以他能够察人所未察，感人所未感，能够创作"出古人故迹之外"（《庸言》）的诗篇来。杨万里的儿童心性、思维方式和"活法"在几首堪称童话的诗歌里得以淋漓尽致地体现。如《桂浦铺》：

　　万山不许一溪奔，拦得溪声日夜喧。到得前头山脚尽，堂堂溪水出前村。

　　山峦就像强壮有力的家长，左阻右拦不许小溪水奔出家门。"不许"二字把大山父亲一样的情怀写了出来。小溪水可不讲什么道理，反正圈在狭小的山谷里就是行不通，于是日夜不停地喧闹，作出本能的抗议。在不断地喧叫、抗议中，小溪水终于如愿以偿，奔向了更为宽阔的天地，就像一个逐渐长大的孩子，抗争着父母的束缚。

　　在把言志和载道奉为圭臬的中国古代文学史中，表达儿童天性带给人类由衷快乐和人生启示的诗歌很是少见。原因并不是这种景象很难写，而是平常诗人看不上眼，不肯拿来作诗料。再加上儿童的微不足道，以儿童题材入诗更是少见。像杨万里这样创作这么多专事儿童生活的诗，还没有哪位古代诗人可比。更为可贵的是杨万里塑造的不是循规蹈矩的道德儿童形象，而是周身都散发着蓬勃生命力的自然之子。杨万里在了解儿童的欲望和天性的前提下，发自内心地尊重他们的心灵和精神的需求，这在当时是被耻笑的，但今天看来，这种观念并未过时，足见其超时代的性质和永恒的价值。正因为杨万里有着儿童般的好奇心，他才懂得儿童的兴趣和心愿。一生都保有游戏精神是杨万里儿童心性的又一面。前面提到他写过诸多专事儿童游戏的诗歌，表达他对儿童游戏生活的向往和渴望。其实生活中他也是一个"顽童"，如《戊戌正月二日雪作》：

> 梦回纸帐怪生寒，童子传呼雪作团。已被晓风融作水，头巾不裹起来看。

诗人熟睡中，忽然觉得一阵寒冷而醒来，睡眼惺忪的诗人正想分析一下天冷的原因，猛听到孩子在外面呼叫着下雪了，诗人禁不住心中的喜悦，连忙披衣而起，连头巾都来不及裹上就跑出来看！诗里所体现出的心态和来不及裹头巾就跑出来看雪的动作分明是一个贪玩好奇的孩童，对孩子的游戏有强烈的参与欲望。

描绘徜徉在自然怀抱中的儿童，是杨万里童趣诗的重要内容。这类诗隐去了时代战争、变乱的烙印，以恬静而悠远的大自然为背景，摄取跃动其中的儿童生活片断，描绘出一幅幅活泼明朗、意趣天然的水墨画。如《宿新市徐公店》：

> 篱落疏疏一径深，枝头花落未成阴。儿童急走
> 追黄蝶，飞入菜花无处寻。

此诗先用长镜头推出人物活动的背景：在稀疏的篱笆旁边，有一条小路向远方延伸。树枝上花儿已落，绿叶尚疏。儿童欢快的嬉笑声，荡漾在枝头叶间。随着镜头的推进，嬉笑的声音也由远及近，一群孩子急急忙忙奔跑着去追那黄色的蝴蝶，上下翻飞的蝴蝶拼命地逃。路边出现了一簇簇金黄的菜花。黄色的蝴蝶，会飞的花；黄色的花，不会飞的蝴蝶。花蝶相映，不知何为蝶，何为花？如此场景非有着一颗与诗中急急奔走追捉蝴蝶的孩子一样的童心者方能捕捉。

在杨万里的笔下，最有儿童特点的是写儿童游戏的诗。在无拘无束中，儿童游戏玩耍的天性就会肆无忌惮地释放出来。如《稚子弄冰》：

> 稚子金盘脱晓冰，彩丝穿取当银铮。敲成玉磬
> 穿林响，忽作玻璃碎地声。

写孩子用彩丝把冰块穿起来当银铮，敲得乒乓作响，一不小心，冰块滑落。冰块摔碎之后的情景却被留白，给人一种跑到休止符前面的感觉。让人禁不住思索手执彩线的顽童会怎样呢：拍手雀跃？瞠目结舌？举臂欢呼？垂头丧气？全诗突出一个"稚"字。孩子就是这样的智者，稚气和乐趣

能使他忘却严冬的寒冷，寻觅到令他乐不知疲、深陷其中的游戏，保持他一如既往的活力和快乐。诗人发自内心地尊重儿童的一任天真，才能把孩子玩冰的情趣描绘得如此真切酣畅。全诗摄取瞬间快景，避开直接描写，用生动形象的"穿林"响声和贴切的比喻，用老者的眼光开掘稚子的情趣。

历代的评论者、选家往往拿着思想性的标尺来衡量作品，符合者为深邃，违背者为轻浮。杨万里反映民生疾苦的诗篇历代颇受好评，而呈现儿童本真生命状态的童趣诗，或者蒙尘于被遗忘的角落，或者被列为肤浅、空泛乃至粗俗之类，就是广为传颂的《宿新市徐公店》《闲居初夏午睡起二绝句》也被看作是对成人或闲适或慵懒的侧面描写和烘托，儿童只是点缀、道具而已，我们根深蒂固的童年观从历代对杨万里诗歌的批评中可窥一斑。

（四）诗歌艺术特色

杨万里的诗歌作品不拘一格，富有变化，既有"归千军、倒三峡、穿天心、透月窟"的雄健奔逸气势，也有"状物姿态，写人情意，则铺叙纤悉，曲尽其妙"（周必大《跋杨廷秀石人峰长篇》）的委曲细腻功力。他的"诚斋体"诗，"流转圆美"刘克庄《江西诗派小序·总序》），十分注意学习民歌的优点，大量汲取生动清新的口语入诗，往往"假辞谚语，冲口而来"（蒋鸿翔《寒塘诗话》），因而形成通俗浅近、自然活泼的语言特色。

1. 师法自然，幽默风趣

诗歌发展到宋代，由于理学的提倡与盛行，影响到文学艺术领域，使诗歌多具有议论说理的浓重色彩，在描叙中含有"理趣"，而杨诚斋的诗既不同于唐诗主情，也不同于宋诗说理。他诗师法自然，白描中透露出一种幽默感，诙谐风趣。他的这些诗，大多取材于大自然景物及日常生活，大而至于日月山水，小而至于花木虫鱼，一经他的如椽大笔勾勒，立即趣味盎然，读后使人感到一个与社会生活相应的勃勃万物世界呈现在面前。如《过上湖岭望招贤江南北山》：

> 岭下看山似伏涛，见人上岭旋争豪。一登一陟
> 一回顾，我脚高时他更高。

作者此诗写他登岭看远山，起先看时，那山如伏涛般平伏不耸高，待自己在此山每登高一段，就一回顾刚才所看的山，这时却发现，当我的脚已站得更高时，那山却又比我更高了。常登山的人都会有这般经验，岭下看远山，总觉得那山势并不高远，待自己爬上更高山时，才发现远山仍旧比自己站的地方更高远。这也就是孔子的学生所说的："仰之弥高，钻之弥坚"。这两句可用来比喻一个人学养的高深，也可用来表示学问的永无止境。全诗构思精巧，语言明畅，用了物与神游、境随心迁的妙理。在诗人的笔下，自然界的山有与人一争高低的性格。

如《下横山滩头望金华山》，写急流驶船：

> 篙师只管信船流，不作前滩水石谋。却被惊湍
> 旋三转，倒将船尾作船头。

行船在惊湍中被冲激得连旋三旋，船尾倒转来作船头，诗人绘声绘形地再现了生活中不乏见到的这种景况，令人读后于惊愕之余，感到非常活泼有风趣。

借物生发，寻事开心，涉笔成趣，逢人说笑——这便是杨诚斋诗表现出来的一种新的手法与情调，姜夔戏赞他"年年花月无闲日，处处山川怕见君"。在一字一典、硬涩干瘦的习气弥漫着的南宋诗坛，杨万里诗风的出现，无异吹来了一股清新的凉风，使人耳目一新，领受到大自然本来具有的清新活泼的美。

杨诚斋诗这种风趣特色的形成，经历了曲折的创作道路和艺术上的艰苦探索。他最初学诗从学江西诗派入手，又学陈师道五字律，又学王安石七字绝句，晚乃学绝句于唐人。作为"生好为诗"的诗人，他在实践中觉得老是跟在别人脚迹后面转，受到很大拘束，以至"学之愈力，作之愈寡"（《荆溪集序》）。他在那次下决心把千余篇诗稿付之一炬的同时，发奋自辟蹊径，要从书本的藩篱中摆脱出来，认识到应以丰富多采的生活为题材，向自然万象找诗材，才能有所作为。现实生活是诗歌以及一切文学艺术创作的源泉，前人的遗产是流而不是源，历来独树风格的有成就的诗人、作家，无不由于汲取这个源泉获得创作的生命力而各领时代风骚。杨诚斋的多年的痛苦创作经历教训了他，使他转向现实生活，师法自然，他的诗歌创作获得了生活"源泉"的保证，而有今日"涣然未觉作诗之难"的欣喜。后来他进而抒发了自己的感慨与认识："传派传宗我替羞，作家各自一风流。黄陈篱下休安脚，陶谢行前更出头"（《跋徐恭仲省干近诗》之三）。

186

　　杨诚斋以师法自然为特征的诗作，又与其它诗人师法自然的作品各有自己的特色。晋、宋之际的大诗人谢灵运，一生多游名山大川，再加以细致的体察和高度的艺术表现技巧，他的诗确能真实地写出山水景物中存在的自然美，但他又往往把艰涩的诗句和寡淡无味的玄言诗的颓伤情调夹杂之中，使诗篇显得支离不完整，未能给人以浑然一体的感觉。以山水景物诗著称的唐代王维，由于政治上的挫折和家庭生活的变化，皈依佛教，"晚年惟好静，万事不关心"，他于后期集中力量，以"意在笔先"的手法，追求和表现自然景色的静美境界，作为精神上的安慰与寄托。王、谢二人师法自然的诗作，显然与通俗晓畅、幽默风趣、寓庄于谐的杨诚斋诗各异其趣。

2. 想象奇特，别开生面

　　杨诚斋之所以风格独异，重要的一个原因是具有在人意之中又出人意外的艺术想象，而这种艺术想象又往往同拟人化手法紧密结合在一起，赋予抽象的东西以形体，使平凡的事物显得不平凡，因而至为感人。杨诚斋诗有对大自然某一景物或生活中某一事物而引起的奇特的想象。如《夜宿东渚放歌三首》：

　　　　前山欺我船兀兀，结约江妃行小谲。乘我船摇
　　忽远逃，见我船定还孤出。

　　写行舟在奔腾的江河中摇晃不定，两岸青山似乎时而隐时而现。于是诗人展开想象的翅膀，说这是青山邀约了江神

（江妃）同人恶作剧。想象何等奇特而又风趣。

尤为突出的是写饮酒尝月的诗，如《重九后二日同徐克章登万花川谷月下传觞》：

> 老夫渴急月更急，酒落杯中月先入。领取青天并入来，和月和天都蘸湿。
>
> 天既爱酒自古传，月不解饮真浪言。举杯将月一口吞，举头见月犹在天。
>
> 老夫大笑问客道：月是一团还两团？酒入诗肠风火发，月入诗肠冰雪泼。
>
> 一杯未尽诗已成，诵诗向天天亦惊。焉知万古一骸骨，酌酒更吞一团月。

这首诗作于绍熙五年（1194 年），当时诗人退休家居。陈衍《宋诗精华录》称杨万里的诗为"白话诗"，这首诗驰骋想象，文笔浅显，正是杨万里诗中的代表作。诗写的只是酒、月、天和诗人自己，回环反复。第一联承题，从饮酒起，随手拉入月亮，以"月更急"这样拟人化的比喻，把月与自己安排在对等的地位，为下文的奇思异想做准备。第二联由杯中月，连及杯中天，把人、酒、月、天出齐。第三联由酒中月、天生发议论，扩大诗境。第四联写饮酒，兼及月、天，抒发自己的豪情，同时以风趣幽默的笔调，把诗趣推到极致。以下数联，把自己与酒、月、天连带而说，由天上月、杯中月而引出月是一团还是二团的奇思，然后扯入酒意诗肠，故作达语，抒发感慨。最后以酒与月作双结，呼应起首。

诗活泼跳动，写的仅仅是月下饮酒，但诗人句句设境，思潮叠涌，横谈竖说，一笔一变，如登泰山十八盘，层层转折，步步有景，变幻无穷，这就是诚斋体所强调的"活法"的主要标志之一。诚斋体还强调新奇活泼、风趣幽默，这首诗也完全符合这一要求。诗的设想出人意表，由酒杯中的月影，诗人竟然化虚为实，说月、天都被酒所沾湿，从而又要把月、天都吞入肚中，真是匪夷所思。而"举杯将月一口吞，举头见月犹在天"一类诗句，又充满趣味与幽默感。这样的奇巧构思，加上跳脱跌宕的语言，欢快流利的音节，以及诗人超乎寻常的感受，都使这首诗达到了诚斋体的顶峰。宋周必大《省斋文稿》卷十一《跋杨廷秀饮酒对月辞》说："韩退之称柳子厚云：'玉佩琼琚，大放厥辞。'苏子瞻答王庠书云：'辞至于达而止矣。'诚斋此诗，可谓乐斯二者。"周必大总结杨万里这首诗汪洋恣肆与辞能达意相结合，精辟地说出了诗的好处。我们从本诗注释之中所引的李白《月下独酌》诗片断，可以很明白地看出，杨万里这首诗是有意模仿了李白诗的风格，又加以变化，形成了自己的体制。杨万里自己对这首诗也十分自负，宋罗大经《鹤林玉露》说："杨诚斋月下传杯诗云……余年十许岁时，侍家君竹谷老人谒诚斋，亲闻诚斋诵此诗，且曰：'老夫此作，自谓仿佛李太白。'"确实，一个人作了这么首好诗，是值得自鸣得意一番的。

3. 婉而多讽，微而益显

从现存的作品看来，杨万里没有像李白、苏轼等人的愤世嫉俗、高视阔步、旷放不羁；也没有像杜甫、白居易写出

"三吏""三别""新乐府""秦中吟"等史诗般的作品。然而诗歌作品的思想意义之有无、深浅，由于诗歌本身所具有的语言凝炼、紧缩、含蕴等特点，以及题材、表现形式的多种多样而呈现出复杂的情况。有些直抒胸臆，实写实说，主旨皎然；更多的是或借比兴而抒情，或托事物以寓意，思想内容就比较隐晦曲折。杨诚斋生活在南宋最黑暗的年代，一生历经高宗、孝宗、光宗、宁宗四朝，饱经世事与人间沧桑，这样一个耿介刚直的人，自然不为南宋朝廷所重用，他"思有补于国家"之心，他的"遇事辄发"的刚直秉性，使他面对"南与北，正分裂"的山河破碎的现实，不能不在诗歌中有所抒发。可是，处在文字狱方兴未艾的当时，宋孝宗又对他"屡怀旧恶"，这种种情况，使他觉得采用比兴之法，美刺之道，"使暴公闻之，未尝指我也，然非我其谁哉？外不敢怒，而其中愧死矣"（杨诚斋《颐庵诗稿序》）。这就使他的诗形成一种婉而多讽，微而益显的特色。如他的《雪霁晓登金山》：

　　焦山东，金山西，金山排霄南斗齐。天将三江五湖水，并作一江字杨子。
　　来从九天上，泻入九地底；遇岳岳立摧，逢石石立碎。
　　乾坤气力聚此江，一波打来谁敢当？
　　金山一何强，上流独立江中央。一尘不随海风舞，一砾不随海潮去；
　　四旁无蒂下无根，浮空跃出江心住。金宫银阙起峰头，槌鼓撞钟闻九州。

诗人踏雪来清游，天风吹侬上琼楼，不为浮生饮玉舟。

大江端的替人羞！金山端的替人愁！

此诗作于宋孝宗淳熙十六年（1189 年）冬。杨万里在淮河接到金使以后，在返回临安途中，经镇江。杨万里作为接伴使，按惯例应陪同金国使臣登金山，在山顶吞海亭烹茶。诗人在从临安赴淮河的途中曾经过镇江，远望金山，语含激愤地写下"要试煎茶第一功！"（参见《过扬子江二首》）如今真的登上金山，把无限感慨倾注在这首歌行中。焦山在扬子江东，金山在扬子江西与之对峙，金山挺立江中，直冲霄汉，仿佛与天上的南斗星比高。焦山、金山，在今江苏省镇江市。金山在镇江西北七里，焦山在镇江东北长江中，与金山对峙。扬子江水汹涌澎湃，气势非凡，好像是上天把三江五湖的水都汇入了扬子江中，使其有不可阻拦之势。滔滔江水从九天之上奔腾而来，一泻千里，流向那深不可测的九地之下。从九天到九地，如此落差产生的冲击力，能立刻把阻挡江流的高山摧毁，把江中的巨石击得粉碎。这两句夸张地写出扬子江震慑人心的气势。天地间的力量都汇聚到了这扬子江中，已然能够摧山岳，碎巨石，还有什么敢面对扬子江上骇人的巨浪呢？诗人到这里把扬子江的无坚不摧写到了极处，为下文写金山作好了铺垫。着力描绘的波涛滚滚气势非凡的扬子江成了傲然挺立的金山的最好的背景。且不说那扬子江上的江流波涛险恶，扬子江口还有呼啸的海风、澎湃的海潮，而金山仿佛是铁铸的一般，丝毫不被海风海浪所侵蚀。金山壮丽奇绝，而金山寺更建在金山之上，远远望去，仿佛是天上的金宫银阙，更兼槌鼓撞钟之声从上面传来，悠远洪亮，仿佛能传遍九州。诗人踏着白雪到金山上游赏，天风也助兴，把我吹上山顶的琼楼，到了琼楼上可不是要为浮玉山的景色而饮酒。这两句字面意思看似非常愉悦，但诗人真正的感情却正好相反：杨万里此时是以"接伴使"而不是作为"诗人"的身份登上金山的，登金山也不是"清游"，而是"惯例"，"不为浮玉饮玉舟"这句说得更明白，登山的目的当然不是赏景饮酒，而是为金国使臣"烹茶"！"大江端的替人羞！金山端的替人愁"——南宋初期金兵曾经南侵，韩世忠、虞允文等大将曾大败金兀术于金山之下，而如今却要低声下气地请敌寇到金山品茶，真是让大江替人羞，金山替人愁！这两句看似与全诗不协调，其实却是诗人压抑的情感在最后的爆发，也是全诗的点睛之笔。诗人是在陪同金使游览金山，并且烹茶献"客"，这对杨万里来说简直是奇耻大辱。这两句仿佛石破天惊之语，其实是对登金山的真正缘由——烹茶献敌虏——的感慨，江山之壮丽恰与朝廷之卑琐相对照，只能让江山蒙羞。全诗构思奇特，写景固然奇丽，最终讽刺更发人深省，终篇点出"羞"、"愁"二字，却不多说，原因之一是杨万里接伴使的身份，使他不能直接吐露胸中的怨怒；另一方面，如此戛然而止反倒让诗更有余味。

4. 通俗浅近，语言朴实

杨诚斋家世清寒，祖辈无人为官入仕，他以自己的勤奋中了进士步入仕途后，始终保持俭朴的家风，徐灵晖写诗说他"清得门如水，贫唯带有金"（《鹤林玉露》卷十四）。他谆谆教导子女，莫爱高官厚禄，不要钻营取巧。他晚年居家十五年不出，长期住在乡村故里，更有机会关心和了解人民的生活。因此他写出了很多塑造人民种种可爱形象和表现人民生活的小诗。这些诗十分注意从人民群众中吸取营养，充实自己的诗篇，通俗浅近，感情真挚，语言朴素。他吸取民间艺术的优点，采用民歌的形式，藉以反映人民生活，写了一些歌谣体的诗，如《竹枝歌》：

> 吴依小队好儿郎，只要船行不要忙。着力大家齐一拽，前头管取到丹阳。
>
> 月子弯弯照几州，几宇欢乐几家愁。愁杀人来关月事，得休休处且休休。

这一组诗前面有序，说他自己"晚发丹阳馆下，五更至丹阳县。舟人及纤夫终夕有声，盖讴吟啸谑以相其劳者。其辞亦略可辩，有云：'张哥哥、李哥哥，大家着力齐一拖。又云。一休休，二休休，月子弯弯照几州。'其声凄婉，一唱众和。因檃括之为竹枝歌云。"由此可见，诗人檃括船夫纤夫的歌词成诗，出于对他们辛勤劳动的同情，并有意识地向民歌学习。他还写了《插秧歌》《圩丁词》等歌诗，这使他的诗风带有平易质朴的民间色彩，使人毫不觉得奇怪。同时，他还适当采用人民群众的口语、俗语、俗谚入诗，充满了浓厚的生活气息。他不用或少用古人陈言滥词入诗，不以搜猎奇书、穿凿异闻而取胜；他踏踏实实地写，明明白白地说，在以当时书面语言为基础的同时，为了表达内容的需要，适当采用群众习惯用语，雅俗并陈于一体，充满了乡土风味和生活气息，使人觉得亲切有味，构成他的"诚斋体"诗风的有机组成部分，不是那些把方言土语作为点缀的好新猎奇的文人所能企及。如《悯农》：

> 稻云不雨不多黄，荞麦空花早着霜。已分忍饥度残岁，更堪岁里闰添长。

再如《农家叹》：

> 两月春霖三日晴，冬寒初暖稍秧青。春工只要花迟着，愁损农家管得星。

这两首诗毫不涂饰，纯用白描，反映了冬春之际的农事和农民的愁恼，景况逼真，令人读来恍若置身田家，和他们共话耕稼一般。这样的生活内容和这样的浅言俗语达到了和谐的统一。

总观杨诚斋诗，其艺术成就无疑应当肯定。他的成绩主要在于：在江西诗派仍有很大影响的南宋诗坛，摆脱了"无一字无来处"、奇险拗涩的习气，从现实生活中吸取诗歌创作的源泉，领略自然万象的美妙并还它以生动活泼的面貌，创立清新流活的"诚斋体"，为诗歌创作开辟了一条新的道路。

三、杨万里的文

　　作为"中兴四大诗人"之一的杨万里，同时也是一位颇有成就的散文与骈文作家，大概由于杨万里的诗歌多以山水田园风光为题材的缘故，所以文学史中一般都把他作为山水田园诗人来评介，诗掩文名，使历来的评论者对他文这方面的成就注意较少，并多以为杨万里不大重视文学的社会作用。然而事实恰恰相反。杨万里是位正统的儒者，是南宋理学方面的代表性人物之一。在文论主张上，他几乎全盘接受了传统儒家的理论，十分强调文学的社会功用，强调作家个人的道德修养对文章的影响。在《默堂先生文集序》中，他评陈渊的文章说："其辞质而达，其意坦而远，其气畅而幽。至于立朝廷，当言责，正君心，排权臣，蹇蹇不折也，是岂今之所谓文哉！盖道学之充乎其中而溢乎其外，形乎其躬而声乎其言者欤！"在《澹庵先生文集序》中，他评胡铨的文章说："先生之言曰：'道六经而文未必六经者，有之矣；道不六经而文必六经者，无之。'先生之文，其所自出，盖渊矣乎，而万里何足以知之！"这里有两点特别值得注意：其一是儒学修养与文章的密切关系，杨万里的这些认识，与儒家所谓"有德者必有言"，与唐宋古文家所谓"道胜者其文不难自致"，是完全吻合的；其二是将"道"与"文"的关系落到实处，以切于事功为原则，陈渊的立朝不阿，胡铨的作《戊午上高宗封事》，便都是这样的例子。这种认识，在杨万里的创作中体现得十分明显。他拒绝为韩侂胄作《南园记》和《阅古泉记》，而对于张浚、虞允文、胡铨等正直不阿的爱国大臣，为他们作传、作序、作文集序、作墓志铭，从不拒绝，便反映出他对"文道"关系的认识，反映出他对作家人品与文品关系的认识。

杨万里的文，不仅数量众多，体裁齐全，而且文学成就也很突出。《诚斋集》三十二卷作品中，一半多是散文与骈文。以体裁而论，举凡赋、表、疏、状、启、笺、书、序、记、传、碑、铭、赞、祭文、尺牍等，集中无不具备。在艺术上，杨万里的散文较集中地体现着唐宋古文的传统，是唐宋古文革新道路的延伸，而其骈文，则显示出一种流动潇洒的风格，是北宋四六文中以苏轼为代表的一派的延续。

（一）散文的创作

杨万里的散文，具有相当丰厚的社会政治内容。如前文提及的，最能体现杨万里文道合一、切于世用主张的是他在乾道年间服父丧赋闲在家时潜心所作《千虑策》，包含《君道》三策、《国势》三策、《治原》三策、《人才》三策、《论相》二策、《论将》二策、《论兵》二策、《驭吏》三策、

《选法》二策、《刑法》二策、《冗官》二策、《民政》三策，专论国家长治久安、恢复中原的大计。同时期所作《程试论》以及诸多的表、启、疏、奏，也大都具有极为强烈的针对性，其中或者力陈收复大计，或者批评政治积弊，或者反映民生疾苦，措辞尖锐，不避权贵，英风义气，凛凛飞动。其中，《程试论》同为杨万里服父丧赋闲在家时所作，包括《汉文帝有圣贤之风论》《大人格君心之非论》《魏郑公劝行仁义论》《陆贽不负所学论》《宋璟刚正过姚崇论》《李晟以忠义感人论》《儒者已试之效如何论》《文帝曷不用颇牧论》《文景务在养民论》《太宗励精思治论》十篇，如其首篇《汉文帝有圣贤之风论》：

　　论曰：有德之主，非以功能胜，而以风味胜。三代既往，圣贤之君亦与三代而俱往。与三代异其世，而不与三代异其德，汉文其庶几乎？世主以功业闻，而帝之功业无一之可称。世主以才智显，而帝之才智无一之可见。君子乃以圣贤许之者，以其风味而得之也。风味隐而功能兴，则无以见孝文矣。

　　魏文帝曰："汉文帝有圣贤之风。"有才之主与有德之主，二者同日而论之，未可也。论有德之主，当如玉人之论玉，圣人之论学。市之庸工屑石而炼之，毁瓦而药之，既成而谓之玉也，视之良玉也，其光荧然，其声泠然，玉则玉矣。至于玉人之所藏，初无如是之声光也。然辉不足而润有余，无暂美而有远器。不惟玉也，惟学亦然。圣门诸子，俊辩如赐，人以为仲尼不及也。英气如由，人以为诸子不及也。然是二子者，圣人皆不与之。盖辩之俊也，气之英也，非所施于圣人之门也。故圣人之所与，不在于二子之英与俊，乃在于颜之如愚，曾之咏而归耳。不惟学也，惟君亦然。是故论玉者不以辉彩，而以器质。论学者不以术业，而以气象。论君德者不以功能，而以风味。

文帝之为文帝也，强不如秦，武不如世宗，功不如唐文皇。不如则信不如矣，不争似弱，有容似懦，遇俭似褊。似则信乎其似矣，而帝之所以圣，所以贤者，何也？盖尝闻之：快其忿以残天下之生，先王不忍也，帝独得辞其弱哉？矜其察以究天下之欺，先王不乐也，帝独得辞其懦哉？厚其奉以虚天下之藏，先王不屑也，帝独得辞其褊哉？以帝之用心求帝之风味，温乎其有有所不可激也，旷乎其有所不可隔也，淡乎其有所不可诱也，帝之不如后世之君固也，而其风味，则三代圣贤中人也。不如后世之君，而有三代圣贤之风味，帝亦足矣，帝何求哉？

或谓，肉刑之除，其文帝瑜中之瑕也软？嗟乎，是亦见其末而莫原其初者也，随其声而莫睹其形者也。肉刑何从而作乎？其作于圣人之不得已乎？洪荒之世，人与禽之未别，则夫所谓人者，其能如今之世，礼可以绳而法可以纠哉？其必有所大乱而不可止者也。由是肉刑生焉。圣人非欲作也，欲不作

而不得也。非欲存也，欲除之而未可也。汉文之世，
其民醇且厚矣，可以除之矣，而弗除也，则帝亦不
仁矣。夫尧、舜复生，必除之矣。文帝除之而有过，
则尧、舜除之亦有过乎？谨论。

程试论，指在科举考试当中，考生当按一定程序应对。
《宋史》卷一〇九选举二："建炎二年，定诗赋、经义取士，
第一场诗赋各一首，习经义者本经义三道，语孟义各一道。
第二场并论一道。第三场并策三道。殿试策如之。据知南渡
以后设科取士，乡试省试第二场并须作论，其论以子史书为
题。杨万里在这十论创作的当时，已经完成科举考试并进士
及第，甚至已经在底层官场有所经历，所以这十论既不是考
场中所作，也不是为赴考场的演练功课，而是以应试演练之
文体，抒写胸中之议。这种由应试习作衍生出来一种文体，
是重文抑武、全民科举的宋代的一大特色。杨万里这十篇
《程试论》皆以历史问题为内容作课稿，由汉文帝、唐太宗
等历代贤君治国方略引出对所处政局的思考，指出须修仁政，
重人材，收民心，国家才有希望。层层深入，说理透辟，较
之前代的贾谊、陆贽、韩、柳、欧、苏，及南宋的李纲、胡
铨、辛弃疾、陈亮的政论，也是丝毫不逊色的。其《浯溪
赋》以读元结浯溪刻碑《中兴颂》为引子，严厉地批评了唐
玄宗的荒淫误国，批评的虽然是唐玄宗、肃宗时的政治，而
实际上是影射宋徽宗和宋高宗。至如他的许多上书，如《旱
应诏上疏》《上寿皇论天变地震书》《上陈应求左相书》《轮
对札子》等，都是极言时事，指斥弊政，批评妥协投降政策，

力主国家自强的文章。如《上寿皇论天变地震书》：

> 五月二十四日，朝奉郎、尚书吏部员外郎臣杨万里，谨斋沐裁书，昧死百拜，献于皇帝陛下。
>
> 臣闻：言有事于无事之时，不害其为忠也，言无事于有事之时，其为奸也大矣。昔者贾谊陈治安之策，有"厝火积薪"之喻，此文帝最盛时也。苏洵献审敌之策，有"弊船深渊"之喻，此仁宗最盛时也。西汉之文帝，本朝之仁宗，何君也？后世尧舜之君也。以后世尧舜之君，而二子有积薪弊船之喻，何也？臣故曰："言有事于无事之时，不害其为忠也。"
>
> 今则不然，南北和好愈二十年。一旦绝使，虏情不测。而或者曰："彼有五单于争立之祸。"又曰："彼有匈奴困于东胡，元魏扰于柔然之祸。"既而皆不验。或者曰："彼将畏我。"或者曰："彼不敢图我。"使果畏我而不敢图我乎？道涂相传，缮汴京之城池，开海州之漕渠，又于河南北签民兵，增驿骑，制马杝，籍井泉。又收彼之海舟，入彼之内地，葺而新之。其意甚秘，其禁甚严，而吾之间谍不得以入，此何为者耶？今夫千金之家有巨盗焉，日夜摩厉以图行劫而夺之货，为千金之子者，方且外户不闭，般乐饮酒，处之以坦然。夫有其备而处之以坦然，可也，无其备而处之以坦然，可乎？而说者以为畏我且不敢图我也。臣所谓言有事于无事

之时者，一也。

或以为老胡北归，可以为中国之贺。臣以为中国之忧，正在此也。何也？昔者逆亮之南侵也，空国而尽锐于一举。不知夫此胡，乘其虚而夺之国。今此胡之北归，盖创于逆亮之空国而南侵也。是胡将欲南之，必固北之。北之者何？或者以身填抚其巢，而以其雏与婿经营其南也。而说者以为可以为中国贺。臣所谓言有事于无事之时者，二也。

臣窃闻论者，或谓缓急淮不可守，则弃淮而守江。是不然，有淮所以有江也。淮苟无矣，安得而有江哉？吾果弃淮乎？虏以兵居之，居之而不去，近则通、泰之盐利为彼所据，将无以给吾之财用，远则吴、蜀之形势为彼所裂，将无以通吾之脉络。盖昔者吴与魏力争而得合肥，然后吴始安。李煜失滁、扬二州，自此南唐始蹙。今日弃淮而保江，既无淮矣，江可得而保乎？臣所谓言有事于无事之时者，三也。

……

臣闻古者人君，人不能悟之，则天地能悟之。今也国家之事，虏情不测如此，而君臣上下处之如太平无事之时，是人不能悟之矣。故上天见异，相传异时。荧惑犯南斗，迩日镇星犯端门，荧惑守羽林。臣书生不晓天文，未敢以为必然也。至于王春正月，日青无光，若有两日相摩者，兹不曰大异乎？然天犹恐陛下之不信也，至于春日载阳，和气播物，复有雨雪杀物者，兹不曰大异乎？然天犹恐陛下又不信也，乃五月庚寅，又有戌夜地震者，兹又不曰大异乎？且夫天变在远，臣子不敢奏也，不信可也。地震在外，州郡不敢闻也，不信可也。今也天变频仍，地震辈彀，陛下岂得不信乎？信之矣，岂得不惧乎？臣闻康衡云："阴变则静者动，阳蔽则明者晻。"曷谓阳？曰君也，德也，中国也，君子也。曷谓阴？曰臣也，兵刑也，夷狄也，女谒近习也。今也日而无光，春而雪寒，地而动摇，其为阴之咎证也昭昭矣。

......

臣愿陛下，超然远览，昭然远窹。勿矜圣德之崇高而增其所未能，勿恃中国之生聚而严其所未备，勿以天地之变异为适然而法宣王之惧灾，勿以臣下之苦言为逆耳而体太宗之导谏，勿以女谒、近习之害政为细故而监汉、唐季世致乱之由，勿以夷狄仇雠之包藏为无他而惩宣、政晚年受祸之酷，责大臣以通知边事军务如富弼之请，勿以东西二府而异其心，委大臣以荐进谋臣良将如萧何所奇，勿以文武两涂而殊其辙，勿使赂宦官而得旄节，如唐大历之弊，勿使货近倖而得招讨如梁段凝之败以重蜀之心，而重荆、襄使东西形势之相接，以保江之心而保两淮，使表里唇齿之相依，勿以海道为无虞，勿以大江为可恃，增屯聚粮，治舰扼险，君臣之所咨访，朝夕之所讲求，姑置不急之务，精专备敌之策，平

居无事，常若敌至，庶几上可消于天变，下不堕于

戎心。

……

臣万里昧死百拜。

《宋史》卷三五《孝宗纪》三：淳熙十二年（1185 年）五月庚寅，地震。辛卯，福州地震。宋孝宗自乾道间，一方面备战以求对金用兵，而另一方则力图通过遣使乞求河南陵寝地，改变隆兴间商定之相互礼节之不平等之事，然而外交努力终归失败，其所任用之主战派宰相如魏杞、蒋芾、虞允文等虽拔擢于下僚，然而率皆不堪任重。故自淳熙改元以来，孝宗恢复之意阑珊，雄心不再，而自其登位以来不断疏远大臣，专门宠信近习宦官之恶习则愈益肆张。淳熙八年（1181年）王淮任宰相以后，与周必大共任宰相二年，此二人均以"守法度，行故事，大纲小纪，持守无失"为执政原则，国事之不振自在事理之中。杨万里此时则痛感时局不容乐观，故藉地震之机针砭时弊，而作此书。文章前面花了大半篇幅阐述"言有事于无事之时"，一共论述了十件事，甚至不惜以亡国皇帝李煜为喻，可谓胆气过人。接着再劝告孝宗，一共用了十二个带"勿"字的句子，向孝宗阐明该做和不要做的事情，言辞犀利。文章至此似乎应该论述得很清楚了，可是作者又笔势一掀，说："虽然，天下之事有本根，有枝叶，如臣前之所陈者，皆枝叶而已。"前面所阐述的那么多事情还只是枝叶问题，不是根本的问题。根本的问题是孝宗皇帝不可以"自用"，"人主不可以自用，而人臣之不忠者幸于人主

之自用"。这些作品，见解深刻，说理透彻，文笔畅达，字里行间奔涌着令人感奋的爱国激情。靖康南渡之后，随着偏安局面的大致形成，文人们所经历的那种颠沛播乱的生活也基本结束。他们中的一批有志恢复之士，得以在一种相对来说较为安定的环境里，冷静客观地审度敌我双方的形势，殚精竭虑地谋划完善长远的复国大计，陈亮的《中兴五论》，辛弃疾的《美芹十论》《九议》，杨万里的《千虑策》，便是这一背景下的产物。和辛弃疾的策论相似，具有深刻的现实意义。

杨万里的散文，多是刻意于鸿篇巨制的写作。这又大体上分为两类。一是政论和策论文字，二是碑志与传记作品。杨万里的政论和策论短则三、四千字，长则上万言。文章纵横捭阖，引古证今，反复辩驳，逻辑严密。既有不容人不折服的论辩气势，又有很强的文学性。其《心学论》中的《圣徒论》及《千虑策》多是长篇论文，基本上都将一篇分作数篇。或以上、中、下三篇为一大篇，或以上、下两篇为一大篇。从形式上讲，这种方式取法于秦汉子书，但逻辑更为严密，长篇政论以其篇幅长，易于散缓，作者便必须精心安排结构。杨万里的论辩散文在这方面有几个非常突出的特点：其一是将要论述的主要观点围绕同一中心逐一条列，逐一论述，又在论述中时时作一小收束，如上所引《上寿皇论天变地震书》，文章开篇便指出"臣闻言有事于无事之时，不害其为忠也；言无事于有事之时，其为奸也大矣"。然后条列十个问题，逐一论述，又在每一节论述之后以"臣所谓言有事于无事之时者一也""二也"等句式收束。这正是唐宋古文中常用的所谓"逐层展开，逐层收束，时时振起，处处留意"的笔法，这种方式使文章首尾贯一，浑然一体，结构不但不至于散缓，还易于形成一种排山倒海的论辩气势，增强文章的说服力。其二是多用对比论证的方法。如《得临漳陛辞第一札子》中的一段议论：臣闻将欲闭不善之门，必先开为善之路。示以所畏者，所以闭不善之门也；表以所慕者，所以开为善之路也。今夫某贪吏，某贪吏上之人从而刑之，则贪者将惧而曰："贪不可为。"此所以闭不善之门也。今夫某廉吏，某廉史上之人从而举之，则廉者将劝而曰："廉不可不为。"此所以开为善之路也。为善之路一开，不惟廉吏有所劝，贪吏亦知所慕矣。廉吏知所劝，则廉者众；贪吏知所慕，则贪者革而为廉。风俗一变，贪污自戢。杨万里散文中，非常喜欢用这样一种论辩的方式，在对比中将是非臧否表现得淋漓尽致。其三是以丰富的学养来充实文章，使语言显得极为精确。杨万里的诗歌曾受到过江西诗派诗风很大影响。江西诗派资书以为诗，"无一字无来处"的理论主张，同样影响及于他的散文。如《子思论》中说："非洙泗之学也，曲学也。"大概是因为宋以后刻本递传中的原因，"曲"字不清，所以四库馆臣在四库本和《四库荟要》本中，改作"异学"。证于吉水塘杨氏家刻本当以"曲学"为是。"曲学"即拘于一隅、拘执不通之学，出自《商君书·更法》："曲学多辩。"显然，杨万里用得极为精确。杨万里是位学养极为丰厚的诗人，而这种丰厚的学养一贯穿于他的散文，就不只是用字极为精确，而且文章还别有一种厚重感。

这种刻意制作鸿篇钜制的追求，在杨万里的碑志、墓表、行状和传记中，同样很突出。不过，其所记叙的对象，通常只限于他极为推重和尊敬的台阁大臣。如写张浚的《张魏公传》近一万字，记虞允文的《忠肃虞公神道碑》和记叶颙的《宋故尚书左仆射赠少保叶公行状》则均七千余字，记余端礼的《郇国余公墓志铭》六千七百余字，记陈俊卿的《丞相太保魏国正献陈公墓志铭》和记王淮的《宋故少师大观大丞相鲁国王公神道碑》则各六千余字。而稍短一些的如记胡铨的《通议大夫胡公行状》也有五千余字。如果我们与此前的史传及唐宋八大家的这类文章相比，便不难发现，这些文章的规模在此前作家的文集中是很罕见的。杨万里之所以要将上述诸人的行状、传记、碑志写成鸿篇巨制，其原因，就是要以精细的叙述、典重的文笔，来极力地表现人物的风采，以鸿文大册的气势来突出传主或墓主的历史地位与功业，表达自己对这些名公巨卿的崇敬。而这些鸿文大册读来又所以不觉冗长，其中一个非常重要的原因，是其叙事极富艺术感染力。杨万里不是史家，但深得史家叙事的长处。这在记叙一些重大历史事件时，显得尤为突出，如《张魏公传》《郇国余公墓志铭》都是极成功的例子。而最为精彩的，还是《忠肃虞公神道碑》中对采石牛渚之役的描述：

> 乙亥，公行。是日逆亮已次采石，刑白黑马祭天，期以诘朝渡江。丙子，公未至采石十五里所，已闻江北鼓声震天。公见官军十十五五坐道旁，盖王权败军也。公念权已去，显忠未来，若坐待显忠，国事去矣。呼而问之曰："逆亮在江北，汝军何乃在

此?"从者皆劝公还建康曰:"事势至此,皆他人坏之。且督府直委公犒师耳,非委督战也。彼自有将帅,公奈何代人任责以速辜?"公曰:"吾位从臣,使虏济江则国危,吾亦安避?今日之事,有进无退,不敌则死之,等死耳。退而死,不若进而死,死吾节也。"

策马至采石,趋水滨,望见江北虏兵连营三十余里,不见其后,号七十万,马倍之。而王权溃兵只一万八千人,马数百而已,诸将已为遁计。公召其将时俊、张振、戴皋、盛新、王琪劳问之曰:"虏万一过江,汝辈走亦何之?今前控大江,地利在我,孰若死中求生乎?且朝廷养汝辈三十年,乃不得一战报国乎?"众皆曰:"岂不欲战,谁主张者?"公觉其可以义动,因谓曰:"汝辈止坐王权之谬至此,今朝廷已别选将此军矣。"众愕,立曰:"谁也?"曰:"李显忠。"众皆曰:"得人矣。"公曰:"今显忠未至,而虏以来日过江,我当身先进死,与诸公戮力决一战,何如?且天子出内帑金帛九百万,给节度、承宣、观察使告身,今皆在此,有功即发帑赏之,书告授之。若有遁者,我亦归报某用命某不用命。"众皆曰:"如此则我辈效命有所付矣,请为舍人一战!"

公即与时俊等谋,整步骑为阵,分戈船为五:其二上下东西两涯为游军,其一载精兵于中流以待战,其二伏内港以备不测。号令甫毕,公复上马至水滨，见北岸有一高台，其上立大朱绣旗，左右各二环立侍者。中张一大黄盖，有一人被黄金镗，据胡床坐其下者，逆亮也。忽虏众大呼，声动天地。亮亲秉一小朱旗，麾舟数百艘，绝江而来，一瞬间七十余舟已达南岸。其登岸者与官军战，我师小却。公乘马往来阵间，顾见时俊，抚其背曰："汝胆略闻四方，今作气否？若立阵后，则儿女子耳。"俊回顾曰："舍人在此耶？"即手挥双长刀，出阵奋击。士皆殊死战，无不一当百，俘斩略尽。其中流者船小而卒众，又自争舟，兵刃隔塞，运棹不俊。而我之蒙冲往来如飞，横突乱刺。虏舟被溺死者数万，顷者江水为丹。虏引余舟遁去。公命强弓劲弩追射之，虏兵多伤。至夜师还，数尸四千有七百，杀万户二人，生得千户五人，女真五百人。

是夕，公具捷奏以闻。椎牛酿酒，大飨将士。公谓虏明日必复来，乃与诸将再往水滨，整备步骑戈船，出海鳅船五之二，以其半直北岸上流杨林河口，以邀虏舟之所自出。

丁丑，虏众如墙而进，我师射之，应弦而倒死者万计。舟来未已，海鳅逆击，虏舟大败。顾见我师扼其归路，即纵火自焚。我师举火尽焚其余二百艘。逆亮遁去，入扬州，留遣一骑，遗书招王权，其辞若与权有宿约者。公观其书，权之将佐变色。公虑生变，即顾诸将曰："此反间也，欲以携我众耳。"诸将拜曰："赖公之明，当效死以报。"

虞允文以一介文臣临危受命，自担重任，冒死督师江上，收拾溃兵，激励将士，指挥部队与金兵决战，终使国家转危为安。文章将这一过程写得扣人心弦，起伏跌宕，读来令人回肠荡气。其笔力决不下于《史记》之《项羽本纪》《高祖本纪》中写鸿沟对垒和垓下之战，以及《资治通鉴》之写赤壁之战。这些都显示出杨万里叙事散文的艺术功力。

杨万里散文中文学色彩最浓的，还是他的一些序跋、书札、尺牍、杂传记，及为亲朋所作的碑铭，这些作品，追忆往事，缅怀亲旧，或者抒发思念之情，阐发文学见解，感情真挚，文辞简洁，较之那些刻意制作的大册鸿文，文字更为洒脱自然，显示出完全不同的风貌。如《答张季长少卿书》，文章开篇先叙昔日之交往："自乾道之季年，执事初来，落笔中书，一日声名震于京师，一何伟然也！迨及绍熙之初载，执事再至，握兰省户，二老相对，鬓发苍浪，又何颓然也！居亡几何，仆使江东，公归岷岭，两舟邂逅，一揖而别，一何黯然也！居亡几何，仆归林下，公牧汉中，一书远来，访问生死，又何凳然也！楚星蜀月，万里相望，自此远矣。"文辞流丽，一往情深。然后写新接来信的种种喜悦，既有称颂，又近乎戏谑，这正是文章洒脱自然的表现。这种笔墨，读来令人觉得尤为亲切而新颖。

这种近乎戏谑的文字，更见之于他的杂传中。如杨万里的作品《豆卢子柔传》：

> 豆卢子柔者，名鮴，子柔其字也。世居外黄。祖仲叔，秦末大旱兵起，仲叔从楚怀王为治粟都尉。

楚师不饥,仲叔之功。父劫,自少已俎豆于汉廷诸公间。武帝时,西域浮图达摩者来,鲋闻之,往师事焉。达摩曰:"子能澡神虑、脱肤学,以从我乎"鲋退而三沐易衣,刮露牙角,剖析诚心,而后再见达摩。达摩欲试其所蕴之新,故于是与之周旋议论,千变万转,而鲋纯素自将,窒之不滞,承之有统,凝而谨焉,粹然玉如也。达摩大悦,曰:"吾师所谓醍醐酥酪,子近之矣。"因荐之上,曰:"臣窃见外黄布衣豆卢鲋,洁白粹美,淡然于世味,有古太羹玄酒之风,惟陛下盍尝试之?《诗》不云乎,不素食兮,鲋有焉。"时上方急边功,曰:"焉用腐儒?"元鼎中,鲋上书,请以白衣从煮枣侯、博望侯出塞。上戏鲋曰:"卿从煮耶?将博耶?"鲋曰:"臣虽不足以充近侍执事,然熟游于煮、博二子间未尝焚煎阿匼,愿得出入将部,片言条白,未必语言无味也。"上曰:"前言戏之耳。然卿白面书生,诸将岂肯置卿齿牙间哉?"遂拜太官令。时上笃信祠祀,诏鲋与名儒公羊高、鱼豢同主宝鸡之祠。鲋雅不喜羊、鱼二子,曰:"二子肉食者鄙,殆将汙我。"不得已同盘而食,深耻之。顷之,祠甘泉斋。居竹宫,屏荤酒,独召鲋。鲋奏曰:"臣粗才,不足以辱金口之嘉纳,臣友人汝南牛氏子縠柔而美,愿举以自代。"上曰:"牛氏子美则美矣,而其言孔甘,朕不嗜也。"是夕,鲋有所献,上纳之,意甚开爽。夜半,上思鲋所献,觉肝脾间严冷,召鲋问曰:"卿所言尝多与姜子牙辈熟议耶?"鲋曰:"臣适呼子牙未至。"
上曰:"卿几误朕腹心"乃罢鲋。召鲋子二人,夜
拜其长为温卫侯,次为平卫侯,自是绝不召鲋。鲋
深自悲酸,发于词气,而公羊高等得志。恶鲋异己,
因谮于上曰:"豆卢鲋,所谓人焉廋哉者也。"鲋遂
抱瓮隐于滁山,莫知其所终。

　　太史公曰:"豆卢氏,在汉末显也,至后魏始有
闻。而唐之名士有曰钦望者,岂其苗裔耶?鲋以白
衣遭遇武皇帝,亦奇矣,然因浮图以进,君子不
齿也。"

　　其文用拟人的手法把豆卢子的存在比作"豆腐身世",
色洁白粹美,味有古大羹玄酒之风,曾隐于滁山,以汉末出
现,至后魏始有所闻,构思有趣。更将豆腐与鲜卑的豆卢氏
联想一处,谈人与谈豆腐明暗并行,想象瑰奇,横生趣味。

　　杨万里是一位极富情感的作家,《诚斋集》中赠序、文
集序、杂传记和碑铭等作品数量较多。如《彭遵道墓志铭》
《王同父墓志铭》《李商霖墓志铭》等,文章多先叙墓主出殡
时门生弟子相送之感人场景,再以与人对话的形式揭出墓主
姓字及相送者身份;然后以"先生隐者欤""然则先生仕者
欤"两个设问,仍以对话形式,叙述墓主事迹;最后再写其
子来求铭辞诸过程。杨万里的序和杂记作品所显示的,则全
然是唐宋古文的面目,反映出杨万里深得唐宋古文大家的写
作真谛。赠序是唐宋古文大家常写的文体,而其中最常见的
又是夹叙夹议或先叙后议的写法。杨万里所作赠序不太多,

但都以议论为主，如《送蒋安行序》《送侯子云序》《送郭才举序》。其中，《送郭才举序》：

> 人之聪明，有不用无不达也。不用而不达，咎在不用。用而不达，咎在不精。用而精，精而达，物何坚而不攻？理何幽而不穷哉？今夫日星行于天，漏刻制于人。制者有限而行者无穷也，而精于数者，乃能以吾有限之器，而推夫无穷之行。然则天亦不能逃于人乎哉？
>
> 吾友人郭克明之子才举，书生也。以卖文授徒为生产作业，今乃得耿中丞、张平子之学，制一器于此，而尽天行于彼，使夫二曜五纬二十八经，昆仑磅礴于三十万里之间，其行也止也，常也变也，皆不遁吾盈尺之器，是何从而来哉？曰古人之法也。然古人之法常存，而古人之意不传，何也？岂非吾之聪明有用有不用，有精有不精故耶？才举所谓用其聪明而精者也。然则以吾之聪明而用焉，而精焉，于以求尧、舜、禹、汤、文、武、周公、孔子之学，而曰有不达者，可乎？然彼之学宜难而易，此之学宜易而难，何也？予于是乎有感。
>
> 庆元丁巳二月既望，诚斋野客杨万里序。

不到四百字的序文简洁而不拖沓，赞颂诚恳而无过誉，所谓"吾友人郭克明"及其"子才举"，并非高官显贵，只是以卖文授徒为生的书生，生平早已湮没在历史长河中，却被杨万里以友人相称，欣赏其为人，并指出只要发挥主体的潜能，就完全可以达到对事物对天地的认识的道理，反映了杨万里对人的主观能动性的思考。

杨万里此类文章或先叙后议，或先议后叙，前后关联，相得益彰，文笔清丽，议论恣肆，与前代大家的这类文章十分相像。作为当时有影响的作家，杨万里写过许多文集序。这些作品在风格上大致分为两大类：一是为前人或他人的学术著作作序，如《易外传后序》《习斋论语讲义序》。其中，《习斋论语讲义序》：

> 读书必知味外之味，不知味外之味，而曰我能读书者，否也。《国风》之诗曰："谁谓荼苦，其甘如荠。"吾取以为读书之法焉。夫食天下之至苦，而得天下之至甘。其食者同乎人，其得者不同乎人矣。同乎人者味也，不同乎人者非味也。不然，稻粱吾犹以为淡也，而欲求荠于荼乎哉？《论语》之书，非吾道之稻粱而羹也？天下可无稻粱，则是书可无矣。虽然匹夫匹妇，一日而无稻粱，死不死也。死也，一匹夫匹妇而已矣，况未必死乎？然则稻粱者，无之不可也。一日而无之，亦可也。至于是书，一日而无之，则天下其无人类矣。非无人类也，有人类而无人心也。有人类而无人心，其死者一匹夫匹妇而已乎？然则《论语》之书，又非止于吾道之稻粱而已也。故学者不自五六岁读之不见也，然读之之不迟，知之之不早，不以其食之而淡欤？食之而

淡也，食如不食也。

吾友习斋子，杜门三年，忘其为三年也。夫三年不为不淹矣，杜门不为不幽矣。忘其为淹且幽也，不惟忘之，而又乐之。问之，则曰："吾方《论语》之读，而不百家之读，圣人之睹，而不今人之睹，是以乐也。始吾之读是书也，厉乎其趋，其若狂酲而不可继也已。凝乎其瞻，其若失亡而不可捕也已。今也勃乎其辞，其若决溢而不可窒也已。"于是笔之于书，以其副遗予。予取而读之，欣然叹曰："快哉！是非所谓苦而甘者欤？是非所谓淡而非淡者欤？是非所谓得味外之味者欤？甚矣乎！习斋子之于斯道，其劬若此，其得若此，其发若此也。"予闻书与人必相变也，书变则人矣，人变则书矣。然读申、韩之书而不申、韩者，未始不加少；读孔、颜之书而不孔、颜者，未始加少。彼之变也奚以巫？此之变也奚以舒？愿与习斋子评之。

年月日，杨万里序。

此序当作于乾道末淳熙初。《益国文忠公集》卷五五《习斋记》："永新欧阳邦基字寿卿，才赡学富，为善如饥渴嗜饮食。其子宗辟斋家塾，请予命名。予曰："论语首言学而时习之，实二十篇之枢要。宜以习名，并申其说：'夫天命之谓性，有时移于习。故伊尹言太甲之初，习与性成。'吾夫子亦云：'性相近也，习相远也。'学者可不谨其所习乎？盖习有是非，习是则胜非，习非亦胜是，顾朋友讲习何如耳。"这类文章典雅庄重，议论宏发，着力阐发这些著作的思想内涵及其在文治教化中的价值与作用。另一类是诗文集序，其中既有为自己各诗集所作的序，也有为他人的诗文集作的序。这些作品，也是简洁清丽，洒脱自然，风格清新，但又无一不结构严谨。尤其是一些诗集序，如《唐李推官披沙集序》《黄御史集序》《洮湖和梅诗序》等，往往精选集中最富风味的诗句，以抒情的口吻加以点评，原诗既佳，评点亦精，两相融合，文章的抒情色彩极为浓厚，与其说是一篇文集序，不如视作一篇一往情深的抒情散文。

（二）骈文的创作

杨万里文章中颇有成就的，还有他的骈文。骈文，是与散文相对称的一种文体，因其字句皆成对偶骈行而得名，其主要特点是以四六句式为主，讲究对仗，因句式两两相对，犹如两马并驾齐驱，故被称为骈体。因其以四字六字与四字六字相对为基本句法，所以别称四六文。在声韵上，则讲究运用平仄，韵律和谐；修辞上注重藻饰和用典。由于骈文注重形式技巧，故内容的表达往往受到束缚，但运用得当，也能增强文章的艺术效果。骈文起源于汉末，形成并盛行于南北朝。南北朝时庾肩吾为梁太子中庶子掌管记，东海徐摛为左卫，率摛子陵及肩吾子信并为抄撰学士，父子在东宫，出入禁闼，恩礼莫与比隆。既有盛才，文并绮艳，故世号为"徐庾体"。当时后进竞相模范，每有一文，京师莫不传诵，其后信奉使于周，遂留长安。陵由梁入陈，二人并为南北骈文之宗。如徐陵《玉台新咏序》：

夫凌云概日，由余之所未窥；万户千门，张衡之所曾赋。周王璧台之上，汉帝金屋之中，玉树以珊瑚作枝，珠帘以玳瑁为柙。其中有丽人焉。其人也，五陵豪族，充选掖庭；四姓良家，驰名永巷。亦有颍川新市、河间观津，本号娇娥，曾名巧笑。楚王宫内，无不推其细腰；卫国佳人，俱言讶其纤手。阅诗明礼，非直东邻之自媒；婉约风流，无异西施之被教。弟兄协律，生小学歌；少长河阳，由来能舞。琵琶新曲，无待石崇；箜篌杂引，非关曹植。传鼓瑟于杨家，得吹箫于秦女。至若宠闻长乐，陈后知而不平；画出天仙，阏氏览而遥妒。且如东邻巧笑，来侍寝于更衣；西子微矉，得横陈于甲帐。陪游馺娑，骋纤腰于结风；长乐鸳鸯，奏新声于度曲。妆鸣蝉之薄鬓，照堕马之垂鬟。反插金钿，横抽宝树。南都石黛，最发双蛾；北地燕脂，偏开两靥。亦有岭上仙童，分丸魏帝；腰中宝凤，授历轩辕。金星与婺女争华，麝月共嫦娥竞爽。惊鸾冶袖，时飘韩掾之香；飞燕长裙，宜结陈王之佩。虽非图画，入甘泉而不分；言异神仙，戏阳台而无别。真可谓倾国倾城，无对无双者也。加以天情开朗，逸思雕华，妙解文章，尤工诗赋。琉璃砚匣，终日随身；翡翠笔床，无时离手。清文满箧，非惟芍药之花；新制连篇，宁止蒲萄之树。九日登高，时有缘情之作；万年公主，非无诔德之辞。其佳丽也如彼，其才情也如此。既而椒宫宛转，柘馆阴岑，绛鹤晨严，铜蠡昼静。三星未夕，不事怀衾；五日尤赊，谁能理曲。优游少托，寂寞多闲。厌长乐之疏钟，劳中宫之缓箭。纤腰无力，怯南阳之捣衣；生长深宫，笑扶风之织锦。虽复投壶玉女，为观尽于百骁；争博齐姬，心赏穷于六箸。无怡神于暇景，惟属意于新诗。庶得代彼皋苏，微蠲愁疾。但往世名篇，当今巧制，分诸麟阁，散在鸿都。不籍篇章，无由披览。于是燃脂暝写，弄笔晨书，撰录艳歌，凡为十卷。曾无忝于雅颂，亦靡滥于风人，泾渭之间，如斯而已。于是丽以金箱，装之宝轴。三台妙迹，龙伸蠖屈之书；五色花笺，河北胶东之纸。高楼红粉，仍定鱼鲁之文；辟恶生香，聊防羽陵之蠹。灵飞太甲，高擅玉函；鸿烈仙方，长推丹枕。至如青牛帐里，徐曲既终；朱鸟窗前，新妆已竟。方当开兹缥帙，散此绦绳，永对玩于书帷，长循环于纤手。岂如邓学《春秋》，儒者之功难习；窦专黄老，金丹之术不成。因胜西蜀豪家，托情穷于鲁殿；东储甲观，流咏止于洞箫。娈彼诸姬，聊同弃日，猗欤彤管，无或讥焉。

《玉台新咏序》在形势与内容上都体现了骈文所具备的要素，如裁对的均衡对称美、句式的整齐建筑美、用事的典雅含蓄美、词藻的华丽色彩美、声调的和谐音乐美。结构上，文章自始至终在裁对，句式，韵脚，修饰上都保持着和谐的节拍。整篇文章都是以此手法贯穿始终，句式工整，对仗巧妙，其美丽的文字描绘绝伦的画面，达到了内容与形式的统一。在音节安排上，《玉台新咏序》具有欢快轻妙，舒缓流畅，小桥流水般欢快的节奏。在押韵上虽然整篇韵脚不是完全统一，但是完全遵循了阴阳上去的合理安排，读起来婉转顿挫，如吟如唱。色彩上，这篇序言辞藻华丽，在对帝王居处和美女衣着的描写上都呈现出了华丽的色彩。金碧辉煌的宫殿之内，穿着鲜艳，化妆浓艳的的宫女载歌载舞。以绚丽的色彩反衬了宫女内心低落的灰暗。

唐代科举以诗赋取士，其赋作即为源自骈文的律赋。唐代公文亦为骈文，即四六体。骈文由于迁就句式，堆砌辞藻，往往影响内容表达，韩愈、柳宗元提倡古文运动之后，骈文首遭一挫；韩、柳去世之后，影响又起，李商隐、温庭筠、段成式皆此中好手，三人皆排行第十六，故世称"三十六体"。骈文发展到北宋，经过欧阳修、苏轼、王安石等古文大家的改造，逐渐形成了新的特点，并且被广泛运用于表、启、书、疏一类应用性文章中，后人将这种新体骈文称作"宋四六"。南宋四六作家正是在欧、苏影响下进行写作的，所以运散入骈，多用长句，使四六成为灵活多姿，便于议论的应用文体。谢无量《骈文指南》谈到："南渡以后，四六之工者，如汪藻、綦崇礼、洪适、周必大、杨万里、陆游、孙觌之伦。"，杨万里是南宋骈文的优秀代表人物之一，他对北宋骈文有过深入的研究，《诚斋诗话》中辑录他论四六技巧的言论就达十六条之多。在《答庐谊伯书》中，他也称赞庐谊伯的笺启"惨淡之味，剖厥之功，大抵神骏祖苏氏，萧散宗后山，非今所谓四六者也"。他之所以推崇苏轼和陈师道，是因为他的骈文，正是苏轼骈文风格的延续。北宋骈文基本上分作两大风格流派，一如杨道《云庄四六余话》所说："皇朝四六，荆公谨守法度，东坡雄深浩博，出于准绳之外，由是分为两派。近时汪浮溪（藻）、周益公（必大）诸人类荆公；孙仲益（觌）、杨诚斋诸人类东坡。大抵制诰笺表，贵乎谨严；启疏杂著，不妨宏肆，自各有体，非名世大手笔，未易兼之。"这自然是就大体而言。正如汪藻、周必大的骈文中也有流丽一类一样，在杨万里的骈文中，谨严、宏肆两类都有，但最好的确实是其小启书简一类。《四六丛话》说："《诚斋集》四六小简，俱精妙绝伦，往往属对出之意外，妙若天成，南宋诸公皆不及。"其实，谨严与宏肆的区别，在相当大的程度上取决于题材表达的需要，作为词臣，汪、周所作，多为制诰，如汪藻的《隆祐太后告天下手书》、周必大的《岳飞叙复元官制》。现将《隆祐太后告天下手书》（汪藻）原文呈到如下：

　　比以敌国兴师，都城失守，裔缠宫阙，既二帝之蒙尘，诬及宗祊，谓三灵之改卜。众恐中原之无统，姑令旧弼以临朝。扶九庙之倾危，救一城之惨酷。乃以衰癃之质，起于间废之中。迎置宫闱，进加位号。举钦圣已还之典，成靖康欲复之心。忍言运数之屯，坐视邦家之覆。抚躬独在，流涕何从！缅惟艺祖之开基，实自高穹之眷命。历年二百，人

不知兵，传序九君，世无失德。虽举族有北辕之衅，
而敷天同左袒之心。乃眷贤王，越居近服；已徇群
情之请，俾膺神器之归。鑅康邸之旧藩，嗣我朝之
大统。汉家之厄十世，宜光武之中兴；献公之子九
人，惟重耳之尚在。兹为天意，夫岂人谋。尚期中
外之协心，同定安危之至计。庶臻小愒，同底丕平。
用敷告于多方，其深明于吾意。

概述靖康之难，二帝蒙尘，张邦昌为情势所迫而僭位乃
权宜之计，再叙自己被迎置宫闱“后抚躬独在”的哀痛，并
说明迎立康王即位乃顺应天意人心，字里行间充满早日恢复
国统，重整河山的强烈愿望，事关天下民心、社稷存亡，自
然不得不谨严典重。

而苏、杨所作，多为表启，情灵摇荡，宏肆流丽，也是
极自然的。只不过苏轼的宏肆，多表现在他屡遭贬谪时的诸
多上表中对疾苦情怀的抒发，如“只影自怜，命寄江湖之上；
惊魂未定，梦游缧绁之中。憔悴非人，章狂失志。妻孥之所
窃笑，亲友至于绝交。疾病连年，人皆相传为已死；饥寒并
日，臣亦自厌其余生”（《谢量移汝州表》）；再如“子孙恸哭
于江边，已为死别；魑魅逢迎于海上，宁许生还”（《到昌化
军谢表》）。而杨万里的宏肆，则多表现为在书札小启中抒写
田园生活的闲适，如《答张判院提刑》：

某伏以天气澄穆，景物闲美。恭惟某官，玉节
光华，民咏平反，天裴忠正，台候动止万福。某吉

蠲笔砚，奏记行台，且谢先施，仰惟财幸。

又

某初告之父，喧凉唯谨，副墨之子，问讯有申。恭惟紫气东来，牙樯西泝，屏翳弭节，川后静波。愿言致谨，冯绲式戒。羞服允答凝旒之眷，即膺走节之召，某不胜心祷。

又

某窃审涓选名胜，平亭祥刑，德星临翼轸之虚；辉腾南斗，仙槎度云汉之表。福被西江，威惠滂流。动植奋豫，恭惟骥庆。某属以老朽，卧病山林。自幸余生，仰席云天之覆焘，独嗟病骨，莫瞻绣斧之光华。仰惟台慈，下烛固陋。

又

某恭以提刑判院，人门俱高，照映当代。文行兼懿，表伟名流。立朝则班行耸瞻，外庸则勋绩卓著。会逢初政，旁招异人。谓宜缀上林之鹓鸾，从此为明堂之柱石。平谳江右，岂无他人？乃屈星轺，再临旧治。百城之民，欢呼歌舞于二天之下矣。九州四海，未属餍也。含香握兰，簪笔持橐，某旦旦以祝。

某侧闻今代人物，绝俗之标如光风霁月，瑞世之望如景星庆云，不在门下而谁在也？某也山林衰病之身，跅弛自放之迹，与蓬藋居，与麋鹿游，安得望使星之末光于霄汉之上哉？欲通姓名，窃自薄陋。敢谓收人所弃，遣骑赐书，清风入怀，垂露在手，何如其荣光也！敬九顿首以谢将命。

又

某伏自壬子之秋，以病自免，归自金陵，已作终焉之计。去夏误蒙皇上记忆，下诏收召。一再控免，幸免其行。而恩除自天，擢寘次对。此盖惟善引类，分以余光。未敢抒谢，先辱庆语，愧感之极，言之不足，仰惟誓省。

其他如"不惟自弃于当时，不必息交而绝游；而世与我而相遗，物与我而相忘。姓名不入于修门，书问不至于通贵。坐分黄犊之草，眠占白鸥之沙"（《答本路赵不迁运使》）。但这种宏肆流丽只是就其风格而言，而在基本特点上，还是合于"宋四六"的规范的，如《答赵守》：

属勤折简，招致初筵。捧移檄以载奔，兹谓州民之敬；侍盛馔而变色，更为野老之荣。退省清赢，久婴沉痼。为心病，为耳痛，殆百疾以交攻；不饮酒，不茹荤，每十物而九忌。僭沥危悃，敢辞缛仪自知方命之辜，必祗大何之谴。乃重烦于厨传，特饫赐于珍芳。下乳酒于青云，出琱盘之白玉。紫衣织，绯衣走，纷吏卒之鼎来；朝食饔，夕食飧，奉饩牵而毕集。加笾既秩，折俎屡丰。靖言余生，尚窃厚禄。岁糜廪粟，已耗蠹于邦储；肉继庖人，复贪饕于台馈。其为感愧，莫究敷陈。

其句式工整，但不限于四六，对仗也不很规则，又好用长联，是典型的"宋四六"的风貌。杨万里多次转任官职，读诉状，理财政，亲近公文，骈文的使用经常而又熟练。如《代宰执开启天申节疏》：

> 有王者兴，五百年而名世；使圣人寿，八千岁以为春。惟燎馨薰，以介祉福。尊号太上皇帝，伏愿游心于淡，与天为徒。以显亲亲，永绥莫大之养；为众父父，申以无疆之龄。

这是一篇典型的奏疏。奏疏是中国古文书之一类，是封建社会历代臣僚向帝王进言使用文书的统称。战国以前臣僚向君主进呈文字统称上书，秦统一六国后始称为奏。奏是进上的意思。汉代臣僚上书有时也称上疏。疏是疏通的意思，引申为对问题的分析。同时分析问题的奏章也别称为疏。唐宋以后上奏文书统称奏议，多数称为奏疏。奏疏的文种名称，汉代有章、奏、表、议等，魏晋南北朝时期除沿用章、表、议等外又增加了启文；隋、唐、宋时期一般用表和状两种，宋代增加札子，是大臣上殿奏事前先期呈递的程式比较简便的文种。杨万里的这份《代宰执开启天申节疏》作于宋孝宗即位后，乾道七年五月，杨万里自知奉新县召入行在任园子博士，得逢高宗天申节，代当时宰相虞允文所作。

再如《代宰执八月二十一日寿圣太上皇后生辰祝寿青词》：

执矩少昊，适行秋之正中；思齐太任，符梦月之嘉应。蕊篇作颂，箕寿申休。寿圣齐明广慈备德太上皇后，伏愿博厚倪天，光明合日。玉卮万岁，长对上皇之觞；瑶池百纯，永膺西母之绶。

寿圣齐明广慈备德太上皇后，据《宋史》卷二四三《后妃传》二载："宪圣慈烈吴皇后，开封人，父近以后贵累官武翼郎，赠太师，追封吴王。……年十四，高宗为康王，被选入宫。……进贵妃。……绍兴十三年诏立贵妃为皇后。……高宗内禅，手诏后称太上皇后，迁居德寿宫。孝宗即位，上尊号曰寿圣太上皇后，月朔朝上皇毕，入见后如宫中仪。乾道七年加号寿圣明慈，淳熙二年以上皇行庆寿礼，复加寿圣齐明广慈之号。十年，以后年七十，亲属推恩有差，十二年，加尊号曰备德。"据同书卷三五孝宗纪三，增上太上皇后尊号为备德，事在淳熙年冬十月辛亥。

青词又称绿章，本是道教举行斋醮时献给上天的奏章祝文。一般为骈俪体，用红色颜料写在青藤纸上。要求形式工整和文字华丽。唐李肇《翰林志》说："凡太清宫道观荐告词文，用青藤纸朱字，谓之青词。"明徐师曾《文体明辨》说："按陈绎（元初人）曾云：'青词者，方士忏过之词也，或以祈福，或以荐亡，唯道家用之。其称密词，则释道通用矣。词用俪语，诸集皆有。'而《事文类聚》所载尤多，今录数篇，以备一体。"青词以四字和六字构句，而又讲究对偶，亦有骈散并行的，但大都简短华丽。唐代以后，由于道教盛行，写青词者日益增多，于是青词逐渐成为一种文体。

宋代道教昌盛，作青词者更多。每逢有关节日，或祥瑞出现，或天灾降临，或帝、后生辰忌日，朝廷即在著名宫观建水陆道场，由翰林学士、地方官或著名道士起草青词，献给天神。宋程大昌《演繁露》说："今世上自人主，下至臣庶，用道家科仪奏事于天帝者，皆青藤纸朱字，名为青词绿章，即青词，谓以绿纸为表章也。"唐宪宗元和初年，祥瑞荐臻，翰林学士白居易曾代皇帝起草一篇《季冬荐献太清宫词文》，其文骈、散并行。文曰："维元和二年岁次丁亥十二月甲寅朔二十六日己卯，嗣皇帝臣稽首大圣祖高上大道金阙元天元皇大帝：伏以今年司天台奏，正月三日祀上帝於南郊，佳气充塞四方，温润祥风微起，庐州申连理树一株，彰义军节度使进白鸟一，郑滑观察使奏瑞麦五科，司天台奏六月五日夜镇星见，河阳节度使进白雀一，荆南节度使申连理树一本，山南西道观察使申嘉瓜一枚；司天台奏六月十三日夜老人星见，河南府申芝草两茎；司天台奏冬至日佳气充塞，瑞雪祈寒者……臣嗣承丕图，肃恭寅畏。祖宗垂庆，佳瑞荐臻。虔奉臻祥，伏深祗惕。今时惟元律，节及季冬。仰荐明诚，敬率恒典，谨遣太尉司徒平章事杜佑荐献以闻，谨词。"唐昭宗时翰林学士吴融代皇帝起草的《上元青词》文曰："维光化四年，岁次辛西，正月乙西朔十五日己亥。皇帝臣稽首大圣祖高上大道金阙玄元天皇大帝。伏以时当献岁，节及上元，爰命香火道人，烟霞志士，按科仪于金阙，陈斋醮于道场。伏愿大鼓真风，潜垂道荫。俾从反正，永保无虞。四海九州，干戈偃戟，东皋南亩，皆获丰登。冀与兆人，同臻介福。谨词。"杨万里《代宰执八月二十一日寿圣太上皇后生辰祝寿青词》

应即淳熙十三年太上皇后生辰代宰执所作。时诚斋在朝任检详。其时宰执为：左丞相王淮、右丞相梁克家，枢密使周必大。

（三）文的艺术特色

1. 感物而发，情景交融

杨万里为文重视兴象感发，他说过："大抵诗之作也，兴上也，赋次也，赓和不得已也。我初无意于作是诗，而是物是事适然触乎我，我之意亦适然感乎是物是事，触先焉，感随焉，于是诗出焉，我何与哉，天也，斯之谓兴……至于赓和，则孰触之孰感之孰题之哉人而已矣。出乎天，犹惧戕乎天，专乎我，犹惧弦（眩）乎我，今牵乎人而已矣，尚翼其有一铢之天，一黍之我乎盖我未尝觊是物，而遂追彼之觊；我不欲是韵，而抑从彼之用，虽李杜能之乎而李杜不为也。是故李杜之集无牵率之句，而元白有和韵之作。诗至和韵而诗始大坏矣，故韩子苍以和诗为之大戒也。"他认为，为文的关键是感物而发，触兴而作。这种观点虽然没有什么新奇之处，但从当时理学家创作中弥漫着头巾气、学究气来说，不啻为一股清新的劲风，这和杨万里一贯主张的"胸襟透脱"的道德境界是一致的，同样体现了心对物、言对意的"诚"。由于胸次高旷，杨万里在辞赋中擅长表现超尘脱俗、萧散简远的境界。如杨万里《梅花赋》：

绍熙四祀，惟仲之冬。朝暖焉兮似春，夕凄其分以风。杨子平生喜寒而畏热，亦复重裘而厚幨。呼浊醪而拍浮，嗔麟定之未红。已有月漏微明，雪飞满空。

杨子欣然而叹曰："举世皆浊，滕六独清；举世皆暗，望舒独明。滕也挟其清而不污，终岁避乎太阴之庭；舒也倚其明而不垢，当昼闭于广寒之扃。盖工于相避而疑其不相平也。今夕何夕，惠然偕来。皎连璧之迥映，蹇欲逝兮徘徊。吾独附冷火而拨死灰，顾不诮二子之哈乎？"爰策枯藤，爰蹑破屐，登万花川谷之顶，飘然若绝弱水而诣蓬莱。适群仙，拉月姊，约玉妃，讌酣乎中天之台。

扬子揖姊与妃，而指群仙以问焉，曰："彼缟裙而侍练帨而立者为谁？"曰："玉皇之长姬也。""彼翩若惊鸿矫若游龙者为谁？"曰："女仙之飞琼也。""彼肤如凝脂体如束素者为谁？"曰："泣珠之鲛人也。""彼肌肤若冰雪绰约若处子者为谁？"曰："藐姑射之山之神人也。"其余万妃，皓皓的的，光夺人目，香袭人魄。问不可遍，同馨一色。忽一妃起舞而歌曰："家大庚兮荒凉，系子真兮南昌。逢驿使兮寄远，耿不归兮故乡。"歌罢，因忽不见。旦而视之，乃吾新植之小梅，逢雪月而夜开。

在《梅花赋》中，虽没有对梅花的直接描写，但在雪飞满空的背景下构建了一幅与仙子同游的幻境，赋中各种仙姝的姿态是在暗示梅花的种种绰约风姿。作者虚设幻境，通过对话的形式，以整丽的排比道出，营造出一种天宇澄澈、仙娥曼舞的画面，使得飞雪中枝柯横斜的梅花倩影更能传神地呈现出来。在此基础上以一仙女起舞而歌，连用关于梅花的典故以点题，其中的"大庾"，指大庾岭，以遍布梅花著名，白居易《六帖》的一段文字记载："大庾岭上梅，南枝落，北枝开"；"子真"指西汉人梅福，字子真，西汉南昌县尉。赋中借"子真"之姓氏暗示梅花，同时也暗示梅花和梅福不畏权豪的气节和幽居守志的淡泊有相通的之处，梅福曾在王凤专权时抗言上书汉成帝，申斥王凤，这篇著名的上书，在司马光《资治通鉴》全文照引，可见其影响之巨，相传梅福不慕荣利，曾隐居炼丹于泰宁栖真岩。他的气节通过梅花的形象得到很好的阐释。而"驿使""故乡"等词汇则是早就与梅花的情韵意义密切联系在一起，共同构成了梅花书写的重要场景。这篇赋突破了咏物赋惯常的对实物的铺排描写，通过虚设幻境和轻轻点染，境界全出。结尾处的小梅映雪盛开的一笔则写出生命的蓬勃。天下之明净澄澈在赋的情景中予以展现，既暗合桂花与月亮的故事，又运用通感的手法，通过空明的境界描摹桂香带给人的美境。在赋中，作者还进一步展示了在香气的感召下进入如梦如幻的月宫中的情景，这就更凸显了桂香带给人的那种空灵澄净的美感。赋中作者欲移桂树于己之庭院而惹怒嫦娥的场景既表现了他对桂香的留恋，也表现了他对高雅境界的企求，而嫦娥的恼怒则昭示了一己之修身应与兼济天下相统一的主题，富于哲理。所有这一切美境与哲思的表现是在客之醉与醒之间完成的，是在桂香的昭示下进行的一次如美境般的精神之旅。

杨万里对情景的构建不单单局限于清旷之景，也有充满动感者，即使是这样的描写，作者的目的也在于表现潇洒超然的心灵境界。如《压波堂赋》：

陈晞颜作堂洮湖之上，榜以压波。命其友诚斋野客庐陵杨某赋之，其辞曰：

敦复先生，宅于洮湖。日与湖而居，犹以湖为疏。乃堂其涯，去湖丈余。盖城虎牢以逼郑、晋，退三舍而子玉不止者欤？一夕波歇，镜底生月。忽失洮湖之所在，但见万顷之平雪。先生欣然曰："吾又将载吾堂于扁舟，对越江妃之贝阙。我荸我裳，我葛我巾。笔床茶灶，瓦盆藤尊。左简斋之诗，右退之之文。舟人之棹一纵，而先生飘然若秋空之孤云矣。"

先生方独酌浊酒，悲吟苦语，揽须根之霜，搜象外之句，管城子、褚先生环而攻之，魔之未去也。有风飒如，有澜烨如，舟人曰："浪将作矣，夫子其归乎？"先生未及答，而小波屋如，大波山如，龟鱼陆梁，蛟龙睢盱。冯夷击鼓而会战，川后鞭车而疾驱。渺一苇之浮没，眩秋毫之有无。舟人大恐，相顾无色。先生投袂而起，仰天而叹曰："吾与洮湖定交久矣，而未尝识此奇观也。子产曰：'他日吾见蔑之面而已。'今见其心，请改事湖，庶几岁晚之断金。"

陈睎颜，名从古，镇江金坛人。陈氏自淳熙元年（1174
年）罢知襄阳府，闲废九年。此赋当为诚斋淳熙元年至三年
待次常州期间所作。洮湖，在金坛县，与溧阳县境接。在波
涛汹涌的湖面上，一叶扁舟如秋空之孤云，而先生的神态亦
如秋空之孤云，安详闲在，这使人联想到《世说新语》中记
载的谢安海上遇风犹吟啸不已，舟人以公貌闲意悦，犹去不
止的故事。这篇赋画面感极强，而人物的潇洒风神则在轻轻
勾勒中得以尽显。

又如《雪巢赋》：

> 天台林君景思之庐，字以雪巢，尤延之为作记，
> 庐陵杨某复为赋之，其辞曰：
> 赤城兮霞外，天台兮云表。有美兮先生，相宅
> 兮木杪。厌人寰兮喧卑，薄市门兮嚣湫。壑谷奥渫，
> 蜗庐褊小。陟彼悬崖，天绅之涯。奇峰日拂，枯松
> 霄排。飞上万仞之颠，旁无一寸之阶。我营我巢，
> 维条伊枚。命黄鹄而衔枝，驱玄鹤而曳柴。斧辛夷
> 以为柱，刘山桂以为栋。兰橑椒其芬芳，荷盖岌其
> 不动。将旁招樵夫，朋盍溪友以落之，且有曰其善
> 颂矣。
> 夜半风作，顿撼林薄，天骇地愕，山跳海跃。
> 已而寂然，四无人声，黯天黑而月落，忽入窗之夜
> 明，恍身堕于冰谷，羌刮骨其寒生。穷猿曹嗥，饥
> 鸟独鸣。先生夙兴而视之，但见千里一缟，群山失
> 碧。翔玉妃以万舞，飘天葩之六出。皓皓的的，缤

缤籍籍。盖朔雪十丈，乾没吾巢而无人迹矣。

先生举酒酬曰："巢成雪至，雪与巢会。式瑶我室，式珠我廨。空无一埃，点我胜概。继自今匪仙客其勿迎，匪诗人其勿对。"乃捣水浆与雪汁，饮兔须于墨渖。大书其楣曰雪巢，摞俗子出诸大门之外。

此赋为杨诚斋为朋友林景思所作，林景思是一个远离文学史主流视野的诗人，宋《嘉定赤城志》载："林宪，奉符（今山东泰安）人，字景思。监西岳庙，乾道中随妻祖贺参政允中寓临海，号雪巢先生，有诗集行于世，事见尤尚书衮、陈参政骙、楼参政钥、杨阁学万里序记。"贺允中，字子忱，南宋蔡州汝阳（今河南汝南）人，政和年间进士。以不附秦桧，提举宫观，遂幽居。据项士元《巾子山志》《东胡志》所载，林宪随妻祖贺参政"徙家临海""寓巾子山之阳"，后居东湖后湖的北侧"小鉴湖"，终栖"城西萧寺"。林景思"乾道间中特科"选择弃官，又与其师徐惇立和妻祖贺允中有关，而这两位均与当朝权贵秦桧不和，当贺允中选择了他为孙女婿，林景思也就决定了要与贺允中共进退。贺允中避之临海，林景思也就跟随而来。然"倚诗为活计，从古多无肥"，要不是时任台州知府尤衮念其同乡和才华，不时接济，生活可能更糟。林景思因尤衮的推荐，得与中兴大诗人们游，已进入诗坛中心。林景思为何自号"雪巢"，诗人楼钥《林景思雪巢》诠释道："四时不皆雪，陆居本非巢。高人兴寄远，表此一把茅。吾非二祖可，夜立寒齐腰。吾非鸟窠师，结庐真树梢。"这里有几个信息：一是住茅屋，二是夜寒至腰，三是结庐山上。诗人陷于"难言"窘态时，选择了避世，他在自然中构筑了精神"巢穴"，以此来安放自我。《雪巢小集》已佚，诗散见于地方文献，从留存诗看林景思诗歌的内容取向，主要有咏怀诗、咏物诗、山水田园诗和即事诗等。诗人虽然居"平淡固可嘉，饥来欲谁诉"的寒苦，但他仍以陶渊明为宗，以君子为自我修养的准则："乞食不为拙，华轩不为慕。归来不为高，折腰不为沮。"于是，也就有了自爱的理由，有了太和之气，有了前行的动力。如此，贫苦对于林景思来说倒成了一种幸运。南宋台城僧人道全《题雪巢》诗道："田地虚明不受尘，巢中人是个中人，忽然一色浑无迹，月到梅梢亦转身。"这正是对诗人生命个体特质的艺术概括。清代蒙学读本《幼学琼林》有句："雪巢既构，应无半点尘埃。"诗人因为人格的伟岸而成为启蒙的标杆，但最终淡出了人们的视线，因为贫穷，也因为时间。但诗人"囊乏一钱穷到骨，胸蟠千古气凌云"的形象却永存在历史的空间。当年，当林景思雪巢建成之时，尤袤为林景思文集写了《雪巢记》，诚斋为作《雪巢集后序》，并有诗极力赞美林氏："华亭沉虞卿，惠山尤延之。每见无杂语，只说林景思。试问景思有何好，佳句惊人人绝倒。句句飞从月外来，可羞王公荐穹昊。"杨万里此篇《雪巢赋》，为朋友所营建的庐屋作赋，描绘了一幅群鸟飞尽、人踪迹灭的画面，以表现人物傲岸孤独的人格力量。

杨万里赋中的情节描写也不全是超现实的，他能写出庸常情景中的诗意来，如《秋暑赋》：

杨子心疲于诗而病臞，目疲于书而病眚。故其畏热如喘牛之见月，其喜冷如渴井而得绠。

丁亥八月，秋暑特甚。盖岁行之十期，未有今岁秋阳之强梗。杨子不堪其热，仰而叹曰："江南何物以饷馈？惟春寒秋暑之二味。古谚有谓也：'安得万里之长风，吹层冰满太空，以荡此秋阳之余红者耶？'"

畴昔之夜，袒肩露足，呼竹君以为床，命桃笙而同宿。见一荧之青灯，犹憎其助秋暑而为酷。夜半惊起，飞雨骤至，划悲风之怒号，借一鼓之声势。渐渐乎牖户之欲洒急雪也，汹汹乎松竹之摧落枝叶也，碟碟乎茅屋之震响将压也。犬鸡夜鸣，儿女唧嘤，缩颈入腹，皆作寒声。杨子亦震掉瑟缩而不宁，视絺绤其若仇，叹衣褐之未营。既不能寐，坐而太息曰：

冻者愿烈日之不夕，暍者思秋气之一涤。不得则思，既得则悲。悲与思其循环，老忽至而不知。俯仰千载，孰能逃造物之化机？盖有能逃之者矣，春不能燠，秋不能肃，天地不能老，古今不能局。闻之前修："太上立德，次功次言，所立惟择。"三者必不能已而去，惟功则系乎通塞。至于德也者，照宇宙之珠玉也。言也者，载仁义之舟毂也。禀焉于穹，富以其躬，莫歉其丰，莫塞其通，不曰国功，而曰圣功。杨子则穷且老矣，抑知有未尝老未尝穷者耶？彼造物者，自寒自暑，自风自雨，亦何关于汝？

通过秋雨中的局促窘境的描绘来展现自己的贫困落魄是赋家惯用的表现手法，杨万里则重在剖析人情中的"不得则思，既得则悲"的思维特点。其中对秋雨飞洒的描写非常传神，作者由近及远，由小及大，形象地描绘了雨声的种种情态，雨声如飞雪吹打纸窗，如劲风吹过松竹林，雨声雨势仿佛会把茅屋压塌。在此基础上展开人的情绪的变化，引出"冻者愿烈日之不夕，思秋气之一涤"的思索，个人感触与景物的描写相辅相成。

杨万里赋中的情景构建，也往往是为抒情议论设置环境，如《月晕赋》：

> 杨子与客暮立于南溪之上，玩崩云于秧畴，听古乐于蛙水，快哉所欣，意若未巳。偶空谷之足音，予与客而亟避。退而坐于露草之径，衣上已见月矣。寒空莹其若澄，佳月激其如冰。一埃不腾，一氛不生。
>
> 杨子喜而告客曰："吾闻东坡先生之夫人曰：'春月之可人，非如秋月之凄人也。'吾亦曰：今之时则夏矣，月尚春也。"言未既，微风飒然，轻阴拂然。惊五色之晃荡，恍白虹之贯天。使人目乱而欲倒，如观江波之漩，而身亦与之回旋。
>
> 杨子惧而呼客曰："月华方明，奚骤眩焉？绀旻方洁，奚忽变焉？"客曰："适有薄云，莫知所来。

非北非南，不东不西。起于极无之中，忽乎明月之依。轮围光怪，相薄相荡，而为此也，殆紫皇为之地，而风伯为之媒欤？"杨子释然曰："所谓月晕如霓者，不在斯乎？不在斯乎？"方详观而无厌，乃霍然而无见。盖月以有云而隐，复以无云而显也。云以一风而聚，还以一风而散也。杨子若有感焉，乃告客曰："天下之物，孰非月之晕耶？晕之生也，其可洗耶？晕之消也，其可止耶？而天下之士，以晋、楚之富为无竭，以赵孟之贵为有恃，其去则持之而不忍，其来则居之而不耻，其痴黠何如也？"

客未对，童子请曰："人语既寂，子盍归息？"杨子与客，一笑而作曰："今夕何夕，见此奇特！"

2. 寓情于理，情理交融

杨万里的文学思想有着浓厚的理学印记，和许多理学家一样，他非常重视文学的教化功能，但他的创作并不是生硬地宣扬理学的观念思想，而是体现出一种浑厚深沉的仁者情怀。由道德说教转化到对"理"的境界的追求与展现，是南宋理学与文学互动的重要表现，是理学思想深入人们心灵的具体反映。杨万里的文学创作包括辞赋创作的一个重要特征就是展现理性的仁者情怀。而这种仁者情怀具有刚正不阿和宽容的特征，不同于朱熹等的悲悯和王炎等的偏狭，这与杨万里对儒学理想人格"诚"的特别推崇有关，他的摆脱理障、包容万物、气节凛然都源于他从"诚"的角度来涵养人格，体认"理"的境界。《浯溪赋》是杨万里的一篇重要的论政赋作，就体现了杨万里文的理性色彩：

予自二妃祠之下、故人亭之旁，招摇渔舟，薄游三湘。风与水分俱顺，未一瞬而百里。欵两峰之际天，俨离立而不倚。其一怪怪奇奇，萧然若仙客之鉴清漪也；其一寒寒谔谔，毅然若忠臣之蹈鼎镬也。怪而问焉，乃浯溪也。盖唐亭峙其南，峿台岿其北；上则危石对立而欲落，下则清潭无底而正黑，飞鸟过之，不敢立迹。

余初勇于好奇，乃疾趋而登之。挽寒藤而垂足，照衰容而下窥；忽焉心动，毛发森竖。乃迹故步，还至水浒，剥苔读碑，慷慨吊古。倦而坐于钓矶之上，喟然叹曰：惟彼中唐，国已膏肓，匹马北方，仅或不亡。观其一过，不日而杀三庶，其人纪有不斁矣。夫曲江为笼中之羽，雄狐为明堂之柱，其邦经有不蠹矣夫？夫水蝗税民之亩，融、坚椎民之髓，其夫人之心有不去矣。夫虽微禄儿，唐独不贾厥绪哉？观马嵬之威垂，涣七萃之欲离，殪尤物以说焉，仅平达于巴西。吁不危哉！

嗟乎！齐则失矣，而楚亦未为得也。灵武之履九五，何其亟也！宜忠臣之痛心，寄春秋之二三策也！虽然，天下之事不易于处而不难于议也。使夫谢奉策于高邑，禀重巽于西帝。违人欲以图功，犯众怒而求济，天下之士果肯欣然为明皇而至死哉？盖天厌不可以复祈，人溃不可以复支，何哥舒之百万，不如李、郭千百之师！推而论之，事可知矣。

且士大夫之捐躯以从吾君之子者，亦欲附龙凤
而攀日月，践台斗而盟带砺也；一复莅以耄荒。则
夫一呼万旟者，又安知其不掉臂也耶？古语有之：
"投机之会，间不容璪。"当是之时，退则七庙之忽
诸，进则百世之扬觯。嗟肃宗处此，其实难为之，
九思而未得其计也。

已而，舟人告行，秋日已晏。太息登舟，水驶
于箭。回瞻两峰，江苍然而不见。

杨万里这篇赋是早年出仕零陵过浯溪而作。在浯溪上有
中唐元结于上元二年（761 年）撰写的《大唐中兴颂》碑，
碑文运用春秋笔法，对肃宗的擅立颇多微词，认为功不赎罪，
宋人瞩目这块碑的人不少，如黄庭坚、张耒、陈与义、李清
照等，多是依元结立意以发挥。杨万里这篇赋亦是由此碑引
发，而立意与诸人大异，其借古讽今的用意非常明显。他探
讨玄宗的失位以及肃宗的即位诸问题其实是为了反思徽宗误
国和高宗即位，认为因其昏庸胡来，已经为天下人所抛弃，
即使没有安禄山作乱或者金人入寇，王朝也会在玄宗抑或徽
宗手里烂掉。天下人在心里已经把昏君抛弃了，在这种情况
下，"匹马北方"之举从家国天下考虑实在是顺天应人之举，
肃宗或高宗不即位，将会触犯众怒。杨万里这篇《浯溪赋》
与作者另一作品《浯溪摩崖怀古》同一题材。《浯溪摩崖怀
古》与《浯溪赋》，一为赋，一为诗，写作的内容基本相同，
但落笔的侧重点不同，写作的手法也有极大的不同。诗以比

兴的手法，重点放在谴责明皇父子纲常紊乱，耽于美色而荒废了朝政，使国家出现动乱，让天下黎民百姓遭受战火的灾殃，指出应该由唐代封建统治者来承担罪责；赋则运用纪实的手法，将游览的过程全部录写下来，夹述夹议，分析民心的向背，推论封建帝王的苦衷与无奈，指点江山，激扬文字，让人有身临其境的感受。诗偏于抒情，色调浪漫，似有李白之风彩；赋重在写实，色调低暗，如得杜甫的神韵。作品通过批评唐玄宗的荒淫误国来暗讽宋徽宗的荒唐政治。对徽宗误国这段历史进行深刻反思的作品在南渡以来只有胡寅的《原乱赋》和王阮、范成大的《馆娃宫赋》，其他作品鲜有言及者。

杨万里的《归钦赋》是一篇剖白心迹的作品：

繄端月之涉七兮，诹其日则曰人。倦予游于道路兮，念求以憩予神。岂不爱窗月之娟好兮？睡乡檄予以卜邻。曾不及于解衣兮，遑暇脱予之巾？悦栩栩以一适兮，忽乎还家而及门。忘予身之为羁兮，骤喜觏予之亲。炯鹤发之予照兮，一哂以劳予勤。环儿女之挽袖兮，鸡犬亦为之载欣。

予亲呼酒以予酌兮，斝未举而既失。惊客舍之已晨兮，窗不见月而见日。风挟寒以薄人兮，巧寻罅以入室。才予亲之膝下兮，梦觉而千其里。湛清庐之易溢兮，湑予面其如洗。推予枕其不能寐兮，捐衾裯而又不能起。

嗟予生之艰勤兮，墨兵纳我于学林。慕黄口而轻予之明月兮，以耒耜而易搢绅。既自山海之弃而粥于市兮，又何叹池活而笼驯？羌初心之岂其然兮，亦曰负米而为贫。家焉釜吾亲兮，公尔以芹吾君。惟是行之猖狂兮，随荐书以叫阍。

　　谒帝久而乃觐兮，岂不就于一列？其如釜甑之空兮，履无当而衣有结。乐调饥而济渴兮，犹幸有曾冰之与积雪。仰王都之造天兮，非都庐其奚蹑？反而顾予之躄足兮，欲自杂于汗血。梦归而不归兮，不念吾亲之指啮。归欤，归欤，岂南溪之无泉兮，南山之无蕨！

　　这篇赋模仿陶渊明的《归去来兮辞》，写了一个辞官归家的梦境，但作品没有停留在表现对田园生活的向往，而是表达了仕与隐的矛盾心情，由于"墨兵纳我于儒林"，即使为官卑微，仍不能放下对天下苍生的眷念，不能放下儒者的使命感。赋中说自己钻营乏术，不能够富而且贵，但仍不忍遽去。南宋的文人，尤其是深受理学思想熏习的文人，他们在道与势的选择上更看重道的价值，把为天地立心作为自己的使命。这篇赋所表现的就是这种置个人贫富于度外而为万世开太平的情怀。另外，《雪巢赋》《和陶渊明归去来兮辞》也是表现这种思想的作品。

　　杨万里在《颐庵诗稿序》中说："尝食夫饴与荼乎人孰不饴之嗜也初而甘，卒而酸。至于荼也，人病其苦也；然苦未既，而不胜其甘。诗亦如是而已矣。"这种观点和司空图的"味外之味"如出一辙。在《习斋论语义序》中，他说："读书必知味外之味。不知味外之味，而曰我读书者，否也。《国风》诗曰：'谁谓荼苦，其甘如荠'，吾取以为读书之法焉。"当然，杨万里所谓的味外之味主要指的是温柔敦厚、含蓄蕴藉的艺术精神，偏重于对"天理"的琢磨与体会。在他看来，含蓄隽永的韵味与意绪深邃的哲思的获得并不是通过雕章摘句点铁成金等辞章功夫刻意为之的，而是以透脱的胸襟感知万事万物自然而然捕捉到的。正如他所说："学诗须透脱，信手自孤高。衣钵无千古，丘山只一毛。句中池有草，字外目俱蒿。可口端何似，霜螯略带糟。句法天难秘，工夫子但加。参时且柏树，悟罢岂桃花。要共东西玉，其如南北涯。肯来谈个事，分坐白鸥沙。"（《和李天麟二首》）只有心胸透脱，不为万事万物的常理常态所滞，才能够感受到天地万物的活泼生机，才能领悟到万象背后的"理"，在《诚斋荆溪集序》中，他对自己心通万物情理相谐的创作心态作了生动的描述："予之诗，始学江西诸君子，既又学后山五字律，既又学半山老人七字绝句，晚乃学绝句于唐人。学之愈力，作之愈寡……戊戌三朝时节，赐告少公事，是日即作诗，忽若有寤，于是辞谢唐人及王、陈、江西诸君子，皆不敢学，而后欣如也……自此每过午，吏散庭空，即携一便面，步后园，登古城，采撷杞菊，攀翻花竹，万象毕来，献予诗材，盖麾之不去，前者未雠，而后者已迫。"可以说，杨万里把理学家体物观物的方法和为文的意识思维密切结合起来了。他的辞赋处处表现着心胸透脱的机趣、哲思，意绪深邃，引人入胜。

杨万里赋中，很多都将对自然景物的描写与生发而出的哲理融为一体，很好地体现了中国传统的儒家思想中的"比德说"。"比德说"是春秋战国时期出现的一种自然美观点，基本意思是：自然物象之所以美，在于它作为审美客体可以与审美主体"比德"，亦即从中可以感受或意味到某种人格美。在这里，"比德"之"德"指伦理道德或精神品德；"比"意指象征或比拟。"比德说"的基本特点是将自然物的某些特征比附于人们的某种道德情操，使自然物的自然属性人格化，人的道德品性客观化，其实质是认为自然美美在它所比附的道德伦理品格，自然物的美丑及其程度，不是决定于它自身的价值，而是决定于其所比附的道德情操的价值。文学艺术中的"比德"最早见于《诗经》和楚辞，它与《周易》的"取象"、《诗经》及楚辞的"比兴"有着较为密切的联系。《周易》以宇宙运行规律和自然现象比附人事，开拓了极其广阔的想象空间。《周易》中各种卦象本身就代表了自然界的各种事物，而对于卦象、卦爻的解说则涉及了更为广大的想像领域，从而将人的命运品德与自然万物联系在一起。例如："天行健，君子以自强不息"（《乾·象传》），以乾天比喻君子刚健奋进的品格；"地势坤，君子以厚德载物"（《乾·象传》），以坤地比喻君子的宽厚之德；"风行天上。小畜，君子以懿文德"《小畜·象传》），以徐徐轻风比拟君子的佳行懿德："明夷于飞，垂其翼。君子于行，三日不食"（《明夷·卦爻辞》），以鸣叫的水鸟的垂翼孤飞比拟君子的失意独行。《诗经》广泛采用比喻的手法，以自然界的各种事物作为情思兴发的对象，对"比德"自然审美的运用比较普遍。如：《大雅·崧高》："崧高维岳，骏极于天。维岳降神，生甫及申。维申及甫，维周之翰。四国于蕃，四方于宣。"以崇山峻岭比拟辅佐周室的甫侯和申伯。《小雅·节南山》："节彼南山，维石岩岩，赫赫帅尹，民具尔瞻。"以巍巍山石比喻师尹的赫赫威严。《小雅·白驹》："皎皎白驹，在彼空谷。生刍一束，其人如玉。"以"皎皎白驹"比拟隐逸林中的高洁之士。《秦风·小戎》："言念君子，温其如玉。"以玉的温润比拟君子品格宽和。《卫风·淇奥》："瞻彼淇奥，绿竹猗猗。有匪君子，如切如磋，如琢如磨。瑟兮僴兮，赫兮咺兮，有匪君子，终不可谖兮。"以淇园之竹茂盛青翠比拟君子文质彬彬及道德文章灿烂可观。荀子也创造性地用"比德"审美观刻画自然物的艺术形象。例如他用"园者中规，方者中矩。大参天地，德厚尧禹。……德厚而不捐，五采备而成文"等赞美的语言来写"云"；以"功被天下，为万世文。礼乐以成，贵贱已分，养老长幼，待之而后存……"等来颂扬"蚕"，实际都是托物喻意，以自然物象比拟其理想中的君臣所应具备的品德。在辞赋中"比德"手法的广泛运用是杨万里追求深邃之思的手段之一。如《放促织赋》：

> 杨子朝食既，彻步而圃嬉。遥见一二稚子，集乎远华之堂，环焉其若围，俯焉其若窥，蹑焉其若追也。杨子趋而往视之，盖促织之始生而尚微，坠地而未能飞者也。嘉遯而不仕，故高步而不卑。辟谷而不饪，故癯貌而不肥。既蚱蜢其修髯，亦翡翠其薄衣。彼其臂短而胫甚长，是故将进而趑趄，翘立而孤危也。

杨子笑谓稚子曰："汝岂识之乎？是固夫霜凄露感而恤纬征人之裳者欤？身勤心苦而提耳女红之荒者欤？昼阒宵自綦而徂堂者欤？多言强聒身隐而声彰者欤？若悲若怨，若愤若叹，而吟啸秋夕之清长者欤？奚失据于幽茂，而贴身于蹈藉，若是其幼且孱也！"乃命稚子，籍以羽扇，迁之丛间。见密叶其跃如，曝冬日其欣然。稚子反命曰："是虫也，若子产之鱼囷囷焉、洋洋焉矣。"杨子使稚子反视之，至则行矣。

以传神之笔描写了一幅充满诗情画意的生活画面，"环焉其若围，俯焉其若窥"形象地刻画出小儿围观促织的情态。对促织的描写则从高人隐者的角度来落笔，给促织的形象附丽上一种文化内涵，深思巧妙地寄寓其中。"嘉遁而不仕，故高步而不卑；辟谷而不饪，故癯貌而不肥。"既是写促织的生活习性，也是在说它堪比隐士高人，因无欲无求，故能够拥有独立的人格。文中接下来排比了促织在诗文中较常出现的意象，巧妙地运用了双关的手法，强调了促织身在江海心悬魏阙的形象。既是指促织命名的本意，也指忧患国家。身勤心苦，多言强聒，身隐声彰，若悲若怨，若愤若叹，都可以从这个角度来理解。文中的"是虫也若子产之鱼"，也是为了表现促织迁徙密叶丰草间得其所哉的感叹，这同样是暗示着隐者的形象。结尾一句："使稚子反视之，至则行矣"乃是模仿《论语·微子》中的一段话，暗示是促织类似于"荷蓧丈人"那样的隐者。这篇赋在描写促织的基础上巧用双关，使作品含义更为丰富，在轻快流畅的文字中蕴含机趣，韵味无穷。

在《清虚子此君轩赋》中，这种手法被运用到极致，赋是写给清虚子的"此君"竹轩的，"盖君子于竹比德焉，汝视其节凛然而孤也，所谓直哉史鱼，邦有道如矢者欤，汝视其貌欣然而臞也，所谓伯夷叔齐饿于首阳之下；民到于今称之者欤，汝视其中洞然而虚也，所谓回也，其庶乎屡空有若无者欤，故古之知竹者，其惟夫子乎?"这种"比德"手法的运用，使得文章辞约意丰，虽克服了直白平冗之病，但也容易使文章流于油滑。元代刘埙在《浯溪》中评："诚斋先生杨文节万里尝作古赋，然其天才宏纵，多欲出奇，亦间有以文为戏者，故不录。"这段评论如果只是针对他的《浯溪赋》似乎不确切，因为那篇赋创作态度是相当严肃的，像这样运用"比德"来贯通天人的方法，很容易授人以游戏为文之柄。"比德"之法也见于他的《糟蟹赋》《后蟹赋》等。

3. 文风简洁、语言鲜活

杨万里全面学习先秦、两汉、六朝骈文、唐宋散文之长，又吸收当时鲜活的语言，形成了独具个性的叙事艺术和语言风格。他擅长运用各种写作技巧以及修辞手法将文章表达得理尽言明。比如他在书序、书牍中大量运用比喻、比较、排比、回环、顶真、反复、对偶、引经、稽古等修辞手法使文章语义丰富，文风洗练简洁，说理透彻风趣，感情充沛，富有艺术美。杨万里书序、书牍文的语言，有时华美奇崛，有时平易通俗，但都准确精练、生动活泼，具有隽永的艺术魅力。杨万里擅长运用精辟恰当、新奇传神的比喻，如《习斋论语讲义序》：

　　读书必知味外之味，不知味外之味，而曰我能读书者，否也。《国风》之诗曰："谁谓荼苦，其甘如荠。"吾取以为读书之法焉。夫食天下之至苦，而得天下之至甘。其食者同乎人，其得者不同乎人矣。同乎人者味也，不同乎人者非味也。不然，稻粱吾犹以为淡也。而欲求荠于荼乎哉？《论语》之书，非吾道之稻粱而奚也？天下可无稻粱，则是书可无矣。虽然匹夫匹妇，一日而无稻粱，死不死也。死也，一匹夫匹妇而已矣，况未必死乎？然则稻粱者，无之不可也。一日而无之，亦可也。至于是书，一日而无之，则天下其无人类矣。非无人类也，有人类而无人心也。有人类而无人心，其死者一匹夫匹妇而已乎？然则《论语》之书，又非止于吾道之稻粱而已也。故学者不自五六岁读之不见也，然读之之不迟，知之之不早，不以其食之而淡欤？食之而淡也，食如不食也。

　　吾友习斋子，杜门三年，忘其为三年也。夫三年不为不淹矣，杜门不为不幽矣。忘其为淹且幽也，不惟忘之，而又乐之。问之，则曰："吾方《论语》之读，而不百家之读，圣人之觌，而不今人之觌，是以乐也。始吾之读是书也，厉乎其趋，其若狂酲而不可绁也已。凝乎其瞻，其若失亡而不可捕也已。今也勃乎其辞，其若决溢而不可窒也已。"于是笔之于书，以其副遗予。予取而读之，欣然叹曰："快哉！是非所谓苦而甘者欤？是非所谓淡而非淡者欤？是非所谓得味外之味者欤？甚矣乎！习斋子之于斯道，其勤若此，其得若此，其发若此也。"予闻书与人必相变也，书变则人矣，人变则书矣。然读申、韩之书而不申、韩者，未始不加少；读孔、颜之书而不孔、颜者，未始加少。彼之变也奚以亟？此之变也奚以舒？愿与习斋子评之。

年月日，杨万里序。

开篇说："读书必知味外之味，不知味外之味而曰：'我能读书'者，否也。《国风》之诗曰：'谁谓荼苦？其甘如荠。'吾取以为读书之法焉。夫食天下之至苦，而得天下之至甘，其食者同乎人，其得者不同乎人矣。同乎人者，味也；不同乎人者，非味也。不然，稻粱吾犹以为淡也，而欲求荠于荼乎哉？"杨万里为了说明"读书必知味外之味"，以"糖"和"荼"作比，详细说明这个问题。吃糖初觉甘甜，沁香满口，但不能回味，终归于酸。饮荼则不同，始觉苦，然苦尽甘来，回味无穷。机智的比喻、充满美感的"说"使"理"变得有趣，耐人寻味。那么什么书值得读者"苦中求甘"，知味外之味？文章接着说："《论语》之书，非吾道之稻粱而奚也？天下可无稻粱，则是书可无矣。虽然，匹夫匹妇一日而无稻粱，死不死也？死也，一匹夫匹妇而已矣，况未必死乎？然则，稻粱者无之不可也。至于是书，一日而无之，则天下其无人类矣。非无人类也，有人类而无人心也。

有人类而无人心，其死者一匹夫匹妇而已乎？然则《论语》之书，又非止于吾道之稻粱而已也。故学者不自五六岁读之不见也。然读之之不迟，知之之不早，不以其食之而淡欤？食之而淡也，食如不食也。"在这里，杨万里为了说明《论语》该读，而且还要知其"味"，竟将《论语》"上升"到了稻粱的高度！《论语》似"稻粱"又高于"稻粱"。"稻粱"喂养人之肌体，所以稻粱对老百姓很重要，人不可一日无食！但一日不食并不危及生命。而《论语》滋养人之精神，天下若无《论语》，则人不再为"人"，因为人没有了精神支柱，那不等于行尸走肉了吗？然而读《论语》却无法领略其要旨，即知其味外之味，读也是枉然！道理这么一讲，想必贩夫走卒都能明白。这就是比喻的妙处。他在书牍中将自己申请致仕却未被批准比喻为"政如将死之人，骨肉扶掖，不听其绝，爱之乃苦之耳"；将自己退而未休，仍为祠官的身份说成"出笼之鹤，尚绊一足""似鱼中钩也"；将彻底退休喻为"放鹤出笼，纵鱼入海"；将自己老而无用喻为"寒炉之灰，墙角之檠"；将自己沉溺于文学而不能自拔比喻为"独爱贤好文之心，若痕癖沉痼，结于膏之上，肓之下，而无汤熨针砭可达者，而何敢望其疗乎？望其疗，固不敢；望其小宁而不作，亦且不敢也。每以此自苦，亦以此自乐。病而至于乐，虽秦越人视之，亦未如之何矣！而何汤熨针砭之尤乎哉！"这些俯拾皆是的比喻都极为传神，恰切地道明了自己的处境及内心感受。序跋本为应用性文字，要求着眼于著作本身给读者传达作序者的认识和见解，所以不能如抒情散文或小说那样任意选题立意，尽兴畅谈，这就容易写得艰涩生硬，给读者沉闷、乏味之感。杨万里写有大量的序跋，而且他在序跋中好说理，但杨万里"说"理的技巧很高，他善于融理于事，巧用比喻的修辞技法，用可感可触的形象化议论，使生动的形象诉诸读者的视觉和想象，让哲理变得生动可感，浅显易懂；使说理充满了趣味性，会心会意之间给人以理趣之美。

杨万里将"比喻"这种辞格运用得得心应手，他在描写事物或说明道理时，总能信手拈来与所描写的事物或所说明的道理有相似点的事物或道理打比方，而且他非常善于打"大比方"进行叙事说理，比如《答学者书》：

> 某启：某作性僻违，绝不喜与富贵者游。非敢有傲也，避彼之傲耳。故着破褐，煮野蔬，而读书之声满天地，则吾之贫贱，未始不富贵；而彼之富贵，未始不贫贱也；故得以自负。
>
> 向也，清卿与足下来吾门，初未知足下何如人也。泛而揖，偶而言，未有以异。足下可与游乎，不可与游乎，吾之僻违之病，似未易瘳也。既而夜坐于族人家，不敢与诸任齿，而足下独立，不亲彼而不疏我，论文问学，一语便与吾心如印印泥，于是惊焉：不意乡里之有足下，又悔其初之几失足下也。吾之病忽脱然去吾体，幸甚幸甚。
>
> 然独有怪焉：足下天资如此之秀朗，而未至于东流淙淙者，抑岂天者高而人者下耶？今锯一松以为两，一则为鸢路，王公式焉；一则为破甑，皂隶

蘬焉。木不异也，而器不同，何也？前之遭者轮扁，而后之遭者庸工也。虽然，轮扁不易致也。敬之如敬父师，飨之如飨大宾大客，则轮扁可致也。致而不飨，则怠于斫，飨而不敬，则啬于斫。至于庸工，嗟来可飨也，与台可待也，贪于庸工之不财费，而忘其不费，亦甚可惜哉！然盖有家无宿舂者矣，而亦责以力致轮扁，是亦教饿者以何不食肉糜之智也。无力而不能致，与有力而不肯致，君子于此，将不能致者讥耶？不肯致者讥耶？足下之天者，松也，为鸢路不难也。而足下之所谓人者，轮扁耶？吾不得而知也；庸工耶？吾亦不得而知也。吾但见足下之松，未有以妙斫者，足下真不能致轮扁耶？抑能致而不肯致耶？足下之病有一焉，将足下之于轮扁，虽能致之而未能使之，大者不啬，小者不怠耶？足下之病兼焉，三病有一焉，善医者忧之。足下有前之一，以合后之二，此吾之所以为深忧也。能致轮扁而不肯致，得轮扁而以庸工视之，不得轮扁而不力求焉，安于缺斧钝斤之下，而曰吾之材松也，吾求为鸢路也，必也乌头白马生角木象生肉脚而后成也。足下于此有忧乎？无忧乎？愿为鸢路乎？愿为破甑乎？为鸢路，知足下之愿也，而吾未见其成也。为破甑，知足下之不愿也，而吾未见其免也。足下之三病未瘳也，足下能有忧焉，则无病矣。病去而后成者可成，不免者可免矣。某僻违之病，荷足下而稍瘳。足下之病，其不以吾药而瘳乎？

虽然，服之吐之，又非吾力之所能及。为足下
惜此松，故诵言至此。足下不怪否？足下怪也，则
吾僻违之病亦惧复作矣。故吾不惟为足下忧，而又
为我惧也。不宣。

文中所谓"学者"，是学于诚斋之门的一位士子，诚斋
并未道出其名，原因现已不可知了。文中探讨这位学者天资
聪颖却仕途不顺的根源时打了个很长很长的比方："足下天资
如此之秀朗，而未至于东流淙淙者，抑岂天者高，而人者下
耶？令锯一松以为两，一则为鸾路，王公式焉；一则为破甂，
皂隶蹴焉。木不异也，而器不同，何也？前之遭者扁轮，而
后之遭者庸工也。足下之天者，松也，为鸾路不难也。而足
下之所谓人者，轮扁耶？吾不得而知也；庸工耶？吾亦不得
而知也。吾但见足下之松未有以妙斫者。足下真不能致轮扁
耶，抑能致而不肯致耶？足下之病有一焉。将足下之于轮扁，
虽能致之，而未能使之大者不啬，小者不怠耶？足下之病兼
焉。三病有一焉，善医者忧之；足下有前之一，以合后之二，
此吾之所以为深忧也。能致轮扁不肯致，得轮扁而以庸工视
之，不得轮扁而不力求焉，安于缺斧钝斤之下，而曰'吾之
材，松也。吾求为鸾路'也？必也乌头白，马生角，木象生
肉脚而后成也！足下于此有忧乎，无忧乎？愿为鸾路乎，愿
为破甂乎？为鸾路，知足下之愿也，而吾未见其成也。为破
甂，知足下之不愿也，而吾未见其免也。足下之三病未痊也，
足下能有忧焉，则无病矣。病去而后成者可成，不免者可免
矣。"之所以将这种"比喻"称为"大比方"，是因为它不是

打个简单明了的比方一目了然地说明事理，而是在对一个深奥难懂的事物加以说明时，其"喻体"虽然比"本体"浅显、易阐释，但其本身内在的逻辑关系仍极为复杂，依然需要深入探究方可理清线索。就其结构而言，很难明确地划分孰为"本"，孰为"喻"，只能整体地来把握。

四、杨万里的词

　　杨万里列位南宋"中兴四大诗人"之中，诚斋体独辟蹊径以"活法"为诗，应该说杨万里是中国文学史上颇有创意、独树一帜的一代诗家。杨万里一生主要的贡献是诗，他不是专业词人。他的词一共只有八首，按作品的数量，当然不能与宋词的"大家""名家"相提并论，即使是他的那些较为优秀的篇章，如《好事近》也不可能有苏轼的《念奴娇》、辛弃疾的《水龙吟》、秦观的《鹊桥仙》、柳永的《雨霖铃》、李清照的《醉花阴》那样脍炙人口，在宋词的汪洋大海里确实微不足道，因此很少有人注意和论及。无论从哪个角度出发，宋词的经典化都曾被表述为两种典范形态和基本模式：所谓豪放与婉约两派、质实与清空两体、以诗与词为别是一家之两格，杨万里的词自然不是豪放一派，又有别于婉约派，如同他的诗一样，表现出与众不同的风格。除了创作题材、写法上的不同之外，突出的一点表现在他所喜欢用的体裁上，他致力于小令这种体裁的创作，他的那几首受后人推崇的词都是小令。小令这种体裁不但在形式上表现出工稳整饬的特点，而且篇幅短小便于即时抒情写景，使杨万里将诗歌创作的长处发挥得淋漓尽致。如果我们仔细去欣赏他的作品，就会发现他的词个性很鲜明，富有创造性，发挥了"活法为诗"的长处，其词风格清新、活泼自然，与诗相近，词风跳脱流逸，语言则化俚成雅，有新奇巧趣之美。

（一）词的创作

1. 万象毕来的题材

词作为天水一朝最有代表性的文体，其题材风格与其创作渊源密不可分。曲子词源自汉族民间，俚俗粗鄙就是其天然倾向。由于敦煌石窟中大量的"曲子词"被重新发现，词源于汉族民间俗文学的观点已得到广泛承认。隋唐之际发生、形成的曲子词，原是配合一种全新的音乐——"燕乐"歌唱的。"燕"通"宴"，燕乐即酒宴间流行的助兴音乐，演奏和歌唱者皆为文化素质不高的下层乐工、歌妓。且燕乐曲调之来源，主要途径有二：一是来自边地或外域的少数民族。唐时西域音乐大量流入，被称为"胡部"，其中部分乐曲后被改为汉名，如天宝十三年（754 年）改太常曲中五十四个胡名乐为汉名。《羯鼓录》载一百三十一曲，其中十之六七是外来曲。后被用作词调的，许多据调名就可以断定其为外来乐，如《苏幕遮》本是龟兹乐曲。《胡捣练》《胡渭州》等调，则明白冠以"胡"字。部分曲调来自南疆，如《菩萨蛮》《八拍蛮》等等。部分曲调直接以边地为名，表明其曲调来自边地。《新唐书·五行志》说："天宝后各曲，多以边地为名，如《伊州》《甘州》《凉州》等。"洪迈《容斋随笔》卷十四也说："今乐府所传大曲，皆出于唐，而以州名者五：伊、凉、熙、石、渭也。"伊州为今新疆哈密地区，甘州为今甘肃张掖，凉州为今甘肃武威，熙州为今甘肃临洮，石州为今山西离石，渭州为今甘肃陇西，这些都是唐代的西北边州。燕乐构成的主体部分，就是这些外来音乐。二是来自汉族民间的土风歌谣。唐代曲子很多原来是民歌，任半塘先生的《教坊记笺订》对教坊曲中那些来自汉族民间的曲子，逐一做过考察。如《竹枝》原是川湘民歌，唐刘禹锡《竹枝词序》说："余来建平（今四川巫山），里中儿联歌《竹枝》，吹短笛击鼓以赴节。歌者扬袂睢舞，以曲多为贤。聆其音，中黄钟之羽，卒章激讦如吴声。"又如《麦秀两歧》，《太平广记》卷二五七引《王氏见闻录》言五代朱梁时，"长吹《麦秀两歧》于殿前，施芟麦之具，引数十辈贫儿褴褛衣裳，携男抱女，挈筐笼而拾麦，仍和声唱，其词凄楚，及其贫苦之意。"宋代汉族民间曲子之创作仍然十分旺盛，《宋史·乐志》言北宋时"汉族民间作新声者甚众"，如《孤雁儿》《韵令》等等。燕乐曲调的两种主要来源，奠定了燕乐及其配合其演唱歌辞的俚俗浅易的文学特征。歌词在演唱、流传过程中，以及发挥其娱乐性功能时，皆更加稳固了这一文学创作特征。歌词所具有的先天性的俚俗特征，与正统的以雅正为依归的审美传统大相径庭。最初，宋词的题材以描写艳情为主。张炎说："簸弄风月，陶写性情，词婉于诗。盖声出于莺吭燕舌间，稍近乎情可也。"（《词源》卷下）就是对这方面特征的一个总结。宋词是中国文学发展史上第一个抒写艳思恋情的专门文体，"诗言志词言情""词为艳科"都是宋词这种创作主流倾向的归纳。宋词的题材集中在伤春悲秋、离愁别绪、风花雪月、男欢女爱等方面，与"艳情"有着直接或间接的关系。到了苏轼，这种情况有了一定程度的改变，苏轼应该可以说是文人抒情词传统的最终奠定者，陈师道用"以诗为词"评价苏词，道中苏词革新的本质，就是词的"雅化"进程。首先，苏轼词扩大了词境，刘辰翁《辛稼轩词序》说："词至东坡，倾荡磊落，如诗如文，如天地奇观。"他外出打猎，便豪情满怀地说："会挽雕弓如满月，西北望，射天狼。"（《江城子·密州出猎》）他望月思念胞弟苏辙，便因此悟出人生哲理："人有悲欢离合，月有阴晴圆缺，此事古难全。"（《水调歌头·明月几时有》）他登临古迹，便慨叹："大江东去，浪淘尽、千古风流人物。"（《念奴娇》）五彩纷呈，令人目不暇接。刘熙载《艺概》卷四概括说："东坡词颇似老杜诗，以其无意不可入，无事不可言也。"其次，苏轼词提高了词品。苏轼的"以诗入词"，把词家的"言情"与诗人的"言志"很好结合起来，文章道德与儿女私情并见乎词，在词中树堂堂之阵，立正正之旗。即使写闺情，品格也特高。《贺新郎》中那位"待浮花浪蕊都尽，伴君幽独"的美人，可与杜甫《佳人》"天寒翠袖薄，日暮倚修竹"之格调比高。胡寅《酒边词序》因此盛称苏词"一洗绮罗香泽之态，摆脱绸缪宛转之度，使人登高望远，举首高歌，而逸怀豪气超乎尘埃之外。"词至东坡，其体始尊。再次，苏轼改造了词风。出现在苏轼词中的往往是清奇阔大的景色，词人的旷达胸襟也徐徐展露在其中。传统区分宋词风

255

格，有"婉约""豪放"之说，苏轼便是"豪放"词风的开创者。凡此种种"诗化"革新，都迅速地改变着词的内质。晚清著名词人、词学家况周颐因此肯定说："熙丰间，词学称极盛，苏长公提倡风雅，为一代山斗。"（《蕙风词话》卷二）刘熙载转换一个角度评价说："太白《忆秦娥》，声情悲壮，晚唐、五代，惟趋婉丽，至东坡始能复古。"（《艺概》卷四）东坡的复古，正是词向诗的靠拢，突出"志之所之"，也是向唐诗的高远古雅复归。至是，词之"雅化"也取得了本质性的突破，婉约与豪放两派词人在宋代词坛各领风骚。

　　杨万里诚斋词虽只有八首，却不似先辈某些词人仅以男女相思为唯一题材，而究其归类事宜，也不可将之简单归入婉约或归入豪放。诚斋词似走着题材另有天地的道路，用他自己的话来说就是："步后院，登古城，采撷杞菊，攀翻花竹，万象毕来献予诗材。盖麾之不去，前者未雠，而后者已迫，涣然未觉作诗之难。"这种俯拾皆是的境界是文学中一种高层次的贯通畅豁之美，就像苏轼之"嬉笑怒骂皆成文章"一样，找到了文学的真谛。宋词多以爱情和爱国为题材，杨万里却以咏物写景为题材。《好事近》"如今才是十三夜，月色已如玉。"正面写月，十三夜的月色如美玉般的晶莹皎洁，重点抓住一个"玉"字；《昭君怨·咏荷上雨》"却是池荷跳雨，散了真珠还聚。聚作水银窝，泻清波。"咏写"荷上雨"，从视觉下笔，先从"池荷跳雨"写起，指急雨敲打荷叶，雨珠在叶上跳动的样子，接着把荷叶上晶莹的雨点喻作珠，说这些珠在荷叶上忽聚忽散的跳动，最后汇集在荷叶中间，象一窝水银，来回滚动，泛着清波。这种描写不但比喻新颖，而且变化无穷。《昭君怨·赋松上鸥》"偶听松梢扑鹿，知是沙鸥来宿。"这首作品，开头两句从沙鸥飞落松梢时拍打翅膀的声音，就知道它要来这里栖宿，因是夜间，不易看清，所以没有作形象上的描绘，而是靠听觉作出判断加以表现，采用了未见其人先闻其声的写法，异常传神。《忆秦娥·初春》春归了，落梅如雪，野桃红小。"短短八个字，写景如画，"谢了梅花，开到桃花。"抓住初春节令的景物特征，准确而形象。钱锺书先生认为杨万里诗的特色在于"化生为熟""擅写生"，从这首词看，杨万里确实不愧为"写生能手"。他的词多取材于大自然的景物以及日常生活琐事，大至山川日月，小至树木鱼鸟，一经他点染勾勒，立即趣味盎然，令人耳目一新，让我们领受到大自然与生俱来的清新优美，为词坛注入清新明朗的活力。王兆鹏认为杨万里笔下的万物都具有生命、意识，其诗表现出自然物的灵性，赋予自然物以知觉和情思，打破了传统的艺术规范，改变了惯常的艺术思维定势，以自己的感受和想象建构了独特的艺术审美世界。

因为数量的偏少，杨万里的词在浩如烟海的宋词中很容易被淹没，而通过对诚斋词审美理想的分析，我们又很庆幸有机会看到诚斋的思想带给词学的一点光亮。一种独特审美理想的形成脱胎于其生平思想的发展与结晶，凝其一生始成因而不易得，如果再将之游刃有余地融会贯通到自己的诗词之中，令这种审美理想灿若星辰、千秋不朽，则更非常人所能。诚斋审美理想的真正意义在于：它带给世界一种爽朗清新的思路——一种以往没有的东西，给当时的词坛吹进了一股平淡风趣的词风，这是东坡词"豪妙清旷"、易安词"风流雅挚"以及白石词"清空高远"等词风中所没有的。如他的《昭君怨·咏荷上雨》：

> 午梦扁舟花底，香满西湖烟水。急雨打篷声，梦初惊。却是池荷跳雨，散了真珠还聚。聚作水银窝，泻清波。

词牌"昭君怨"本琴曲名。《琴曲谱录》："中古琴弄名有'昭君怨'，明妃制。"又琴操："齐国王穰，以其女昭君，献之元帝，帝不之幸。后欲以一女赐单于，昭君请行。及至，单于大悦。昭君恨帝始不见遇，乃作怨思之歌。"故李商隐诗有"七弹明君怨，一去怨不回"之句。晋人避司马昭之讳，昭君改称明君。至隋唐由乐府而入长短句，浸成词曲名。清毛先舒《词学全书》云："汉王昭君作怨诗，入琴操，乐府吟叹曲，有'王明君'，盖石崇拟作，以教绿珠；隋唐相沿有此曲。"词调多取名于琴曲；观此，可知本调调名之由来已。杨万里的《昭君怨·咏荷上雨》，是宋代"昭君怨"词牌的代表作品之一。

这首小令用轻松活泼的笔调写自己梦中泛舟西湖和被雨惊醒后的情景。上片写梦中泛舟西湖花底，骤雨打篷，从梦中惊醒。"午梦扁舟花底，香满西湖烟水。""扁舟"，小船；"花底"，花下。词人午睡，梦中驾着小船在西湖荷花之下泛游，烟雾缭绕的水面上荷花的香味四溢。这两句写的虽是梦境，但形象逼真，如同一幅绝妙的水墨画，淡笔素描，勾勒出湖面胜景的一个轮廓，呈现在读者面前。"急雨打篷声，梦初惊。"突然，一阵暴雨击打船篷的声音，把他从梦中惊醒，一瞬间，先前的扁舟、荷花、烟水顿时消失，可以想见，词人此时对梦境还有些留恋，对雨声打断他的美梦不无遗憾。下片写醒来所见景物，与先前的梦境相映成趣。"却是池荷跳雨，散了真珠还聚。""却是"二字，承上启下，把梦境和现实串在一起。原来，先前梦中听到的"急雨打篷声"，睁眼一看，是雨点落在门前池塘中的荷叶发出的声音。"跳"字说明雨下得很急，与上片的"打"字相呼应。雨珠在荷叶上活蹦乱跳，形同一粒粒的珍珠，"珠珠"被雨点击散，又重新聚合，因此说"散了……还聚"，若不是观察仔细，是很难提炼出这样的佳句来的。"聚作水银窝，泻清波。""水银"二字作比喻，形象地写出水珠在荷叶上滚动聚合的状貌。这两句是说，雨点聚多了，聚成水银般的一窝，此时叶面无法承受它的重量，叶上的积水便泻入池中。"跳""散""聚""泻"，四个动词连用，把雨打荷叶，荷叶面上水珠滚动，周而复始的情景写得活灵活现。

词构思巧妙，意境新颖，梦境与现实对照写来，曲折而有层次，极富变化，细细品味，似乎看到晶莹璀灿的珍珠在碧绿的"盘"中滚动；似乎嗅到荷花的阵阵幽香，有很强的艺术魅力。钱锺书的《谈艺录》说："以入画之景作画，宜诗之事赋诗，如铺锦增华，事半而功则倍，虽然，非拓境宇、启山林手也。诚斋、放翁，正当以此轩轾之。人所曾言，我善言之，放翁之与古为新也；人所未言，我能言之，诚斋之化生为熟也。放翁善写景，而诚斋擅写生。放翁如图画之工笔；诚斋则如摄影之快镜，兔起鹘落，鸢鱼跃，稍纵即逝而及其末逝，转瞬即改而当其未改，眼明手捷，踪矢蹑风，此诚斋之所独也。"

又如《武陵春》：

> 长铗归乎踰十暑，不著鸡鶍冠。道是今年胜去年，特地减清欢。旧赐龙团新作祟，频啜得中寒。瘦骨如柴痛又酸，儿信问平安。

写自己以疾病而告其子，完全是在拉家常。极为平淡，明白如话，其它词作无一不是如此，很少用典纯用白描，不事雕琢，然言愈质朴，情感却愈真挚，他退隐后，一方面仍然关注国家大事，不在其位亦谋其政；另一方面能彻底忘却仕途，从大自然中寻找生活的美。

2. 错落有致的结构

杨万里的词在结构上，充分体现了"诚斋诗体"的特点，错落有致、曲尽其妙。杨万里"诚斋体"的核心在于"活法"，而"活法"的最根本体现就是作品结构上的变化万千。尽管诗的篇章短小，容量也不大，但杨万里在诗的结构上却敢于创新，善于创新，以大起大落的手笔，使诗歌出现无比巧妙的变化和多层次的曲折，而起承转合又能浑然一体。正如陈衍所说："宋诗中如杨诚斋，非仅笔透纸背也，言时摺其衣襟，既向里摺，又反而向表摺，因指示曰：'他人诗，只一摺，不过一曲折而已；诚斋则至少两曲折。他人一折向左，再折又向左；诚斋则一折向左，再折向左，三折总而向右矣。生看诚斋集，当于此等处求之。'"杨万里词的结构也如此。尽管其词的内容比较单薄，但由于结构上错落有致，曲径通幽，仍然给人一种曲尽其妙、趣味盎然的感觉。如《昭君怨·赋松上鸥》：

> 偶听松梢扑鹿，知是沙鸥来宿。稚子莫喧哗，恐惊他。俄顷忽然飞去，飞去不知何处？我已乞归休，报沙鸥。

这首词颇有点"诚斋诗体"的风味，作者要与沙鸥交朋友，他特地告诉沙鸥说：我已不作官了，咱们都是江湖散漫之人，请不要避我嫌我，表达了作者退隐的决心。本词是杨万里辞官归隐家乡江西吉水时的作品，题目《赋松上鸥》说明，这是一首咏物词。上片写静坐书室，意外地听窗外松树上有沙鸥前来投宿，十分惊喜。"偶听松梢扑鹿"，"偶"字意即偶然地，或者说是意料之外地，"扑鹿"是象声词。首句说，他偶然听到门前松树梢上有飞鸟拍打翅膀的"扑鹿"声，凭着生活经验，他"知是沙鸥来宿"。首二句无丝毫的渲染与夸饰，似乎是简单地平铺直叙，但只要稍稍揣摩，便不难发现，这十二个字既写出了环境的寂静，又写出了树上鸥鸟的活动，从字面看，人未见形，鸥未露体，而在读者的意念中，却分明"看"到凝神谛听的神态，"听"到沙鸥抖动翅膀的扑扑鹿鹿的声音，这足以说明，这两句近似口语的话，并非随意信手写来，而是经过认真推敲锤炼而得，因此颇为传神。"稚子莫喧哗，恐惊他。"沙鸥前来投宿，无限欣喜，他小心翼翼地向正在玩耍的孩子们示意，告诫他们不要吵闹，恐怕惊吓了鸥鸟。这两句于字里行间透露出对沙鸥这种鸟儿非常喜欢，同时表现了对生活的热爱，而且增加了本词的生活气息。"莫"字和"恐"字表达出对沙鸥由衷的喜爱。下片写鸥鸟远飞，词人不免怅然若有失，进而将鸥鸟人格化，与之沟通思想，借以抒发心志。"俄顷忽然飞去，飞去不知何处？"正因为沙鸥落在"诚斋"门前松树上高兴，转瞬间沙鸥忽然振翅远飞，深感失望，先前的激情顿时冷落下来。"不知何处"说明对鸥鸟十分记挂，面对一片空虚的茫茫夜空，他万分焦虑，却又无可如何。两句中"飞去"二字重复使用，这种手法在现代修辞学上称为"顶真"，因为用得恰切自然，所以读起来丝毫没有重复的感觉。"我已乞归休，报沙鸥。"结尾两句，和盘托出心志，把自己辞官归隐的事告诉沙鸥，表述了他期望求得沙鸥"理解"的心情。据《宋史》记载，杨万里长期被贬，愤而辞官家居，临终前曾有"韩侂胄奸臣，专权无上，动兵残民，谋危社稷。吾头颅如许，报国无路，惟有孤愤！"的话，说明他因为报国无门，又不被人理解，忧愤至死。本词把沙鸥视为"知己"，寄托自己的感情，其意也在于排解内心的苦闷。

设想一下这首《昭君怨》写作的时景、天色迷蒙、轮廓渐虚之时，于书斋闲坐饮酒，偶听翅膀扑动之声，由听觉而心知是沙鸥坐松，示意稚子莫出声，别惊飞它。不久沙鸥飞入天地无寻处，乞知我已归隐山林，是可以与你为友的啊！从"偶听松动"到"俄顷飞去"，一只东张西望的鸟能媲美我们所言东坡词"豪妙清旷"、易安词"风流雅挚"、稼秆词"悲壮博闳"、白石词"清空高远"，这些感悟入神之辞皆直指该词家的审美理想。

3. 化俚成雅的语言

语言上，杨万里以大量口语、俗语和方言入词，使词作语言丰富多彩。俗语是汉语语汇里为群众所创造，并在群众口语中流传，具有口语性和通俗性的语言单位，是通俗并广泛流行的定型的语句，简练而形象化，大多数是劳动人民创造出来的，反映人民生活经验和愿望。这种语言上的表现自由只有在当时的说唱文学中才能得到实现。因为这些属于俗文学的说唱文学形式多样，句法富于变化，比诗更易于运用语言。杨万里词作的以俗为雅和当时风尚有着很大关系。城市都会经济的繁荣和市民文化的兴盛是宋代文化能够发展成熟的重要原因。南宋初期，在传统的以诗文为主的雅文学不断发展的同时，表现市民大众文化精神的词曲、戏剧、小说和说唱文学等俗文学样式也日益繁荣。正宗文人普遍受到俗文学的影响，不同程度地汲取了民间艺术的营养。"以俗为雅"的文学思潮便产生于此种背景。以俗为雅"包含两层意思：第一层，将具有俗文化色彩的文学样式雅化，并补充新的雅文化的内容；第二层，借鉴俗文学的表现样式，同时也适当地容纳俗文学的某些内容来进行雅文学的创作。这种"以俗为雅"的文学思潮，在文学创作和文学批评等许多领域得到体现。和杨万里同时的陆游、范成大、尤袤等诗人都一定程度地受到这种思潮的影响，其诗歌作品中往往表现出"以俗为雅""化俗为雅"的倾向。杨万里生活在那个大氛围中，当然也不会避开此种影响。

杨万里诗词中有关事物名称、特征等的名物类俗语词很多，如上文所引《昭君怨》中有"聚作水银窝，泻清波"之句。其中"水银"，即汞。晋葛洪《抱朴子》："凡草木烧之即烬，而丹砂烧之成水银，积变又还成丹砂。"宋陆游《老学庵笔记》卷三："达明复命函贯首自随，以生油、水银浸之，而以生牛皮固函。"诗人也曾以水银指月，李白《上云乐》诗："云见日月初生时，铸冶火精与水银。"王琦注引《淮南子·天文训》："积阴之寒气为水，水气之精者为月。"在杨万里的词中，"水银"是"急雨"落在荷叶上水珠，是一颗颗会跳动的"真珠"，那"水银窝"就是聚在荷叶叶底的水珠。这个俗语用在这里，形象而生动，把水珠灵性的一面表现的淋漓尽致。再如杨万里《归去来兮引》中有"容老子舟车，取意任委蛇"之句，其中"老子"一词是我们平常所说的俗语词。它是作者对自己的称呼，相当于"老夫"。比如：《后汉书·逸民传·韩康》："康曰：'此自老子与之，亭长何罪！'"宋辛弃疾《水调歌头·和王正之右司吴江观雪见寄》词："老子旧游处，回首梦耶非。"它并不是今天"自高自大的自称"。《归去来兮引》："侬家贫甚诉长饥，幼稚满庭闱。""侬家"，是一个方言俗语词，一般是女子的自称，这里的"侬家"是自称，即"我"，其中"家"是后缀，并没有实际意义。只是杨万里描述"自己"的家境。《昭君怨》"偶听松梢扑鹿"，这里的"扑鹿"，是一个象声词，表示翅膀拍打的声音，也作"扑漉"。词中，这个词是形容沙鸥拍翅的声音。《念奴娇》"只愁杀螺江门外私酒"，这里的"杀"，用在谓语的后面，表示程度之深。《武陵春》"特地减清欢"，"特地"表示特别，格外，还可以作"突然，忽然"

的意思，皆是俗语入词。俗语词产生于人民大众，自然会回归到大众中，那表现形式就是出现在当时的文学、诗歌作品中。俗语词的研究可以回归作品的原貌，对后人了解当时的生活习俗、生活面貌等都有很大的帮助。

钱锺书先生在《宋诗选注》中评诚斋有言："他只挑牌子老，来头大的口语，晋唐以来诗人文人用过的——至少是正史、小说、禅宗语录记载着的——口语。他诚然不堆砌古典了，而他用的俗语都有出典，是白话里比较'古雅'的部分。"世人多评诚斋好用口语、俚语，少用典故，所以显得不文、趋俗，以致扣上"格调不高"的帽子，实际上用俚还是用雅并不能成为评价诗词好坏的标准。以上钱老的言语已说得明白诚斋的"用俚"都是颇费灵机的，用现代的话来讲是"雕饰良久的天然"，这种天然看似无心偶成，实则苦心营造，连作为筑词材料的语言都是从正史、小说、禅宗语录中沙里淘金筛出来的。诚斋的审美是以"化俚成雅"为美的。《忆秦娥》一首开篇如畅泉平涌而出，"春归了"三字乃口语入词，读来似有叠声吟摇之听觉。"落梅如雪，野桃红小"单挑出来，清雅之意顿溢满口，但不着诚斋独色，若前面冠以"春归了"，由此句立刻由风雅之势转而顽皮益趣起来。下片"老夫"一句，俚语"老夫"看似粗敝了一些，但换作"老者""仙翁"皆失去其诙谐任由的动感了。这种不可或缺的口语，正是诚斋审美的一个重要层面。

（二）词的艺术特色

杨诚斋词，素以清新自然、流畅、近似白描，朴实恬淡的笔触填词，为时人所嘉许。其中两首《昭君怨》是其最著名的词作，尤其是第二首短短四十个字却描摹了"舟、花、香、水、雨、声、梦、荷、珠、烟、水银、清波"等等或真切清新或飘渺空灵的虚实景物，可谓万丽纷呈，意象万千，共同造筑了引人入胜之人间佳境，真是令人不禁倾倒、欣然神往。

1. 词风清新自然

杨万里"杨诚斋体"在当时颇有影响。其词语言平易自然，意境新鲜，生活气息浓郁，说明他的词风一如他的诗风。如《好事近·七月十三日夜登万花川谷望月作》：

> 月未到诚斋，先到万花川谷。不是诚斋无月，隔一林修竹。如今才是十三夜，月色已如玉。未是秋光奇绝，看十五十六。

这首词如平常闲谈，似漫不经心，无任何文饰雕琢之迹，但上下两片却给人以整体浑圆之美。上片"不是诚斋无月，隔一亭修竹"不仅构思奇巧，而且光影朦胧，平中见雅。下片则以数字构成奇趣，如余音绕梁，意境清新，韵味浓郁。特别是词中又充满了动感，意趣之外更添生机。全词以清新自然的笔调，勾勒出了一副秋夜的月景图，洋溢着作者对生活的热爱，展示了作者对光明美好未来的憧憬，读后发人深思。"月未到诚斋，先到万花川谷。""诚斋"，是杨万里书房的名字，"万花川谷"是离"诚斋"不远的一个花圃的名字。开篇两句，明白如话，说皎洁的月光尚未照进他的书房，却照到了"万花山谷"。用"未到"和"先到"巧设悬念，引人遐想。读完这两句，人们自然地要问：既然"诚斋"与"万花川谷"相去不远，何以月光照到了"万花川谷"，的书房里不见月光呢？紧接着两句"不是诚斋无月，隔一林修竹。"使悬念顿解，也说明了为什么要离开诚斋跑到万花川谷去赏月。原来，在他的书房前面有一片茂密的竹林，遮蔽了月光。本句中的"隔"字与"修"字看似平平常常，实则耐人琢磨，有出神入化之妙。试想，竹子如果不是长得郁郁葱葱，修长挺拔，怎么会把月光"隔"断？寥寥十一字，既解开了"月未到诚斋"的疑窦，也说明了书房处于竹林深处，环境幽雅僻静。前文已述，杨万里在任永州零陵县丞时，曾三次去拜访谪居永州的张浚不得见面，后来"以书谈始相见，浚勉以正心诚意之学，万里服其教终身，乃名读书之室曰'诚斋'。"这样，就可以想见杨万里名为"诚斋"的书房是费了一番心思，作了精心的设置和安排的。上片通过对照描写，用"未到"和"先到"点明，此时诚斋仍处在朦胧暗影之中，而"万花川谷"已是月光朗照。下片四句，便描写"万花川谷"的月色。"如今才是十三夜，月色已如玉。"两句中只有"如玉"二字写景，这两字用巧妙的比喻，形象生动地描绘出碧空澄明、冰清玉洁的月夜景色。"才"字与"已"字相呼应，使人想到在"十三"的夜里欣赏到这样美妙的月景，有些喜出望外；也使人想到，尽管现在看到的月色象玉一般的晶莹光洁，令人陶醉，但"十三夜"毕竟不能算是欣赏月色的最佳时刻。那么，何时的月色最美呢？任人皆知，阴历的十五、十六日月亮最圆，是观赏月光最好的日子。这样，词的结尾两句，也就很自然地推出一个新的境界："未是秋光奇绝，看十五十六。""未是"二字压倒前句描写的美妙如玉，剔透晶莹的境界，推出一个"秋光奇绝"的新天地，指出即将来临的十五十六才是赏月的最佳时刻。尾二句自然的笔墨看似平淡，却表现出一个不同凡响的艺术境界，说明对未来、对美有着强烈的憧憬和追求。

这首词的叙述笔法自由挥洒，构思平里出奇，跌宕顿挫，词中造语遣字虽平淡清浅，如同白话口语，却显得韵味悠长。佚名《续清言》"杨万里不特诗有别才，即词亦有奇致"，亦举此词为例，"昔人谓东坡词是曲子中缚不住者，廷秀词又何多让？乃知有气节人，笔墨自然不同。"谓廷秀不逊于东坡，给予杨万里及他的词很高的评价，今人于北山认为杨万里诗的艺术特色在于典雅精工，句外有意，因近取譬，发人深省，清新流丽，色彩鲜明。台湾学者张健认为杨万里诗的风格在于"清""淡""简约"，我很欣赏这种归纳。"清"可以概括杨万里诗的题材清新自然的特点，"简约"可形容诗的语言朴素无华，非常精炼，"淡"则是"淡雅"风格的最好写照。他们虽是评价杨万里的诗，用来评价他的词是再合适不过的了。可见，诗词是可以互通共构的，杨万里的词充分发挥了他诗歌创作的长处。而且，诗中的笔法不只在杨万里，在陆游、范成大等南宋文人的词中都屡有表现。综上所述，如果用艺术标准来衡量，杨万里的词完全可以说是纯净的"尽弃诸家之体，自出机杼"的产物。

2. 词风透脱活泼

在诗歌创作中，杨万里非常强调透脱。他在《和李天麟二首》之一诗中写道："学诗须透脱，信手自孤高。衣钵无千古，丘山只一毛。句中池有草，字外目俱蒿。可口端何似，霜螯略带糟。"所谓"透脱"主要是指诗人"识度、胸襟的通达超豁，不缚于世俗情见，心境活泼，机趣骏利，不执着、不粘滞。"它要求诗人不束缚于世俗陈见，选材作诗要灵活洒脱，写出透脱的个性，从而形成透脱的诗风。在这一诗歌创作主张的指导下，杨万里的词作也同样具有透脱活泼的风格。如《忆秦娥·初春》：

> 新春早，春前十日春归了。春归了，落梅如雪，野桃红小。老夫不管春催老，只图烂醉花前倒。花前倒，儿扶归去，醒来窗晓。

全词结构跌宕起伏，层次明晰。词一开篇便如畅泉平涌而出：春来后，"春归了"三字乃口语入词，读来似有叠声吟摇之听觉。词从时间入笔，写新春早归，再写新春富有代表性的典型景物，铺叙初春的到来；梅花瓣落如雪，"落梅如雪，野桃红小"单挑出来，清雅之意顿溢满口，但不着诚斋独色，若前面冠以"春归了"，由此句立刻由风雅之势转而顽皮益趣起来。"落梅如雪"，"野桃"又红又小，不仅景色诱人，而且读后清雅之意顿溢满口。词到此一转，由写景转入抒情："老夫"根本不管冬去春来、花开花落，更不去理会岁月无情、催人衰老，"只图烂醉花前倒"，作者这里已忘情与世物，此又一折。到最后"老夫"完全醉倒，直至"儿扶归去"，而归去一觉天明，"醒来窗晓"，又是一个初春的早晨，又将有一个烂醉的我，这里又是一折。这种结构安排错落有致、转折活脱，有着曲尽其妙、余味无穷的艺术魅力。俚语"老夫"看似粗敞了一些，但换作"老者""仙翁"皆失去其诙谐任由的动感了。这种不可或缺的口语，正是诚斋审美的一个重要层面。同时，下片也隐含着这样一点灵机：年岁随春去，老之将至，醉而不思时光流逝，却是又一天方晓。这种以巧趣寓含时空的审美理想，既是诚斋的追求，又确是使他与众不同之处。

周汝昌认为杨万里诗的特点在"活法""包括新、奇、活、快、风趣、幽默几层意思之外，还有一点，就是层次曲折，变化无穷。"杨万里词同样具有他的诗歌写法上的特点，首先，巧用动词：《昭君怨·咏荷上雨》"却是池荷跳雨，散了真珠还聚。聚作水银窝，泻清波。"连用"跳""散""还聚""聚""泻"诸动词，描写打在荷花上的雨滴，跳起来飞散了，又晶莹似真珠般的重新聚在一起，在花瓣深处，聚成一窝晶莹透亮的水银，却又匆匆地泻入湖心，增强了全词的动态与活劲儿，显得婉转多姿。钱锺书曾说过："诚斋如摄影之快镜，兔起鹘落，鸢飞鱼跃，稍纵即逝而及其未逝，转瞬即改而当其未改，眼明手捷，踪矢摄风，此诚斋之所独也。"这首词的下片恰好体现了他"踪矢摄风"的"快镜"，活泼自然而不失真趣。其次，巧构思：《好事近》"月未到诚斋，先到万花川谷。不是诚斋无月……未是秋光奇绝，看十五十六。"词开篇见"月"，起笔即扣题，既为赏月，却先说"月不到诚斋"，而是说"先到万花川谷"，也不交待原因，在读者心中划了一个大大的问号。三、四句说"不是诚斋无月"，而是被满园高大茂密的竹林遮蔽了，使月的清辉无法入室。下片先交待七月十三的夜晚月色已皎美如玉，按道理说望月的愿望已心满意足了。但歇拍又补两句：这并非是奇绝的秋月之辉光，要达到这一目的，十五、十六再来观看，到时的月色比现在美好许多。满足之中引出更新更高的追求。本来月光普照万物，偏说有照不到之处，后交待照不到的原因。本来月色不是最美偏说它美，再说过三天会更奇绝。这首词上下两片均用欲扬先抑的手法，仅用四十五个字，一气呵成，立意新颖，构思灵活，诗境迭宕多变。陈衍《宋诗精华录》说："语未了便转，诚斋秘决。""他人诗只一折，不过一曲折而已；诚斋至少两曲折。"杨万里的词也是这样。第三，巧寄托：张毅认为杨万里对"兴"很重视，"在清新自然的心理状态下获得创作灵感，这种方式便于作者捕捉自然界的微妙变化，体察出日常生活里的隽永滋味。"杨万里把他对"兴"的重视也用到了词中。我们来看《昭君怨·赋松上鸥》，这首词名为咏沙鸥，实有寄托。这首词由《列子·黄帝篇》生发开来：海上有人喜与鸥鸟游，后其父命他去捕捉，已被鸥鸟得知，"明旦之海上，鸥鸟舞而不下"。这个故事意谓人无机心，才能感动鸥鸟。开篇运用拟声词"扑鹿"，指出"沙鸥来宿"，从听觉感受写起。为了不惊走沙鸥，词人一再叮嘱"稚子莫喧哗"。下片见鸥鸟仍然飞去，失望不已。最后两句迫不及待地捧出一颗赤心告知沙鸥自己已经辞官归田，毫无机心，希望沙鸥快速归来，慰问自己孤独寂寞的情怀。词人以诚待鸟，却无法解决鸟儿对人类的猜忌，这实际上寄托着赤诚之心无法为当时社会容纳的矛盾，揭露了当时官场中尔虞我诈、勾心斗角的黑暗现实，整首词用笔灵活超脱。

3. 词风诙谐风趣

清吕留良在《宋诗钞》中评诚斋诗，有"不笑，不足以为诚斋之诗"的说法，这个"笑"是正面褒扬之意，决非贬意。"笑"是指一种诙谐风趣的艺术，这种艺术正是杨万里所擅长的。在《诚斋集》中，最能表现出杨万里诗作特色的，正是那些别具一格的幽默风趣的诗篇。杨万里的词受其诗作的影响也表现出了诙谐幽默、新奇活泼的特点，且由于其笔触细腻，行文如行云流水，"状物姿态、写人情意、铺叙纤悉"，故其词作更加新奇巧趣，自成妙谛。如诚斋词《念奴娇·上章乞休致，戏作念奴娇以自贺》：

老夫归去，有三径足可长拖衫袖。一道官衔清彻骨，别有监临主守。主守清风，监临明月，兼管栽花柳。登山临水，作成诗三首两首。休说白日升天，莫夸金印，斗大悬双肘。籍甚庐陵新盛事，三个闲人眉寿，拣罢军员，归农押录，致政诚斋叟。只愁杀螺江门外私酒。

这是杨万里颇具特色的一首长调，写上章致休，得以恩准而自贺。以游刃有余之洒脱写出作者退出官场，隐野山水的自得其乐心境。全词以游刃有余之洒脱，写出了作者退出官场、隐野山水的自得其乐之心境。词的上下两片意脉相通，极尽铺叙之能事，特别是对登山临水、饮酒赋诗的闲适和乐趣极力铺陈。从字面上看，上下两片似乎重复，可从整体内容上看，则使人感到实属必要。因为不如此就难以表达其退隐的决心。全词意义深刻，思想内容丰富，但作者却以诙谐风趣的笔调缓缓道出。起句"老夫归去，有三径足可长拖衫袖"便幽默十足，及最后"只愁杀螺江门外私酒"则更是相映成趣，活现出一副隐逸生活的闲适与快乐，达到了"寓谐于庄"的艺术效果。

他的另一首词《水调歌头·贺广东漕蔡定夫母生日》也同样采用了这种铺叙的手法：

> 玉树映阶秀，玉节逐年新。年年九月，好为阿母作生辰。涧底蒲芽九节，海底银涛万顷，酿作一杯春。泛以东篱菊，寿以漆园椿。对西风，吹冀雪，烛香云。郎君入奏，又迎珠幰入修门。看即金花紫诰，并举莆常两国，册命太夫人。三点台星上，一点老人星。

这是一首应酬词作，也同样是铺写纤微悉尽，情深意足。词一开篇，仙树庭秀，玉节年新，定下了祝福的基调，接着极力陈写以九节蒲芽，海底银涛酿成一杯充满无限生机的美酒，再加上高洁的秋菊，来为阿母生辰祝福，"寿以漆园椿"！下片也是一样地极力铺写女寿星的家迹兴隆，一门富贵的非凡家境，使整个词呈现一种雍容华贵的气派，充满一种幸福吉祥的气氛。词中将"玉树、藕节、蒲牙、海水"等平常之物写得饶有风趣，尤其是"酿作一杯春"一句，以春代酒，把祝福之情溶于一字，不仅空前绝后，而且诙谐幽默，含意深厚。

诚斋之词，艺术上最大的特点就是语言浅易，明白如话；理语俗语，涉笔成趣，幽默诙谐，拟人比喻，活泼新鲜。杨万里的词在艺术上有一个共性，即妙都妙在一个"趣"字上，这个"趣"字绝大成份就是来自语言的独特风格。诚如赵翼所言："……当其意有所得。虽村夫牧竖之理言俗语，一切阑入，初不以为嫌，及其既成，则理者转进其雅，雅者转觉其老"。

（三）杨万里的檃括词

在杨万里为数不多的词作之中，檃括词《归去来兮引》是十分特别的一组词：

侬家贫甚诉长饥，幼稚满庭闹。政坐瓶无储粟，漫求为吏东西。偶然彭泽近邻圻，公秫滑流匙。葛巾劝我求为酒，黄菊怨冷落东篱。五斗折腰，谁能许事，归去去来兮。

老圃半榛茨，山田欲蒺藜。念心为形役又奚悲，独惆怅前迷。不谏后方追。觉今未是了，觉昨来非。

扁舟轻扬破朝霏，风细漫吹衣。试问征夫前路，晨光小恨熹微。乃瞻宇载奔驰。迎候满荆扉。已荒三径存松菊，喜诸幼入室相携。有酒盈尊，引觞自酌，庭树遣颜怡。

容膝易安栖，南窗寄傲睨。更小园日涉趣尤奇，尽虽设柴门，长是闭斜晖。纵遐观矫首，短策扶持。

浮云出岫岂心思，鸟倦亦归飞。翳翳流光将入，孤松抚处凄其。息交绝友蓺山溪。世与我相违。驾言复出何求者，旷千载今欲从谁。亲戚笑谈，琴书觞咏，莫遣俗人知。解后又春熙，农人欲载菑。告西畴有事要耘耔。容老子舟车，取意任委蛇。历崎岖窈窕，丘壑随宜。

欣欣花木向荣滋，泉水始流渐。万物得时如许，此生休笑吾衰。寓形宇内几何时，岂问去留为！委心任运无多虑，顾遑遑将欲何之？大化中间，乘流归尽，喜惧莫随伊。

富贵本危机，云乡不可期。趁良辰、孤往恣遨嬉。独临水登山，舒啸更哦诗。除乐天知命，了复奚疑。

"隐括"一词，原指矫正弯木的一种工具，宋词中的"隐括"则有"提炼""概括"之意，即将其他诗文概括、改写为词的形式。宋词中第一次标明"隐括"名目的是苏轼，历来都把苏轼视为开宋代隐括词风气之先者。苏轼创作有《哨遍》隐括陶渊明《归去来辞》《水调歌头》隐括韩愈《听颖师弹琴》《定风波》隐括杜牧《九日齐山登高》《浣溪沙》隐括张志和《渔歌子》等，也有隐括自己的词，如《定风波》（咏红梅）隐括自己的《红梅》诗。黄庭坚也创作过《瑞鹤仙》隐括欧阳修《醉翁亭记》，此外还有许多作家写过檃括词。如贺铸"尤长于度曲,掇拾人所弃遗,少加檃括,皆为新奇"(《宋史》卷四四三《贺铸传》)。清人张德瀛《词徵》卷一引申此说:"词有檃括体。贺方回长于度曲,掇拾人所弃遗,少加檃括,皆为新奇。常言吾笔端驱使李商隐、温庭筠,常奔命不暇,后遂承用焉。米友仁《念奴娇》,裁成渊明《归去来辞》,晁无咎有填卢仝诗,盖用此体。"除此之外,宋人写檃括词者甚多。如程大昌、曹冠、姚述尧、朱熹、辛弃疾、汪莘、徐鹿卿、刘学箕、林正大、葛长庚、刘克庄、吴潜、方岳、马廷鸾、蒋捷、刘将孙、程节斋等人。宋人创作檃括词的直接动机,首先是出自对于作品的极端欣赏之情而产生檃括的兴趣。檃括的过程,也就是特殊方式的欣赏过程。檃括词作者通过对名作临摹改编获得与原创者思想感情的共鸣,或者因为前人创作先获我心,故用檃括形式借他们酒杯,浇自己块垒,以之寄托自己的思想情感。

杨万里的《归去来兮引》是一首组词,所表达的意旨是一个整体。在这为数极少的词中,充分体现出他那独特的"诚斋体"风格。"学诗须透脱,信手自孤高。"王夫之在《姜斋诗话》里说:"无论诗歌与长行文字,俱以意为主,意犹帅之也,无帅之兵,谓之乌合"。作为"一代词宗"的杨万里是熟知这一创作原则的。他曾说:"学诗须透脱,信手自孤高"。也就是说,他要求诗歌立意要透脱,要写出透脱的个性,从而形成透脱的诗风。也正因于此,他才有易陶渊明《归去来兮辞》而作的组词。在中国封建社会,隐逸是文人一种通行的生活方式。但是,许多隐逸者只是一种表面形式而已,在其骨子里仍是念念不忘致仕,甚至是以隐逸来沽名钓誉，换取步入仕途的资本，事实上，杨万里和陶潜一样，从此退居林下，再没有出仕了。该词状物写景，历历在目。诸如"登山临水""乐天知命""瘦骨如柴""偶然""亲戚"等等这样的俗语口语都在词中出现，但又都无一不恰到好处。《诚斋诗话》谓柳宗元之诗"句淡雅而味深长"。又说"诗已尽而味永，方善之善者"。这正好用来评价他自己的词作。其词表面看虽然无一不通俗浅露，但俗而有味，语浅意深，言淡意醇，善用俗语而不害其为超妙，善于幽默而不流于滑稽。究其原因，如他自己所说，"诗固有以俗为雅，然亦须经前辈溶化"。所以俗语不俗，反而表现出顽强的生命力。

　　杨万里在文学史上的重要贡献在于诚斋体诗的独特价值，他在词史上的地位并不高。宋代有一定影响的词人有三百人左右，杨万里并非其中翘楚。仅有几部词史提到了杨万里的词。薛砺若《宋词通论》第五编《宋词第四期—苏轼派的抬头或朱敦儒与辛弃疾的时期》引言《政治环境的两大反映》中，指出宋词第四期有两大词派的出现，代表两种相反的意见与思想，"一派因鉴于国势险恶，朝政日非，忠耿之士反足杀身之祸，他们遂遁迹江湖，或与世浮沉，成为一种放达颓废的诗人。一切国情朝政，与他们毫不关心。""这一派的词人如苏轼、陈与义、朱敦儒、范成大、杨万里等，都系由毛滂、谢逸等一派潇洒的作家传下来的。"我们认为用"与世浮沉""放达颓废"形容杨万里或许值得商榷，但他毕竟注意到了杨万里词在南宋词坛的影响。不但称赞他"淡于功名，以气节自高"，尤极推许他的那首《好事近》，"潇洒别致，有出尘之想，正如他的高洁人品。"陶尔夫在《南宋词史》

第三章《词艺的深化期》的第一节《婉约词的进展与深化》的第一部分介绍了杨万里，他把诚斋词纳入婉约一派。除了赏析那三首著名的小令《好事近》与两首《昭君怨》，还特别强调尽管杨万里存词较少，但"篇篇都有独创性，在传统婉约词的艺术深化过程中，独具一格，的确是白话絮语，满纸性灵"，并引胡明在《杨万里散论》的话，说诚斋词是纯净的"尽弃诸家之体，自出机杼"的产物。程郁缀、乔力和钱鸿瑛合著《唐宋词：本体意识的高扬与深化》下篇第四章第三节《南宋前期词》亦讲到了杨万里的词。书中高度评价了诚斋词的创新之功，以《好事近》为例，不但引佚名《续清言》"杨万里不特诗有别才，即词亦有奇致"称赞，还指出了这首词"纯用散行单句的叙述笔法自由挥洒，章法构思方面平里出奇，屡作跌宕顿挫，遂荡漾了诸多的期待悬想，故而词中造语遣字虽平淡清浅，直同白话口语，却仍透出不尽余味，隽秀悠永"。这些评价十分中肯，但更多的宋词研究者忽视了杨诚斋词的价值。宋代三百余年词史中出现的词人分为六代词人群，其中的第四代词人群是以辛弃疾、陆游、张孝祥、陈亮、刘过和姜夔为代表的"中兴词人群"，已提到"中兴词人群"，却对被誉为"中兴四大诗人"的杨万里却只字未提。同样，在此书的上篇第二章《定位论》第一节《宋代词人历史地位的定量分析》的第一部分《数据统计》，在以存词、现存版本、在历代词选中被品评次数等为参数的统计表中，共选录了二百三十六位词人，包括汪藻，存词仅一首，研究论文只两篇。包括存词七首的寇准，存词不多而且毫无研究的陈容（十一首）。而只字未提杨万里。在这一节的第二部分《数据分析》中，讲到宋代词人的数目时，尚有张继先、宋先生、徐鹿卿、陈容、萧廷之二十人在《词话丛编》《古词今选》《本世纪词学研究》中根本未提及。

词选是考察杨万里词的另一重要依据。因为文学选本是从事文学研究，宣传文学主张的一种重要方式，编选者对作家作的取舍以及选取数量的多寡、内容与体裁的分布均代表了选家所处的时代对该作家的接受状况。自宋至清，由于不同的文学风尚和审美趣味，对杨万里的词进行品评的并不多。以宋代词选为例，有曾慥《乐府雅词》、黄昇《唐宋诸贤绝妙词选》和《中兴以来绝妙词选》、赵闻礼《阳春白雪》、周密《绝妙好词》、黄大舆《梅苑》及佚名《草堂诗余》等词选，却只有《中兴以来绝妙词选》选录了杨万里的两首词，即《念奴娇》和《忆秦娥》，这还因为黄昇此选本选录唐宋词一千三百余首，不但选录较广，自唐五代以来千门万户无所不收，而且去取也不是很严，与《阳春白雪》《绝妙好词》之有宗派者不同，亦较《乐府雅词》所收犹广。明清词选更多，如明陈耀文《花草粹编》、杨慎《词林万选》、卓人月《词统》、清朱彝尊《词综》、沈辰垣等《历代诗余》、张惠言《词选》、周济《宋四家词选》、戈顺卿《宋七家词选》、朱孝臧《宋词三百首》，也不过只有陈耀文《花草粹编》选《忆秦娥》一首。朱彝尊《词综》选录元以前一千九百首词，亦只选《好事近》一首。至于《历代诗余》，如上所述，虽在卷一一七词话部分引佚名《续清言》对杨万里词评价较高，然卷十二所选小令《好事近》却未收他那首词。清末朱孝臧《宋词三百首》对于姜夔、吴文英等人的作品收录较多，对于辛弃疾一派的词尚且排斥，更不用说选录杨万里的词。而且以上词选即便是选录了杨万里的词，其所选数量与陆游、范成大相比，有很大差距。综合词话和词选两方面的情况，总的来说，杨万里的词学研究是比较沉寂的，这沉寂有其原因。

首先，杨万里词数量过少，只有八首。从《全宋词》统计，与杨万里同时代的辛弃疾有词六百二十五首，创历代词人创作之最。陆游一百四十六首，姜夔八十七首，范成大一百零四首。从数量上比，杨万里词确确实实是太少了。杨万里以诗闻名于世，而且作词仅八首，是不能被称为"词人"的，只可称之为"词作者"，因此很难引起人们注意。而且，数量上的少也带来一系列的问题：第一，题材单一。传统的爱情与爱国题材在他的词里不见踪影，所抒写的是自然景物带来的精神上的偷悦。与他的词形成鲜明对比的是，陆游、范成大、姜夔词的内容丰富多了。第二，体裁单调。杨万里传世的几首较著名的作品是小令，他的八首词中没有中调，仅有的两首长调《念奴娇》和《水调歌头》，相比而言，姜夔、陆游、范成大的长调、中调要写得有声有色得多。恰恰长调、中调这两种体裁包含的内容更为丰富复杂，每每运用铺叙展衍的笔法，更利于反映广阔的社会生活。其次，杨万里词的清新自然，也被一些评论者批评语言过于直白浅俗。不能否认，杨万里也采用了吸引读者的艺术技巧和表现手段，他以"活法"为诗，以诗法入词，也曾使人耳目一新。语言清浅自然本是诚斋诗和词的独特之点，然正如许多人批评他的诗"俚鄙""俚俗"一样，杨万里词的语言不够深婉隐曲、含蓄蕴藉。从词体讲求"寄托""比兴"这一点来看，杨万里的词无疑是不够的。同时，从接受美学的观点看，由于文学作品意义的不确定性，描写的空白和空缺，造成了阅读的召唤性，召唤读者在可能的范围内充分发挥再创造的才能，从而构成了文学作品的召唤结构，成为激发、诱导读者进行创造性填补和想象性连接的基本驱动力。杨万里过于追求语言的创新，形成"浅""俗"的特点，使读者无法对文学作品提出更新更高的要求，从而难免使他的词的接受和流传大打折扣。同时，在南宋忧患意识高涨的背景下最容易使人产生强烈共鸣的是爱情和爱国两种题材，他们构成人类最美好的情感领域。爱情词反映了人性人情与封建政教道德尖锐的矛盾冲突，能够引发文士的怀才不遇与美人的红颜薄命在爱情焦点上的心灵共鸣。爱国抗战本应受到封建统治者嘉奖褒扬的，可是南宋小朝廷苟安江南，对金、元人采取屈辱的投降卖国政策，爱国便与忠君发生尖锐冲突，构成了爱国有罪的奇特现象。这两种题材具有强烈的美的追求价值，爱情歌缠绵徘侧，战歌慷慨悲壮，杨万里词里这两种风格都没有，他长于写景，笔下的景物宛转多姿，灵动活泼。然而这样比较以后，他的题材和风格显得很是单调和平淡无奇。同时，南宋词实现了历史与现实的有机组合，词的题材由小变大，词的内容范围由狭窄变宽广，词的表现手法由细变粗，词的造句遣词由软变硬，词的艺术风格由轻柔变重拙，即词的主流艺术精神与国家民族命运同步奏响，紧密深刻地融人社会人生，从本质上通达于诗歌传统，消释了超然于现实的距离，打破了与时代隔绝的封闭框架，任由八面来风鼓荡着清新勃发的生气。词的本体观念从传统的艳科小道走上了建构诗词合一的传统的新归宿。杨万里的词风很内敛，他习惯于从日常生活的细致、真切的感受中，发现自然风物之美，体味现实人生的可爱和诗情画意，他总是在清风明月的淡淡美景下浅斟低唱，好像"一切国情朝政，与他们毫不关心"，这样就使他的词远离了现实的家国兴亡，缺乏一种与时代融铸、与时代共存亡的激情，缺少了一种使读者产生强烈共鸣的内在，也就很难产生一种永恒的阅读魅力。钱锺书先生说过："诗之情韵气脉须厚实，如刀之有背也，而思理语意必须锐易，如刀之有锋也。锋不利，则不能入物；背不厚，则其入物也不深。"杨万里恰恰词风亲切朴实，然内蕴不够深厚；语言浅易通俗，却缺乏一种力透纸背的锐气，这是杨万里创作的个性使然，也使得杨词先天地不能成为诚斋诗并峙的另一高峰。

五、杨万里的思想

　　由于杨万里在诗歌艺术上的突破和贡献，许多文学史、文学理论批评史、文学思想史著作都对其诗学史地位给予了高度评价，称其为极具创造性、极具个性的作家，他在四千二百首诗中，形象生动地展示了南宋前期丰富复杂的社会生活，在当时诗坛上自出机杼，创造出具有独特风格的"诚斋体"。杨万里在诗歌理论批评上也竭力提倡独创，师法自然，以无法为法，已经相当彻底地抛弃了江西诗法，开创了一条诗歌创作的新路。从文学思想的发展来看，诚斋体为南宋诗歌思想大转变之始。由此，我们完全可以用自出机杼、独辟蹊径、自成一家来概括杨万里的创作特点和艺术成就，其在中国古代诗学史上的重要地位已经毋庸置疑。而他个性化的创作成就，源于他的思想。作为三度立朝、享有较高政治声誉的文臣，杨万里有政治抱负，提出了自己的政治主张。同时，杨万里还是一位具有影响力的理学家，作为"以学人而入诗派"的诗人，杨万里有着深厚的理学造诣。他不仅曾师从著名的理学家胡铨、张浚、王庭珪，并与张栻、朱熹等理学大师论道甚密，《宋史》就将其列入《儒林传》。同时，宋代文人的文化结构是儒、释、道思想的相互渗透、彼此交融，因此艺术思维、宗教体验、哲学感悟也往往构成一种合力影响着诗人的创作思想。而且杨万里自己还著有《诚斋易传》《心学论》《庸言》等理学易学融合的著作。在南宋诗人中，他与理学的联系最为紧密，理学的精神内质在一定程度上支配着其诗歌的创作走向。

（一）社会政治思想

杨万里生于公元 1127 年，正是南宋小朝廷建立的那一年，公元 1154 年中进士，他的青少年时代正是宋高宗统治时期。北宋灭亡的根本就在于政治腐败，南宋之初更是昏君坐朝、奸臣当政，其政治腐败可想而知了。孝宗即位后，本图复兴，但他难纳忠言，又受群小包围，结果也是空有其志，无所作为。这样一来，偏安一隅的小朝廷本就风雨飘摇，由此也就更加危机四伏了。正如朱熹在《戊申封事》一文中所指出的："窃观今日之势，有如人之有重病，内自心腹，外达四肢，毫无一毛一发不受病者。"也就是说，正如一个人的身体已到病入膏肓的地步了。生逢此时的杨万里是一个很有政治抱负的人，他生于民间，深知百姓疾苦，主张施行仁政。"民为邦本""得民心者得天下"，这是中国古代政治思想中的最基本的道理，行仁政是儒家政治思想的中心内容。杨万里也是，但杨万里的仁政思想与时儒不同，他不空谈仁政的大道理，而是紧密联系实际，即紧密联系到如何看待民众、对待民众的问题。两宋的理学家们如二程、朱熹等人囿于孟子的思想，只谈仁义，不涉功利。这样的仁政就落不到实处，对于民众来说，所谓仁政只是纸上画的馅饼，永远也充不了饥。杨万里反其道而言之，仁义必须与功利相结合，仁政的理论基础是仁义，然而仁义的中心在于惠民，如何惠民，一曰："散财于民"，二曰："教民理财"，这一思想在当时来说确实极为鲜见，难能可贵。他在《诚斋易传》中说："得位之难未若守位之难，何以守之？曰仁而已。何以为仁？曰财而已。虽有仁心仁闻，而天下不被其仁恩之泽者，夺民之财为己之财而已。故鹿台聚而商亡，鹿台散而周王。财散而民聚，此仁之实也。然仁不孤立，必有义焉。何谓义？教民理财，义也。"这种富民思想在儒者当中实为难能可贵。杨万里认为，行法重于宽民，他主张对于民众行法应持好生缓死之原则，他说："心一诚而诚万用，用之大者，其唯好生不杀乎！故中孚至诚，不杀之心，首用之，以议狱缓死。好生治民，舜之中孚也……《中庸》曰：'诚不可淹也，议狱者，求其入者之出也；缓死者，求其死中之生也。'"杨万里的行法重在宽民，与其"为政不扰民"的总原则是一致的。据《宋史》本传记载，隆兴初，他被任为奉新知县，在任官期间，禁止衙役入乡扰民，百姓中有拖欠赋税者，只将其姓名公布于市，其结果是"民欢趋之，赋不扰而足，是以大治"。他多次告诫有司，行法要持明、谨的原则，他说："刑不明则冤，故欲明。过明则察，故欲谨。过谨则滞，故欲不留。"狱中之人绝大多数是民众，对于他们的案情审理应快速而清楚，任意滞留就是行法无诚心。草菅人命是要不得的。但是另一方面，他又主张对于干扰变革甚至反对变革的小人则不惜刑之以劓，刑之以刖。能够干扰、反对变革的人总是统治阶级内部的既得利益者、顽固派。他认为，对于这种人，从"诚"的立场看来，施以重刑虽为下策，但也不惜而用之。

君臣品格、君臣关系是中国封建政治的核心问题，与一般的儒者相同，杨万里是一位尊君论者，他的君臣理论虽然从大体上没有跳出先儒的窠臼，但他的尊君是有条件的，他认为作为一个真正的君主应刚健有为。他说："乾杂卦曰乾健，说卦曰乾刚，又曰乾为天为君，故君德体天，天德主刚。风霆烈日，天之刚也。刚明果决，君之刚也。君唯刚，则勇于进德，力于行道，明于见善，决于改过，主善必坚，却邪必果，建天下之大公以破天下之众私，声色不能惑，小人不能移，阴柔不能奸矣。故亡汉不以成，哀而以孝元，亡唐不以穆，敬而以文宗，皆不刚之过也。"在他看来，君主刚健与否与国家的兴亡有着直接的关系。同时，杨万里认为，为臣之道要正确处理顺、节这一对矛盾。他说："柔者，坤之道。静者，坤之作。至于阴阳之回斡、造化之运行，岂专柔而静哉？动则阳而刚，静者阴之方。先而不后者，坤之异；后而不先者，坤之常。物收而包含之量幽，物散而造化之功著。坤之道其大如此，何也？承天之施而不自生，行天之时而不自用，一本乎顺而已。然而臣道一于顺乎？曰：'有臣道，有臣节，臣道一于顺，故欲柔而静，不顺乎则为莽、卓。臣节病于顺，顺则为张禹、胡广。'"杨万里把君臣相交与天地相交、男女相交作为自然社会运行的三大法则。他认为君臣相交始于相求而终于诚信。他说："君臣不交则万物熄""天地不交则物不通，上下不交则天下无邦。"

不论是先秦儒家于自然中获取道德自足感，还是魏晋、唐代诗学的感物兴情、心物交融，抑或是宋人于自然万象的理性思考中展现自己的生命智慧，这一切对杨万里而言都是可以借鉴、吸纳的思想资源，而他自己也自觉地将这些思想资源有效地整合在一起，并把投身自然作为其生命价值的实现方式。由于南宋特殊的社会政治环境，杨万里一生都处在严酷的党争之中，但他却以气节名著于世，朝廷在他死后所作的谥文中对他一生的政治生涯，以及气节的持守作了概括："其平生出处则初见知于孝宗，未久即去。终见知于光宗，又未久即去。今天子一再收召，竟以老不复出始终，四五十年间，非特不悦于流俗而已"。杨万里历经高宗、孝宗、光宗、宁宗四朝，面对最高统治者逐渐丧失恢复的信心并走向颓靡，以及严酷的政治党争对士人内心的戕害，其人生价值取向也随之在济世与独善的价值天平上反复波动，经世致用的思想中始终潜伏着独善其身的价值因素；晚年明哲保身的背后则是对自身气节的持守。多重心态交织在一起，并且升沉起伏，反映出他思想的多变及复杂性，但对自我精神自由与心灵超越的向往始终占据其人生价值追求的主导地位。人生之态度和目的决定着杨万里的创作之目的，因此，他将诗歌视为实现自我人格价值的重要方式，用他自己的话说就是："达则振斯文以饰天下，穷则卷斯文以饰一身。"在人生价值取向的波动中，杨万里不断地调整着自己的创作心态，因而其创作经历了多次变化，并呈现出不同风貌。杨万里正是凭借以心观物的创作理路，发现了"自己心灵中意蕴最深的东西"，发现了"审美对象的精神内涵"和"审美意识的语言载体"，这是宋代文化思维模式影响和渗透的必然结果，具有宋代文化的深刻烙印，但同时也冲破了宋人将自然山水作为明理悟道之形式外壳的理性化观照方式，更为注重情感思绪的自然呈现。

（二） 理学思想

杨万里身兼理学家和诗人的双重身份，作为整个宋代的主导思想意识，理学精神深刻地影响到宋代社会生活的各个领域。理学是宋代哲学的主流，是儒家哲学的特殊形式，又可称为道学。因理学家主要讨论的内容为义理、性命之学，故称为理学。是融合儒释道三教三位一体的思想体系。北宋时期的石介、胡瑗、孙复被称为理学三先生，但实际的开创者为北宋五子，即邵雍、周敦颐、张载、程颢、程颐。周敦颐为宋代理学的开山祖，他将道家无为思想和儒家中庸思想加以融合，阐述了理学的基本概念与思想体系。邵雍是先天象数之学的创始人，并使之成为理学思想体系的重要内容。张载则发展了气一元论思想，为古代中国辩证法两一学说的集成者。二程兄弟是理学的重要代表，他们为北宋的理学思想奠定了基础。宋代理学思想以理为万事万物的本源，又称为天理，承认事物的变化。但认为这是理的神秘力量所至，还阐述了天人关系等问题，坚持天人相与的命题。在认识论上比较重视精致的先验论认识论，以格物致知为基本命题概念，讲求穷理。南宋学者朱熹与陆九渊是理学的发展者。朱熹也是理学思想的集大成者，在理学体系的完善与阐发上有特殊贡献。他承续了二程的思想，认为理是存在的基础，物质性的气是第二性的，"'理在先，气在后'虽未有物而已有物之理"（《朱子语类》），理的最高境界为太极。但他又认为理无气则不存，气无理亦不能存，二者紧密相关。陆九渊为主观唯心主义理学派别的重要代表，他的思想多与朱熹对立，二人曾发生激烈的辩论。他反对朱熹的读书明理，观察万物以穷理的思想，认为这些均属支离事业，提出"心即理也"的命题。以"宇宙即是吾心，吾心便是宇宙"为核心，把格物致知的命题变为易简功夫，主张发明人之本心，反对著述立说与博取群书。宋代理学的这两派对后来影响较大，王阳明为明代理学代表，他基本上承续了陆九渊一派思想，对后代影响巨大。对此，许总先生在《宋明理学与中国文学》中已有全面论述，并认为："在南宋中期，文学与理学的联系远较北宋时紧密，理学家与诗人之间尤其如此。一方面，南宋理学家不同于北宋理学家那样空谈义理、鄙弃诗文，而是以强调'性情之正'为契机，对诗歌的艺术风格与美学体貌具有了自觉意识，并且通过自身的大规模实践而直接参与诗坛，成为活跃于南宋诗坛的一支重要力量"。由于受到心学和事功学的挑战和影响，南宋的道学家们都非常注重对人生境界和人格精神的提升，反映在文学领域里就是大都开始对诗歌创作有着自觉的追求，而他们对社会、人生所作出的形而上的哲学观照又反过来深刻的影响着文人诗的创作。在思想观念上，理学思想的影响几乎贯穿着一些诗人的一生，杨万里就是其中的代表。杨万里是以一个学者的身份出入文学、理学和禅学之间。

杨万里《诚斋易传》二十卷，始作于淳熙十五年（1188年），“自草创至脱稿，阅十有七年而后成”，书成于嘉泰四年（1204年）。杨万里“平生精力，尽于此书”。宋代书肆将之与《程氏易传》并刊以行，谓之《程杨易传》嘉熙元年（1237年），宋理宗允准其后人抄写本书藏朝廷秘阁。全祖望跋杨万里《诚斋易传》说：“《易》至南宋，康节之学盛行，鲜有不眩惑其说。其卓然不惑者，则诚斋之《易传》乎！其于图书九十之妄，方位南北之讹，未尝有一语及者……中以史事证经学，尤为洞邃。”四库馆臣也说：“（《诚斋易传》）大旨本程氏，而多引史传以证之。”这些表明了“援史入《易》”是《诚斋易传》的最大特点。从《易》学史上看，史事学派的萌芽可谓甚早。《周易》的卦爻辞中就有历史的因素。考之《易传》，就有以史证《易》的萌芽。两汉时期，象数《易》占绝对优势，但也有解《易》大家参证史典来阐释某卦某爻的取象之旨。如焦赣论述《随》之得失时提及刘邦、项羽；郑玄以尧末年当《乾》上，等等。魏晋南北朝时，干宝喜以殷周史事论《易》。因此，后世解《易》以历史索解也在情理之中。从理学思想角度来说，杨万里深受二程、张载的影响。杨万里说《易》也受到他们潜移默化的影响。程颐《周易程氏传》解《蒙》卦上九“击蒙，不利为寇，利御寇”为：“九居蒙之终，是当蒙极之时。人之愚蒙既极，如苗民之不率，为寇为乱者，当击伐之。然九居上，刚极而不中，故戒‘不利为寇’。治人之蒙，乃御寇也。肆为刚暴，乃为寇也。若舜之征有苗，周公之诛三监，御寇也；

秦皇、汉武，穷兵诛伐，为寇也。"例举"舜""有苗""周公"等，类似引史，《周易程氏传》中多有涉及。张载《横渠易说》释《姤》卦初六"系于金柅，贞吉。有攸往，见凶。赢豕孚蹢躅"为："金柅二物也，处始之时，不牵于近则所往皆凶。半，信也。豕方赢时，力未能动，然至诚在于蹢躅，得申则申矣。如李德裕处置阉宦，徒知其帖息成伏，而忽于志不忘（妄）逞，照察少不至则失其几也。"引用晚唐"李德裕"与"阉宦"斗争之事证《易》，类似的例子《横渠易说》中数见。除程、张之外，我们一定要提到张浚对杨万里的影响。杨万里在《答兴元府章侍郎书》中说："如紫岩先生，我师也；雍公，我知己也；钦夫、仲乘、德茂，我友也。是数公者，我初不以世俗之求求之，彼亦不以世俗之知知之。皆一见而合，合久之而不渝。澹乎若水，乃过于醴之甘；泛乎若萍之适相值，而确乎若金石之不可。"这段话情深义重。紫岩先生，即张浚，是杨万里终身尊崇的老师，潜心《易》学，著有《紫岩易传》传世，杨万里在零陵为官时，就曾亲受张浚教诲，其中包括张浚《紫岩易传》的耳濡目染。援史入《易》风格的成因，除了上述传统、师学承传的因素之外，最主要还应是杨万里对《周易》的个性体悟。虽然杨万里一生的官位并不太高，但"位卑未敢忘忧国"。作为理学家、政治家、文学家的杨万里在羡慕两朝的富足之外，更能理性地思考应该怎样为南宋的最高统治者提供一套既能警世又可参考的行政指南。这正是杨万里创作《诚斋易传》的原始初衷。杨万里选择史例，比附各卦爻所传达的义理，可谓用心良苦。汉成帝、唐太宗、唐明皇、唐文宗、唐代宗等等，杨万里赞扬他们的功绩和上进之心，同时又痛斥他们的躁欲和荒淫之处。对于桀、纣等暴君，杨万里则痛快淋漓地予以揭批。例如，解释《泰》之六五说："言莫予违者，主之蔽；从谏如流者，君之明。至于如妇人从夫，则有百从而无一违矣，岂特如流而已……高宗所以从谏之圣也。"称扬高宗圣明。解释《否》之《象》曰："至有耳不交乎目，目不交乎耳者。唐德宗'人言卢杞奸邪，朕殊不觉'，耳不达乎目也；秦二世笑赵高以鹿为马之误，而信其言，以关东之盗无能，为目不达乎耳也。"斥昏庸之君。解释《小畜》之九二："过刚而不受止，则为商纣拒谏之强，晋惠公愎谏之狠矣。"则叱责其暴戾。《乾》卦乃六十四卦之首，以"天"为象，强调其本质"刚健"。杨万里在解释这一卦时说："《杂舞》曰：'乾，健。'《说卦》曰：'乾，刚。'又曰：'乾为天，为君。'故君德体天，天德主刚。风霆烈日，天之刚也；简明果断，君之刚也。君惟刚，则勇于进德，力于行道，明于见善，决于改过，主善必坚。去邪必果。建天下之大公，以破天下之众私。声色不能惑，小人不能移，阴柔不能奸矣。故亡汉不以成、哀，而以孝元；亡唐不以穆、敬，而以文宗，皆不刚健之过也。然强足拒谏，强明自任，岂刚也哉？"其中援引的两则史例，谓汉元帝"柔仁好儒"，缺乏刚健之君德，这是西汉末国势衰弱的根本性原因，直接造成汉成帝、哀帝以后王莽篡汉、汉鼎倾覆的悲剧，所以说绕路说史"亡汉不以成、哀，而以孝元"。杨万里的用意是在把汉元帝、唐文宗"亡汉""亡唐"的主要原因归结为"不刚健之过"的同时，他实在发泄对当时南宋高宗、孝宗多年没有实质性作为的不满。

杨万里在潜心学术的同时，不仅接受了理学"格物致知"的认识方法，而且更加注重将"格物致知"中所蕴涵的诗性观念与诗歌创作在思维和审美领域里沟通起来。"格物致知"源于儒家的《礼记·大学》篇，主要讲的是从修身到治国平天下的道理和方法。后来，理学家把《大学》从《礼记》中抽出来，又把其中的"格物致知"独立出来，同《易传》中的"穷理尽性"结合起来，最终成为理学方法论中的重要范畴，并赋予了新的含意。理学家从各自思想学说的角度出发对"格物致知"做出了不同的解释，其共同的问题是探讨"物"和"知"的关系，目的是要通过对规律的认知和把握去揭示和贯彻"理"的普遍性和永恒性。其中，程颐、程颢从认识论出发，认为一切客观事物及人所从事的活动都是"物""物则事也""凡遇事皆物也"，肯定了"物"的客观存在。朱熹也认为"物"是一切客观对象，"凡天地之间眼前所接之事，皆是物"，这和程颐所说的基本一致。但朱熹更强调"物"的感性存在及其客观性，"天道流行，造化发育，凡有声色貌象而盈于天地之间者，皆物也"。尽管理学家格物的目的是为了"即物而穷理"，而"穷理者，非必尽穷天下之物，又非只穷一物而众理皆通，但积累多后，豁然有贯通处，这里包含着一个由浅入深、层层递进的过程。因此，格物之学最终是要把握全体，也就是天地万物的总规律。在对"物"的范围和性质进行认定之后，关键是以什么样的方式去认识和把握"物"，这就涉及到理学的"观物"思想。"格物致知"作为理学思维的具体方式，它实际上包含着

"观物"的因素。北宋的理学家邵雍就提出了"观物"说,其实质是从自然宇宙的宏观角度对事物做形而上的关照,顺物之性,从而"物物而不物于物",并从形而下的具体事物中去领悟形而上的体"道"境界。因此,包含"以物观物"因素的"格物致知"的认识思维方式并不完全是为了"穷理",其最终目的和最高追求是要达到体"道"后"乐"的境界,实现对人生境界、人格理想的追求,因而内心的情感体验也就成为"格物"过程中的重要环节,这就为理学与诗学能够实现在思维和审美领域里的沟通搭起了一座桥梁。从情感体验的角度讲,"格物"之"物"与文学创作中的"感物"之"物"有着亲缘关系。在文学家那里,"物"是他们以感性形象表达情感的中介,所谓"诗人感物,联类不穷;流连万象之际,沉吟视听之区。写气图貌,既随物以宛转;属采附声,亦与心而徘徊"。文学家是要显现"物"之情,而理学家是要尽"物"之理,尽管理学家与文学家从各自的立场使"物"负载的意义不同,但有一点是相同的,那就是"物"体现着基本的自然之理。苏轼在《上曾丞相书》中说:"幽居默处而观万物之变,尽其自然之理",理学家也认为:"上而无极、太极,下而至于一草、一木、一昆虫之微,亦各有理"。此中之"理"即包含着事物的自然之理,认识事物的自然之理到探究万物之性理是理学家从感性到理性认知的必然过程。因此说,理学家的目的是"观物体道",而文学家必然是在把握事物的本质特征之后才能"处静而观动",使"万物之情必呈于前"。显然,理学思想作为宋代文化的强势语境,"格物致知"的认识论必然会渗透到诗歌创作的审美认识过程中。尽管目的不同，但在对"物"的关注中，理学家和文学家都倾注了各自的情感体验。

作为理学家，杨万里对理学"格物致知"的为学方法谨遵不讳，他自云：生乎今之世，而慕乎古之乐，独尝叹中庸一贯之妙。致知格物之学，此圣贤授受之秘而六经流出之源，致知在格物，君子之学盖如此。与传统儒家不同，杨万里并不仅仅把"格物致知"视为修身、治国、平天下的进阶之法，亦不像一般的理学家那样把它作为推知心中固有道德之知的认识方法，而是更多地发挥了其中的"观物知变"，以尽"造化之妙"的体"道"思想。也就是说，大多数理学家通过对事物的体察"格"出来的是道德义理，而杨万里"格"出来的却是情感兴会，这与他"以学人而入诗派"的双重身份有关。因此在对"物"的认识上与一般的理学家不尽相同，而是倾注了更多的审美感悟和情感体验，并将理学与诗学在思维和审美领域里沟通起来。作为理学集大成时期的学者兼诗人，杨万里对"物"也有着自己的认识。他在《庸言》五中讲到："惟有是物也，然后是道有所措。彼异端者，必欲举天下之有而泯之于无，然后谓之道。物亡道存，道则存矣，何地措道哉？"其把对物的认识作为"道"的第一要素与理学家的思致如出一辙，并进而言道："天地之道不在数也，依于数而已。"就是说任何事物都有一定的形式、数量和性质，但这些皆非事物的本质，事物的本质在于它们的价值和意义，也就是事物中所蕴涵的"理"。杨万里正是领会了"物"所负载的双重意义，因此，在超越江西诗风的艰难历程中，他最终把关注的目光聚焦在自然万物，并倾注了毕生的精力致力于对宇宙自然的描写。在他的诗中，举凡山水风月、花草树木、春光秋色、雨雪雷电乃至鸟兽虫鱼等自然生态都是取之不尽、用之不竭的创作源泉。杨万里对待自然的看法与理学家相似，但却更加注重儒者的"仁者胸怀"去发现宇宙自然界生生不息的变化。他认为："今夫木同一本根也，然方其荣也，枯者或与之同日；及其凋也，生者或与之并时。故华敷而叶损，枯槁而萌出，此造化无息之妙也。"与其哲学思想相适应，杨万里的诗歌创作正是要通过自然界的生生变化来发掘宇宙万物的造化之妙，这同理学家通过"格物"来"穷理尽性"的思维方式是一致的。理学家认为对"理"的全面认识需要于一事一物上的积累后才能豁然贯通，而诗歌创作要达到某种境界亦需要渐进积累的过程，正如陆游所认为的："诗岂易言哉？一书之不见，一物之不识，一理之不穷，皆有憾焉"。从"理"与"万理"的哲学意义出发，杨万里诗歌中的特称意象多于泛称意象，很少以物象的总名如"花""树""水""鸟"等泛称意象出现。他笔下的花就有桃花、李花、樱桃花、菊花、水仙花、牡丹花、芍药花等，而且各俱姿态、各有情思；与水相关的就有溪、江、河、湖、海、潭、洋、渡等，而蝶、雁、鱼、鹭、蝉、蜂等虫鸟更是名目繁多。对于一般诗人来讲，这些只不过是最普通的自然物象而已，杨万里却能打破以往咏物诗描摹物态、寄托情思的传统思维定势，并用理学家"格物"的精神去认真观察、揣摩，在具体细微的意象中以小见大、以少总多，通过不同事物的变化情态去揭示自然界生生不息的造化之妙。正如钱锺书先生所谓诚斋诗"如摄影之快镜，兔起鹘落，鸢飞鱼跃，稍纵即逝而及其未逝，转瞬即改而当其未改，眼明手捷，踪矢蹑风，此诚斋之所独也。"形象生动地概括了杨万里善于表现事物发展变化的独特美学风貌。

"格物致知"和"诚斋体"除了在理学思想上的联系外，其中还涉及到禅宗的思维方式对"诚斋体"创作观念的影响，理学本身就是吸取了佛家思想并进行改良后的产物，建构理学体系的核心人物程颐、程颢、朱熹都在不同程度上濡染了禅学的思想。如程颢"泛滥于诸家，出入于老、释者几十年"。以上表明，理学家的思想确实同佛教特别是禅宗的思想有着密切的关系。杨万里是以一个学者的身份出入文学、理学和禅学之间，因此，在他的哲学思想体系中，禅学思想是其中重要的一部分。在他的诗中，时时可见与禅僧的交流唱和，"诗流唱和秋虫鸣，僧房问答狮子吼"（《都下和同舍客李元老承信赠诗之韵》），"一别故人又三年，与谁论诗更谈禅"（《和同年梁韶州与承次张寄诗》）。二者共同作用于杨万里的创作思想，这就使得他既固守理学精神的根基，又以禅宗的参悟精神去激发自己的创作灵感，改变传统的艺术思维方式，从而把宋代特有的文化品格与诗歌的审美特质和艺术规律融合在一起，以独特的视角去对待宇宙自然，并最终形成了"诚斋体"重机趣、主活法、重幽默的诗学风貌，杨万里的"活法"除了突破诗法的束缚外，还多了"悟"的含义，即以灵活的思维方式去把握诗歌的审美特质。究其原因，就是其充分发挥自我的创新意识，通过自悟破除诗学传统的窠臼，这与禅宗自悟佛法和不粘不滞的参悟精神相契合。

（三）文学思想

杨万里是南宋创作成就斐然的文学家，也是一位著名的理学家。其立身行事，以儒家的理想人格为准绳，有较高的社会责任感和使命感。因此，他的散文主张（相对于诗学），兼顾了理学与文学两个方面的特点。十分强调作者道德修养的重要性，强调"文以载道""文以致用"，要有益于社会民生；同时，也重视文章的气骨与文学的独创性。

在中国古代思想文化中，"道"是个广泛使用的概念。文与道的关系也是中国古代文学批评中一个被反复讨论的话题。刘勰就认为文与道是相辅相成又各自独立，主张创作出一种明道而有文采的作品。唐代韩愈、柳宗元及其门人明确提出了"文以明道"、"文以贯道"的主张，他们强调"因文以见道，而道必藉文而始显"观点。宋代随着理学的兴起，理学家对于道和文的关系重新做了思考。周敦颐提出了"文以载道"的主张，他认为文是工具，道是目的。在一定程度上，周敦颐消解了文作为独立主体的价值，但文为道的载体，其独立性依然存在。而到了二程，则进一步将文与道对立了起来。程颐认为"作文害道"，（程颐《河南程氏遗书》卷一八）以"为文"为玩物丧志，这代表了理学家"为道弃文"的极端思想。朱熹提出了"文从道中流出"的观点："道者，文之根本；文者，道之枝叶。惟其根本乎道，所以发之于文，皆道也。三代圣贤文章皆从此心写出，文便是道。"按照朱熹的观点，他主张文道合一，反对文、道二分，这在一定程度上取消了文的独立价值。"文以载道"的艺术命题是周敦颐提出来的。他在《周子通书·文辞》中说："文所以载道也，轮辕饰而人弗庸，涂饰也。况虚车乎？文辞，艺也；道德，实也。美则爱，爱则传焉。贤者得以学而至之，是为教。故曰：'言之不文，行之不远。'然不贤者。虽父兄临之，师保勉之，不学也；强之，不从也。不知务道德而第以文辞为能者，艺焉而已。"这里所说的"道"，是指儒家的传统伦理道德。周敦颐认为，写作文章的目的，就是要宣扬儒家的仁义道德和伦理纲常，为封建统治的政治教化服务；评价文章好坏的首要标准是其内容的贤与不贤，如果仅仅是文辞漂亮，却没有道德内容，这样的文章是不会广为流传的。其实"文以载道"的思想，早在战国时《荀子》中已露端倪。荀子在《解蔽》《儒效》《正名》等篇中，就提出要求"文以明道"。后来唐代文学家韩愈又提出的"文以贯道"之说，他的门人李汉在《昌黎先生序》中说："文者，贯道之器也。"南宋理学家哲学思想的重点是由"外王"转向"内圣"，重视自身内在心性修养而淡漠对社会政治的关注。但事实上，如果从历史与哲学打通的角度看，南宋理学家对"内圣"思想的重视是不可否认的，但他们同样也在不遗余力地继承、发扬北宋王安石以来的"外王"传统。与杨万里交往密切的重要理学家张栻、朱熹、陆九渊等一直都没有放弃过"得君行道"的努力。他们对"内圣"的重视，最终目的是要实现"外王"，使国家从"天下无道"走向"天下有道"。杨万里一生经历了高宗、孝宗、光宗、宁宗四朝，由于参与皇权结构的成员不同，因此每个阶段都呈现出不同的政治面貌。作为传统的儒家士人，杨万里始终恪守着儒家的忠孝思想，他认为"官无小政，无不可为"，通过做地方官来履行作为臣子的义务，并一度济身政治权力的中心，直接参与政事，因此，文来载道是杨万里的自然选择。但同时，杨万里虽然认为文因道而生，但不意味着将文与道对立起来，更没有从根本上消解文的主体独立性，却认为文与道各有独立的内涵，在《李去非愚言序》中明确写到：

> 吾尝学为文矣。吾书吾口，不曰异世。吾口吾心，不曰异人。然心传之口，口传之书，其于真也邈矣，而病人之伪乎哉？虽然，文枝也；至于道，天授之圣，圣授之后世，其授无象，其传无器，又非若文而已也。

"文，枝也"说明文在表现道时，其道为根本，文为枝叶，枝叶无根本则不存，根本无枝叶则不显，二者相辅相成。这与朱熹的"道者，文之根本；文者，道之枝叶"的观点是相一致的，但下文他又说道是"天授之圣，圣授之后世"，但却又无象无器，说明表现道的形式可以多种多样，文仅是其中之一而已，文与道的内涵与外延各不相同。这样他既不认为文与道是对立的关系，也没有将文完全归诸道，而是保留了文的独立地位。这样在文与道的关系上，杨万里既与程颐不同，也与朱熹有别。因此他对纯粹的道学家即"谈学者"所谓的"文者，技也"很不以为然。他在《答安福徐令》中曰"某生无他好，而惟文词之好。顾近世古音绝响久哉！谈学问者薄之以为技，骛俪偶者壳之以为淡。于是退之之五弦可薪，而南丰之八珍可屏矣。"

杨万里生活的乾淳年间是南宋理学最为繁荣的时期，思想界的论争也很激烈。他同思想界的代表人物张浚、胡铨、张栻、朱熹、陆九渊等都有着密切交往。由于哲学本体观念、为学方法、精神境界的不同，他们各自对文学本质的认识亦有所不同。因此在党争的困扰下，杨万里也逐渐由理学注重道德心性涵养转向心学对自我本心的注重。由于禅家生存方式的介入和心学思想的引导，其思维方式也由理学家的重思辨、主学问而开始向重开悟、重体验的方向发展。因此，在功利与超功利、言志与表情、载道与吟味、学思与心悟这些审美意识的对峙中，他的审美观念自然偏向于后者，最终探索出重活法、主机趣、以俗为雅等体现其文学思想特质的诗学方法。

从文学创作来看，杨万里十分重视作家的创作动机，注重研究作家的兴趣和创作欲望。他既重视现实生活对创作的重要作用，也特别强调作家对生活的选择、提炼、创造和独特感悟。同时，他还认真指出了文章结构的重要性，提倡诗味说，推崇凝炼概括、内涵丰富、言简意深的诗歌。创作动机的发生常常是微妙的。艺术家进行创作的动因，包括了他过去所有的生活状况，他在创作时的身心状况、意识和气质。杨万里特别强调作家的兴趣和创作欲望，他在绍熙五年（1194 年）六月写的《石湖先生大资参政范公文集序》中说："若夫刿心于山水风月之场，雕龙于言语文章之囿，此我辈羁穷酸寒无聊不平之音也，公何必能此哉？古语曰：'争名者必于朝，争利者必于市'。是二人者，使之以此易彼，二人者其肯乎哉？非不肯也，不愿也；非不愿也，亦各乐其乐也。诗人文士，挟其所乐，足以敌王公大人之所乐。不啻也，犹将愈之。故王公大人，无以傲夫士，而士亦无所折于王公大人。今日乃自屏其所可乐，而复力争夫士之所甚乐，所谓'不虞君之涉吾地'者，其不多取乎？"对于诗歌，他认为除创作欲望与兴趣外，还要遵循它自身的规律，而且要用一生心血去浇灌，才会开出鲜艳的花，结下丰硕的果。"诗非文比也，必诗人为之；如攻玉者必得玉工焉，使攻金之工代之琢，则窳矣。而或者挟其深博之学，雄隽之文，于是檃括其伟辞以为诗，五七其句读，而平上其音节，夫岂非诗哉？"（《黄御史诗集序》）以学问道理入于平仄音节，形式上似诗，但只是押韵之文而不是诗。因为他认为这种诗不具备诗歌的内在艺术特征。他认为诗必须感物触兴。他在《诚斋杂著序》中云："至其诗皆感物而发，触兴而作，使古今百家景物万象皆不能役我而役于我。"强调诗歌应有感而发，有强烈的创作冲动，同时又要善于通过外物表现自我感情，驱使外物，为我所用。"大抵诗之作也，兴，上也；赋，次也；赓和，不得已也。我初无意于作是诗，而是物是事适然触乎我，我之意亦适然感乎是物是事，触先焉，感焉随焉，而是诗出焉。我何与哉？天也，斯之谓兴。或属意一花，或分题一草，指某物课一咏，立某题徵一篇，是已非天矣，然犹尊乎我也，斯之谓赋。至于赓和，则孰触之、孰感之、孰题之哉，人而已矣。出乎天犹惧笺乎天，专乎我犹惧弦乎我，今牵乎人而已矣，尚冀其有一铢之天、一黍之我乎？盖我未尝觑是物而逆追彼之觑，我不欲用是韵而抑从彼之用，虽李杜能之乎！"《寒食雨中同舍人约游天竺，得十六绝句，呈陆务观》：

> 城里哦诗杜断髭，山中物物是诗题。欲将数句了天竺，天竺前头更有诗。

《跋陆务观剑南诗稿二首》：

> 今代诗人后陆云，天将诗本借诗人。重寻子美行程旧，尽拾灵均怨句新。
> 鬼啸猿啼巴峡雨，花红玉白剑南春。锦囊绣罢清风起，吹入西窗月半轮。
> 剑外归乘使者车，浙东新得左鱼符。可怜霜鬓何人问，焉用诗名绝世无。
> 雕得心肝百杂碎，依前途辙九盘纡。少陵生在穷如虱，千载诗人拜蹇驴。

这两首诗，深刻地揭示了陆游诗歌来自生活，是诗人真实感情的自我流露，又以杜甫来称陆，指出他们坎坷不幸的经历，却创作出被当世与后代称道的诗歌。他曾自言"闭门觅句非诗法，只是征行自有诗"（《下横山滩头望金华山》），"哦诗只道更无题，物物秋来总是诗"（《戏笔》），"此行诗句何须觅，满路春光总是题"（《送文黻叔主簿之官松溪》），"江山岂无意，邀我觅新诗"（《丰山小憩》），"何须师鲍谢，诗在玉虚中"（《雪晴》），特别重视生活对创作的作用。

杨万里提倡"诗味",也就是要求诗歌有深远的含意,耐人寻思,令人玩味。《诚斋诗话》云:"五言长韵古诗,如白乐天《游悟真寺一百韵》,真绝唱也。五言古诗,句雅淡而味深长者,陶渊明、柳子厚也。如少陵《羌村》、后山《送内》,皆是一唱三叹之声。"可见诚斋认为"诗味",就是包蕴在诗歌深层境界中的意蕴。其《习斋论语讲义序》中有更形象的说明:

> 读书必知味外之味;不知味外之味而曰我能读书者,否也。《国风》之诗曰:"谁谓荼苦,其甘如荠",吾取以为读书之法焉。夫含天下之至苦,而得天下之至甘,其食者同乎人,其得者不同乎人矣。同乎人者味也,不同乎人者非味也。

六、杨万里的历史地位与影响

　　当代中国宋代文学会会长、复旦大学教授王水照先生曾经评价说："杨万里的身份，我想主要有三个，一个是勤政爱民的爱国名臣，第二个身份是卓有建树的理学家，第三个身份是中国诗歌史上一个有关键意义的大诗人。"杨万里是一位爱国志士。他一生关心国家命运，在他撰写的《千虑策》三十篇中，分论君道、国势、治原、人才、相、将、兵、驭吏、选法、刑法、冗官、民政等治国大政，深刻总结了靖康之难以来的历史教训，直率批评了朝廷的腐败无能，提出了一整套振兴国家的方针大略，充分显示了杨万里的政治思想和才干。面对中原沦丧、江山唯余半壁的局面，他尖锐指出："为天下国家者不能不忘于敌，天下之忧，复有大于此者乎！"（《国势上》）告诫统治者要时刻不忘备敌谋敌、克敌制胜。他既大胆批评孝宗经过符离之败，"前日之勇一变而为怯，前日之锐一变而为钝"（《君道中》），又坚决反对一些人轻易用兵、盲目冒进，主张以"守而取"（《与陈应求左相书》）的积极、慎重策略，稳步进取，先实国力而后图恢复，以求最终胜利。他看重和同情人民，认为："民者，国之命而吏之仇也。"（《民政上》）将国家命运系之于人民，指斥官吏只会敲骨吸髓地压榨人民，激起人民的仇恨、愤怒和反抗。因此，他提醒光宗要节财用、薄赋敛、结民心，民富而后邦宁，兴国之计，就在于此（《转对札子》）。这些，都表现了杨万里作为一位热忱的爱国者和清醒的政治家的深刻见识和进步思想。"老眼时时望河北，何曾一饭忘金堤"（潘定桂《读杨诚斋诗集九首》），留下了大量抒写爱国忧时情怀的诗篇。特别是他充任金国贺正旦使接伴使时，往来江、淮之间，迎送金使，亲眼看到沦丧于金国的宋朝大好河山和中原遗民父老，心中郁满国家残破的巨大耻辱和悲愤。如著名的《初入淮河四绝句》："船离洪泽岸头沙，人到淮河意不佳。何必桑乾方是远？中流以北即天涯。"（其一）"两岸舟船各背驰，波痕交涉亦难为。只余鸥鹭无拘管，北去南来自在飞。"（其二）唱出了灾难深重中爱国士人和广大人民的共同情感。此外如《读罪己诏》《题盱眙军东南第一山》《故少师张魏公挽词》《虞承相挽词》《宿放牛亭秦太师坟庵》等，或寄托家国之思，或呼吁抗战复国，或歌颂抗金将领，或讽刺卖国权奸，都是直抒爱国思想的名篇佳什。杨万里为人清直，个性方刚，"终身厉清直之操"（罗大经《鹤林玉露》甲编卷五），"临事则劲节凛然，凌大寒而不改"（周必大《跋杨廷秀所作胡氏霜节堂记》），"立朝愕愕，知无不言，言无不尽"（同上《题杨廷秀浩斋记》），指摘时弊，"论议挺挺"，无所顾忌，因而孝宗贬他"直不中律"，光宗称他"也有性气"（《鹤林玉露》同上），因此，始终不得大用。实际上他一生视仕宦富贵犹如敝屣，随时准备抛弃。早在赣州司户任上，"有所不乐"，便"欲弃官去，先太中怒挞焉，乃止"（《与南昌长孺家书》）。作京官时，常预先准备好了由杭州回家乡的盘缠，锁置箱中，藏在卧室，又戒家人不许买一物，以免一旦离职回乡时行李累赘，就这样天天都似促装待发者。这与那些斤斤营求升迁、事事患得患失之辈恰成鲜明对照。杨万里为官清正廉洁，不扰百姓，不贪钱物。江东转运副使任满时，应有余钱万缗可得，他全弃之于官库，一文不取而归。退休南溪之上，自家老屋一区，仅仅能避风雨。当时诗人称赞他"清得门如水，贫惟带有金"（《投杨诚斋》），正是他清贫一生的真实写照。

杨万里是南宋著名诗人，诗歌创作及其成就向为人们所重视，和尤袤、范成大、陆游号称南宋四大家，杨诚斋被同时代人推许为诗坛盟主。如姜特立说："今日诗坛谁是主？诚斋诗律正施行。"杨万里一生勤奋作诗，据说达二万余首（沈德潜《说诗晬语》），今存诗约四千二百三十二首（据周启成《杨万里与诚斋体》），其中约一千三百五十八首写于庐陵家乡。他是庐陵大地养育出来的杰出诗人，杨万里的诗歌创作，走过的是一条由广学博取、转益多师而至面向现实、师法自然的道路。他学诗最初由江西诗派入手，后自焚尽其少作诗篇千余首，决心跳出江西诗派窠臼，诗格从此一变；后又学陈师道五字律，又学王安石七字绝句，又学唐人绝句，至"戊戌……作诗，忽若有悟，于是辞谢唐人及王、陈、江西诸君子皆不敢学，而后欣如也"，自此"万象毕来，献予诗材"，"前者未做而后者已迫，涣然未觉作诗之难也"（《荆溪诗集序》）。杨万里广泛地向前辈学习，但又绝不为前辈所囿，而是立志要超出前辈。他说："笔下何知有前辈。"（《迓使客夜归》）又说："传宗传派我替羞，作家各自一风流，黄（庭坚）陈（师道）篱下休安脚，陶（渊明）谢（灵运）行前更出头。"（《跋徐恭仲省干近诗》）他正是以这种不肯傍人篱下、随人脚踵的开拓创新精神，终于"落尽皮毛，自出机杼"（吕留良、吴之振《宋诗抄·诚斋诗抄》），别转一路，自成一家，形成了独具特色的诗风，创造了他的"诚斋体"，在诗歌史上独树一帜。"诚斋体"诗，具有新、奇、活、快、风趣、幽默的鲜明特点，"流转圆美"（刘克庄《江西诗派小序·总序》），"活泼刺底"（刘祁《归潜志》卷八），尤其为人所称道。如写于家乡的《闲居初夏午睡起二绝句》《小池》等，情致深婉，充满机趣，代表了"诚斋体"的艺术特色。杨万里十分注意学习民歌的优点，大量汲取最生动清新的口语入诗，往往"俚辞谚语，冲口而来"（蒋鸿翻《寒塘诗话》），因而形成通俗浅近、自然活泼的语言特色。诚斋由于诚斋能在诗坛上建立起自己的风格，显示了独特的面貌，所以当时不少人仿效他的"诚斋体"，包括名诗人范成大在内。但这种仿效，多是从语言、词汇、徘谐等形式主义方面着眼，这也是他自己强调"晚唐异味"召致来的必然结果。他那表现爱国思想、同情人民的现实主义的卓越成就，反而被忽视甚至淹没了。也有些诗人兼评论家称道他的"痛快"，推许他笔端有口，万汇纷纶，赞誉他箭在的中，风行水上。刘克庄选录了他和曾几的诗，譬山谷为初祖，吕、曾为南北二宗，诚斋为临济德山。魏庆之作《诗人玉屑》，采辑他的诗论也较同时他人为多。他在当时所起的影响是应该看到的。虞允文："东南乃有此人物！某初除，合荐两人，当以此人为首。"赵眘："仁者之勇。"周必大："诚斋大篇短章，七步而成，一字不改。皆扫千军，倒三峡，穿天心，出月胁之语。至于状物姿态，写人情意，则铺叙纤悉，曲尽其妙。笔端有口，句中有眼。"陆游："诚斋老子主诗盟，片言许可天下服。文章有定价，议论有至公。我不如诚斋，此评天下同。"严羽："其初学半山、后山，最后亦学绝句于唐人。已而尽弃诸家之体，而别出机杼。"

　　杨万里诗坛盟主地位的确立，与前文所论他求新求变的诗学追求有关。事实上，早在江西诗派的吕本中就已经明确提出了"活法"理论。杨万里虽然没有关于"活法"理论的直接表述，但其影响却大大超过吕本中，并成为南宋诗坛所效法的对象。时人对其"活法"艺术都有着一致肯定，如周必大《次韵杨廷秀待制寄题朱氏涣然书院》云："诚斋万事悟活法"，张镃云："笔端有口古来稀，妙语奚烦用力追"，刘克庄在《江西诗派小序》中云："诚斋出，真得所谓活法"。尽管杨万里以其富有特色的"活法"艺术博得了一致好评，并以此确立了他在宋代诗学史上的重要地位，诗坛对杨万里的推崇一直延续到金元两代，大都肯定其善变的创新精神。同时，也与他自觉展示他诗学新变的积极态度有关。其中诗集编纂便是他重要的自我传播策略之一，对于确立他诗坛盟主地位起到了重要作用。杨万里存诗四千多首，其生前将这些诗编为《江湖集》等九集。其《诚斋集》于端平二年（1235年）刻版传世，此前杨万里诗便以《江湖集》《荆

溪集》等九种别本单行。从他的自序推断,《江湖集》等在
编撰以后很快便刻版行世。甚至别本单行之前,有的诗集已
分卷流传。如《朝天集》诗的写作年代从淳熙十一年(1180
年)至淳熙十四年(1187 年)六月,但淳熙十三年(1186
年)六月杨万里为《南海集》作序已经提到了《朝天集》,
其《朝天集》中有《偶送〈西归〉〈朝天〉二集与尤延之,
蒙惠七言,和韵以谢之》。据此推断,则《朝天集》尚未定
编便已经分卷流传。《江东集》也是如此。凡此皆可看出杨
万里在诗集编撰及传世的问题上非常注意及时性。元代李之
纯(屏山)沿袭了葛天民的论点,称赞杨万里的诗是活泼刺
底,别人难及。到了明代,在前后七子诗必盛唐,文自西京,
诗自天宝而下,俱无足观分说的影响下,宋诗几乎束之高阁,
杨万里也因此很少受到注目。到了清代,宋诗的总体风格受
到了重视,吕留良、吴之振选宋诗,称诚斋诗"落尽皮毛,
自出机杼",也是称赞了他的独创性。从康熙到乾隆时期,明
标旗帜学诚斋的有浙、吴两派。浙派以钱塘金张(介山)为
代表。在他的《介老编年诗钞》一千八百八十六首诗作中,
律诗,绝句体的写景,学得逼似。他因公开学习诚斋,受到
不少友人的攻击和奚落,但他坚定不移,作诗反驳说:"莫学
诚斋句,胡为乎来哉!不甘知己语,亦以世情猜。既不求科
举,又非博货财。世间俱有为,此事任人裁!"他屡次说到
"余诗学诚斋""诗到诚斋我服膺"。友人钞赠诚斋诗全部,
他赋诗感谢赞叹。但他的诗,也有些油滑率易之作,个别地
方堕人庸俗、恶趣,这是学诚斋诗容易导致的弊病。当时和
他气感声应的都是"诗主性灵"的。此外,传刻《诚斋集》

以明趋向的首推吴江汪达源（山民），徐氏诗尚诚斋，其妻吴琼仙从袁枚学诗。县志纪其事说："达源工为诗，宗杨诚斋晚年出入山谷……以杨诚斋诗罕善本。"（《吴江县续志》）他所刻的《杨诚斋诗全集》，其实是范围较大的选集。前有赵翼、阮元和徐氏序文，又有法式善题诗。至徐氏诗集，则未之见。浙、吴二派之外，还有蜀人李调元。他所刻的《诚斋集》，远不及徐刻之精。但他在序言中指出诚斋诗的优缺点，有肯定，也有批评，倒是值得注意的他认为优点是"千岩竞秀，万壑争流，读之步步引人入胜。在评论方面，低之者谓其"浅俗"。如叶燮是完全否定诚斋的，说"几无一首一句可采"。李慈铭谓其"粗梗油滑，满纸村气。……其甚率俗者，几可喷饭"。誉之者则谓其"字字出真性，语语生遐思"，谓其"精灵别辟一山川，百尺蚕丝直到天""玉戚朱干为大武，费择土鼓出元音。"（潘定桂）其余评论者无虑数十百家、兹不具引。但随着诗派的纷争，对杨万里的评价也形成了褒与贬两大阵营，但都游离于其创作本质之外。褒之者主要着眼于其自出机杼的创新精神。高举性灵大旗的袁枚对杨万里的诗歌创作颇为欣赏，认为他与李白同为天才型诗人，在诗史上有同样的地位，给予其高度评价。对杨万里诗歌持贬斥态度的主要是主格调、肌理之说者，如全祖望、纪晓岚等人批评杨万里的诗"颓唐""粗率"，甚至是"油滑"。纪昀："万里立朝多大节。若乞留张栻，力争吕颐浩等配享及裁变应诏诸奏，今具载集中，丰采犹可想见。然其生平乃特以诗擅名……方回《瀛奎律髓》称其一官一集，每集必变一格。虽沿江西诗派之末流，不免有颓唐粗俚之处；而才思健拔，包孕富有，自为南宋一作手，非后来四灵、江湖诸派可得而并称。南宋诗集传于今者，惟万里及陆游最富……以诗品论，万里不及游之锻炼工细；以人品论，则万里偶乎远矣。"而叶燮、沈德潜、翁方纲则认为其诗虽丰富，但过于俚俗，艺术粗疏，无一可取。由于始终囿于宗唐宗宋的圈子里，他们的评价实则是从自身的创作规范出发，凡与之相悖的创作理论问题。毁誉纷纭，取舍各异，正反映了诚斋诗作对后世的影响。

从建国后到八十年代，在当时学界普遍重视作品思想性的学术氛围中，杨万里的诗歌创作被认为是"很少反映社会现实""内容上见得琐屑"，但却肯定其成就和贡献主要是在艺术风格方面，这主要以游国恩的评价为代表，他认为："杨万里不失为南宋一位自具面目的作家，他们的主要成就和贡献是在艺术风格方面。他吸收民歌优点，一反江西诗派的生硬搓拉，创立了活泼自然的'诚斋体'，是值得肯定的"。刘大杰在其《中国文学发展史》中就以"幽默诙谐的风趣"、"以俚语入诗"来评价"诚斋体"的艺术特征，这使得"诚斋体"的艺术特点逐步成为研究杨万里的焦点。1958 年，钱锺书的《宋诗选注》出版，他认为杨万里在当时是"诗歌转变的主要枢纽，创辟了一种新鲜泼辣的写法"；"从杨万里起，宋诗就分为江西体和晚唐体两派"。将其视为宋诗的"转变枢纽"。1962 年，周汝昌编选的《杨万里选集》出版，标志着学界开始对杨万里进行专门研究。在此书的序言中，作者将"诚斋体"之"活法"特点概括为新、奇、快、活、风趣、幽默、层次曲折、变化无穷，这实际上是用"活法"

涵盖其艺术风貌，并认为"活法"是其心胸"透脱"的结果，首开对"诚斋体"之"活法"特征研究的先路。周汝昌对杨万里《浯溪赋》评价甚高，认为"这样的赋，才显得赋之为体"。杨万里还善作与赋酷似的四六文，《四六丛话》卷三三云："《诚斋集》四六小简，俱精妙绝伦，往往属对出之意外，妙若天成，南宋诸公皆不及。"程千帆、吴新雷同意此说，以为杨氏四六"构思奇妙，措辞精切，不愧作手"。对以《千虑策》为代表的散文，周汝昌以为"见地警辟，说理周彻，文笔条达，感情痛切"。钱锺书《宋诗选注》（1958 年初版）也在这一时期问世。以上两选本对诚斋诗做了精彩的分析，不仅观点对后学多有启迪，而且在研究方法上亦是导夫先路。1964 年中华书局出版了傅璇琮（署名湛之）编的《古典文学研究资料汇编杨万里范成大卷》，为全面、深入地研究杨万里奠定了较为坚实的文献资料基础。80 年代后，杨万里研究进入了繁荣期。迄今为止，发表的单篇论文不下百篇。各种选集也陆续出版，研究专著先后面世，是此期的一个显著特色。1982 年台湾陈义成（阳明山文化大学中国文学研究所）率先完成博士论文《杨万里研究》。1990 年周启成《杨万里和诚斋体》（上海古籍出版社 1992 年版）写得较为简略和通俗。两年后王守国《诚斋诗研究》（中州古籍出版社 1992 年版）问世，这部三十五万言的著作从八个侧面作了细致扎实的阐论，是全面研究诚斋诗的力作。时过十年，张瑞君《杨万里评传》（南京大学出版社 2002 年版）推出，该书不但对诚斋诗进行了较为深刻的研究，而且对他的哲学、政治、人格等方面作了认真的探讨。是书为大陆第一部全面研究杨万里的著作，代表了这一领域的最新成果。2004 年，欧阳炯《杨万里及其诗学》出版，侧重就杨万里诗歌理论提出了新的看法，可视为诚斋诗研究的深化。继钱锺书、周汝昌、于北山等老一代之后，80 年代以来杨万里研究领域内活跃着一批中青年学者。他们既继承传统，又有所开拓。北京大学出版社的《全宋诗》第四二册为杨万里诗，此为诚斋全诗首次排印。2003 年，王琦珍整理的《杨万里诗文集》由江西人民出版社出版，此为杨氏第一个全集整理、简体字点校本。多学者将"活法"与"诚斋体"联系起来看，尝试从相对具体的关系论中见出真正的特色。钱锺书《宋诗选注》欣赏杨万里所创辟的"活法"，以为其最主要特点是"恢复耳目观感的天真状态"。周汝昌认为诚斋诗的特点是"奇趣"和"活劲儿"，也就是所谓"活法"。它缘于胸襟"透脱"，关乎到"认识论"的境界。

不可否认，名满天下的"诚斋体"在流传后世时，也伴随着不小的批评声音。最为激烈的甚至认为杨万里诗虽多，"然排沙拣金，几于无金可拣。"（沈德潜《说诗语》下）进入现代研究视野中的"诚斋体"，其价值得到了较为充分的体认，但学者也并非对它的缺陷视而不见。钱锺书认为他关心国事、同情民生疾苦的作品不多，内容上也较为琐屑，缺乏沁人心脾的力量，草率作品也不少（《宋诗选注》）。王兆鹏也指出，诚斋体"缺乏对人生与自然体悟的深度与力度"，"缺乏囊括宇宙万物、天地江山的恢弘气魄"（《建构灵性的自然——杨万里"诚斋体"试析》）。这些批评自有言之成理的地方，造成"诚斋体"缺陷的原因，一是贪多，多则必

滥；二是恰如周汝昌所言，对"活法"过于自信，以至物极
必反。但亦有以今律古，责人太严之处。"诚斋体"内容上
当然不象陆游那样充满着金戈铁马的描写，但它反映的是另
一类生活，并未脱离现实；其诗风偏重阴柔之美，这和雄浑
之美本是互补关系，在艺术上并无短长之别；"诚斋体"浅
俗表其外，深刻蕴其中，并不缺少思想底色。

附　录

杨万里年谱简编

宋高宗建炎元年丁未（1127），杨万里生。

时　事：前岁（靖康元年）闰十一月，金人攻陷宋都汴
　　　　京（开封），钦宗入金营乞和。本年二月，金
　　　　主下诏废徽宗、钦宗为庶人，三月，金人立张
　　　　邦昌为"楚帝"，驱赵佶、皇后、亲王、嫔妃
　　　　以下北迁。五月，康王赵构即皇帝位于南京
　　　　（宋应天府，今河南商丘市）。宋高宗召李纲任
　　　　尚书右仆射兼中书侍郎，拜为宰相，七十五日
　　　　后罢相，高宗逃窜江南。

　　　　曹勋奏进《北狩见闻录》。

　　　　时陆游三岁、周必大二岁、范成大二岁、尤
　　　　袤生。

诗人事纪：九月二十二日子时，诚斋生。

316

宋高宗建炎二年戊申（1128），二岁。

时　事：中山府（今河北定县）陷落、洺州（今河北永
　　　　年东）陷落、濮州（今山东鄄城北）陷落、大
　　　　名府（今河北大名）陷落。

　　　　南宋开科取士。

　　　　叶梦得写成《石林燕语》十卷。

宋高宗建炎三年己酉（1129），三岁。

时　事：苗刘之变。

　　　　高宗复辟。

　　　　金兵渡江，穷追宋高宗至海上。高宗渡海。

　　　　赵明诚逝世。

宋高宗建炎四年庚戌（1130），四岁。

时　事：东京陷落。

　　　　岳飞收复建康，名声大震。

　　　　秦桧自称杀金人监己者，夺舟来归。

宋高宗绍兴元年辛亥（1131），五岁。

时　事：隆祐太后去世

宋高宗绍兴二年壬子（1132），六岁。

时　事：宋孝宗入宫，系宋太祖赵匡胤七世孙，秦王赵
　　　　德芳的后人。

　　　　秦桧罢相。秦桧第一次入相前后仅一年。

宋高宗绍兴三年癸丑（1133），七岁。

时　事：宋金首次议和，这是宋金双方第一次较正规的
　　　　谈判接触，金人开始放弃消灭南宋的战略，宋

金对峙的态势趋于形成。

岳飞入朝，八月，宋高宗召岳飞赴行在（临安）入见。九月九日，岳飞携长子岳云抵临安，十三日高宗召见，赏赐金带器甲、战袍戎器，并特赐锦旗一面，上绣高宗手书"精忠岳飞"四字。此后，"精忠"成为岳家军的灵魂与象征。

宋高宗绍兴四年甲寅（1134），八岁。

时　事：岳飞北伐，八月，岳飞晋升为靖远军节度使，成为与韩世忠、刘光世、张俊并列的南宋初年四大将。（《中兴四将图》）

金与伪齐联合入侵，高宗亲征。

宋高宗绍兴五年乙卯（1135），九岁。

时　事：张浚为相

宋徽宗卒

金熙宗即位

宋高宗绍兴六年丙辰（1136），十岁。

时　事：岳飞升任宣抚使。

宋高宗绍兴七年丁巳（1137），十一岁。

时　事：张浚罢相，从此浚谪居二十余年，但仍上疏反对和议。

宋高宗绍兴八年戊午（1138），十二岁。

时　事：宋高宗定都临安（今浙江杭州）。

秦桧再相，十二月秦桧以宰相身份跪拜接受金朝的"诏书",承认了金宋之间的君臣关系。

陈与义卒。

宋高宗绍兴九年己未（1139），十三岁。

时　事：宋金和议成立，时张浚在永州（今湖南零陵），
　　　　五次上疏，反对和议；岳飞在鄂州（今湖北武
　　　　汉武昌），亦以为和议"可危而不可安，可忧
　　　　而不可贺"。仍训兵饬士以备不虞。

宋高宗绍兴十年庚申（1140），十四岁。

时　事：金败盟
　　　　李纲卒。
　　　　岳飞奉诏班师。

宋高宗绍兴十一年辛酉（1141），十五岁。

时　事：绍光议和成，金人得到了从战场上得不到的大
　　　　片土地和金帛，宋金之间确定了政治上的不平
　　　　等关系，从此结束了长达 10 年的战争，形成了
　　　　南北长期对峙的局面。
　　　　万俟卨诬劾岳飞。

宋高宗绍兴十二年壬戌（1142），十六岁。

时　事：金册宋帝
　　　　岳飞被害于大理寺狱，其子岳云和部将张宪也
　　　　惨遭杀害。

宋高宗绍兴十三年癸亥（1143），十七岁。

时　事：以岳飞宅置太学。
　　　　宋使臣洪皓等南归

宋高宗绍兴十四年甲子（1144），十八岁。

时　事：秦桧禁野史，凡前罢相以来诏书章疏稍及桧者，
　　　　皆更易焚弃。是后记录皆出熺笔，无复有公论
　　　　是非。

宋高宗绍兴十五年乙丑（1145），十九岁。

宋高宗绍兴十六年丙寅（1146），二十岁。

时　事：南宋复建武学。
　　　　张浚被贬居连州（今广东连县），不久又迁永
　　　　州（今湖南零陵）。

宋高宗绍兴十七年丁卯（1147），二十一岁。

时　事：孟元老于本年写《东京梦华录》。

宋高宗绍兴十八年戊辰（1148），二十二岁。

时　事：宋廷禁人北渡，为讨好金人，免金人借端生事。
　　　　金修《辽史》告成。
　　　　胡铨再贬至吉阳军（今广东崖县）编管。

宋高宗绍兴十九年己巳（1149），二十三岁。

宋高宗绍兴二十年庚午（1150），二十四岁。

时　事：施全刺杀秦桧，不成。

诗人事纪：杨万里赴临安参加礼部试，落第而归，仍继
　　　　续求学。

宋高宗绍兴二十一年辛未（1151），二十五岁。

时　事：宋遣使入金请归皇族，请求归还钦宗和被俘宗
　　　　室。海陵王不允，宋使无功而回。

金迁都燕京，原以上京（今哈尔滨西南）
为都。

李清照逝世。

宋高宗绍兴二十二年壬申（1152），二十六岁。

宋高宗绍兴二十三年癸酉（1153），二十七岁。

时　事：金改五京名称，去酷刑，复殿试，定车盖之式。

宋高宗绍兴二十四年甲戌（1154），二十八岁。

时　事：金始行交钞。

张俊卒。

诗人事纪：杨万里进士及第。

宋高宗绍兴二十五年乙亥（1155），二十九岁。

时　事：宋进秦桧为建康郡王，旋死。

复张浚。

诗人事纪：任职：赣州司户参军。

杨万里拜刘才邵为师。

宋高宗绍兴二十六年丙子（1156），三十岁。

时　事：宋下诏禁议边事。

诗人事纪：其父杨芾携领他去拜见滴居南安的张九成和
途经赣州的胡铨。王庭珪、张九成、胡铨等
前辈的学问、节操以及力主，抗金的爱国精
神，给了杨万里以重要的影响。

宋高宗绍兴二十七年丁丑（1157），三十一岁。

宋高宗绍兴二十八年戊寅（1158），三十二岁。

时　事：宋置国史院，专修神宗、哲宗、徽宗三朝正史。

宋高宗绍兴二十九年己卯（1159），三十三岁。

时　事：海陵王题诗言志，"提兵百万西湖侧，立马吴山
　　　　第一峰"。

诗人事纪：任职：零陵县丞，时主战派领袖张浚谪居永
　　　　州，闭门谢客。杨万里三次前往拜谒而不得
　　　　见，后以书信力请，并通过其子张栻介绍，
　　　　才得接见。张浚对他说："元符贵人，腰金纡
　　　　紫者何隙，惟邹志完、陈莹中姓名与日月争
　　　　光！"同时勉之以"正心诚意"之学。杨万
　　　　里服膺其教终身，于是名其读书之室曰"诚
　　　　斋"，以明己志。胡铨当时谪居衡州，杨万里
　　　　又请他为此写了《诚斋记》。为丞零陵，"一
　　　　日而并得二师"。

宋高宗绍兴三十年庚辰（1160），三十四岁。

时　事：宋高宗立赵瑗为皇子。

　　　　虞允文使金。

宋高宗绍兴三十一年辛己（1161），三十五岁。

时　事：海陵王背盟南侵。

　　　　宋廷下诏抗金，宋高宗确定亲征之议，采石
　　　　之战。

宋高宗绍兴三十二年壬午（1162），三十六岁。

时　事：壬午内禅：六月，高宗逊位于太子赵昚（即宋
　　　　孝宗）。孝宗即位后，锐意恢复，起用张浚为枢
　　　　密使，不久又任其为相。

宋追复岳飞之官。宋以张浚为江淮宣抚使。

作　品：《诚斋江湖集序》："予少作有诗千余篇，至绍
　　　　兴壬午七月皆焚之，大概江西体也。今所存曰
　　　　《江湖集》者，盖学后山及半山及唐人者也。"
　　　　即：三十六岁以前的诗都已经烧掉了，《江湖
　　　　集》为壬午七月之后所作。
　　　　七月，始撰《江湖集》，凡七卷，存诗五百三
　　　　十六题，共七百三十五首。绍兴三十二年七月
　　　　至淳熙四年三月。

宋孝宗隆兴元年癸未（1163），三十七岁。

时　事：隆兴北伐：张浚为收复中原失地而发动的一次
　　　　北伐。北伐告失败，孝宗被迫与金讲和。

诗人事纪：除临安府教授。未及赴任，就因父病，而于
　　　　隆兴二年（1164 年）正月西归吉水。八月四
　　　　日，父病故，在家服丧。

宋孝宗隆兴二年甲申（1164），三十八岁。

时　事：宋金和议成立，双方世为叔侄之国，后人或称
　　　　其为隆兴和议，或称之为乾道之盟。和议成立
　　　　后，宋金双方保持了四十年的和平关系。
　　　　张浚罢相，张浚卒。

宋孝宗乾道元年乙酉（1165），三十九岁。

时　事：米友仁逝世，米芾子。书法绘画皆承家学，故
　　　　世称"大小米"。

宋孝宗乾道二年丙戌（1166），四十岁。

时　事：宋创行淮交。

诗人曾几逝世，为陆游之师。

宋孝宗乾道三年丁亥（1167），四十一岁。

诗人事纪：春，上政论《千虑策》。

宋孝宗乾道四年戊子（1168），四十二岁。

宋孝宗乾道五年己丑（1169），四十三岁。

宋孝宗乾道六年庚寅（1170），四十四岁。

时　事：张孝祥逝世，绍兴二十四年（1154年）廷试第一。其状元策，诗与字时称三绝，擅楷书，书风雄强豪放。

宋建岳飞庙于鄂州（今湖北武昌）。

范成大使金：李焘惧而不敢行。范成大慨然而行，至金则密草奏书，具官更定受书仪式事。入见之日，成大既进国书，复出奏书，金廷上下为之纷然。既而成大归馆所，世宗遣伴使宣旨取其奏。九月，成大返宋。金世宗复书拒宋所请，只许孝宗奉迁陵寝，同意归还钦宗梓宫。

诗人事纪：任职：奉新县令。

宋孝宗乾道七年辛卯（1171），四十五岁。

时　事：正式册立惇为皇太子。

王十朋卒。

王嚞卒，原名中孚，字允卿。后改名世雄，字威德。入道后，复改名嚞，字知明，号重阳子，金陕西咸阳（今陕西咸阳东）人，金真教创始人。嚞出身豪门，早年为儒生。正隆四年

（1159），改儒为道，在终南山筑墓穴居，号"活死人墓"。大定三年（1163），边修道，边传教。七年，赴山东传教，先后在文登、宁海（今山东牟平）、福山、登州（今山东蓬莱）、莱州（今山东掖县）建立三教七宝会、三教金莲会、三教三光会、三教玉华会、三教平等会等五个教会，并收马钰、谭处端、刘处玄、丘处机、王处一、郝大通、孙不二等人为徒，创建全真教。其教以澄心定意，抱元守一，存神固气为"真功"，以济贫拔苦。先人后己，与物无私为"真行"，主张"功"、"行"俱全，故名"全真"。全真教专主修真养性、内丹修炼，主张道士出家，重视清规戒律，具有比较突出的三教合一的思想。这是金人进入中原后，黄河以北出现的三个道教教派之一，后获得广泛传布。大定九年（1169），王喆率弟子马钰、谭处端、刘处玄、丘处机西归。次年，卒于开封，终年五十九岁。

诗人事纪：任职：太常博士。

宋孝宗乾道八年壬辰（1172），四十六岁。

诗人事纪：任职：太常丞。

宋孝宗乾道九年癸巳（1173），四十七岁。

诗人事纪：任职：将作少监。

宋孝宗淳熙元年甲午（1174），四十八岁。

时　事：虞允文逝世。

诗人事纪：任职：漳州知州。

宋孝宗淳熙二年乙未（1175），四十九岁。

时　　事：鹅湖之会：朱熹和陆九渊、陆九龄进行的一次
　　　　　哲学辩论会。揭开了朱陆之辩的序幕，明显地
　　　　　暴露了两派的分歧。陆氏兄弟的诗从"道在吾
　　　　　心"出发，主张"发明本心"的"易简功夫"，
　　　　　而反对朱熹的"格物致知"、"读书穷理"。是
　　　　　儒学内部的分歧，这种争论对"理学"和"心
　　　　　学"的各自发展均有很大的促进作用。对明清
　　　　　的思想家于"理学"、"心学"的批评、吸收和
　　　　　改造都有很大的启发作用。

宋孝宗淳熙三年丙申（1176），五十岁。

宋孝宗淳熙四年丁酉（1177），五十一岁。

诗人事纪：任职：常州知州。

作　　品：《江湖集》结集完毕，凡七卷，存诗五百三十
　　　　　六题，共七百三十五首。绍兴三十二年七月至
　　　　　淳熙四年三月。

宋孝宗淳熙五年戊戌（1178），五十二岁。

时　　事：陈亮上书力陈恢复。

作　　品：始撰《荆溪集》（荆溪即常州），凡五卷，存诗
　　　　　三百二十五题，共四百九十一首。淳熙四年四
　　　　　月至淳熙六年二月。

宋孝宗淳熙六年己亥（1179），五十三岁。

时　　事：朱熹修复白鹿洞书院，陆九龄铅山访朱熹。

作　品：《荆溪集》（荆溪即常州）结集完毕，凡五卷，
　　　　存诗三百二十五题，共四百九十一首。淳熙四
　　　　年四月至淳熙六年二月。

宋孝宗淳熙七年庚子（1180），五十四岁。

时　事：宋置湖南飞虎军，辛弃疾。
　　　　胡铨逝世。张栻卒。

诗人事纪：任职：广东常平提举。

作　品：《西归集》淳熙六年正月至淳熙七年正月，二
　　　　百余首。

宋孝宗淳熙八年辛丑（1181），五十五岁。

时　事：南康之会，朱熹创立闽学，朱子之学在宋元之
　　　　际传播到朝鲜、日本等国，17 世纪欧洲人开始
　　　　注意朱学。

诗人事纪：任职：广东提刑。

作　品：始撰《南海集》淳熙七年七月至淳熙九年正
　　　　月，三百九十四首。

宋孝宗淳熙九年壬寅（1182），五十六岁。

诗人事纪：七月，继母去世，离任服丧。

作　品：《南海集》结集完毕，淳熙七年七月至淳熙九
　　　　年正月，三百九十四首。

宋孝宗淳熙十年癸丑（1183），五十七岁。

宋孝宗淳熙十一年甲辰（1184），五十八岁。

诗人事纪：任职：吏部员外郎。

作　品：始撰《朝天集》，淳熙十一年十月至淳熙十五

年七月。

宋孝宗淳熙十二年乙巳（1185），五十九岁。

宋孝宗淳熙十三年丙午（1186），六十岁。

诗人事纪：任职：枢密院检详、尚书右司郎中、左司郎
中兼太子侍读。

宋孝宗淳熙十四年丁未（1187），六十一岁。

时　事：宋高宗卒，终年八十一岁。

诗人事纪：任职：秘书少监。

宋孝宗淳熙十五年戊申（1188），六十二岁。

时　事：宋孝宗内禅，宋光宗即位为帝。

金章宗即位。

诗人事纪：任职：筠州知州。

淳熙十五年三月，上《驳配飨不当疏》，力
争张浚当配飨，不报。孝宗："万里以朕为何
如主？"

作　品：《朝天集》结集完毕，淳熙十一年十月至淳熙
十五年七月。

宋孝宗淳熙十六年己酉（1189），六十三岁。

诗人事纪：任职：秘书监。

作　品：《江西道院集》淳熙十五年四月至淳熙十六年
十月，二百五十首。

宋光宗绍熙元年庚戌（1190），六十四岁。

时　事：黄裳献八图。

朱熹《四书集注》首次刊印。

诗人事纪：以焕章阁学士职充任接伴金国贺正旦使。

　　　　　　任职：江东转运副使。

作　品：《朝天续集》淳熙十六年十月至绍熙元年十月，

　　　　三百十五余首。

宋光宗绍熙二年辛亥（1191），六十五岁。

时　事：李皇后擅政。

　　　　金朝废除契丹文字。

作　品：始撰《江东集》绍熙二年八月至绍熙三年八

　　　　月，五百首。

宋光宗绍熙三年壬子（1192），六十六岁。

时　事：卢沟桥修成。

　　　　王庭筠入奉翰林。

诗人事纪：于八月谢病自免，回归吉水。自此幽屏，便

　　　　　与世绝。

作　品：《诚斋诗话》是杨万里关于诗文评论的理论著

　　　　述。《四库全书总目提要》云：“万里本以诗

　　　　名，故所论往往中理。”创作时间不十分明了，

　　　　当为壬子后。

　　　　《江东集》结集完毕，绍熙二年八月至绍熙三

　　　　年八月，五百首。

宋光宗绍熙四年癸丑（1193），六十七岁。

时　事：范成大逝世。

　　　　陈亮擢进士第一。

诗人事纪：任职：秘阁修撰。

作　品：始撰《退休集》，绍熙三年八月至开禧二年，

七百二十余首。

宋光宗绍熙五年甲寅 (1194)，六十八岁。

时　事：绍熙内禅：光宗禅位于宋宁宗赵扩。
　　　　　朱熹任宁宗侍讲，后罢免。朱熹修复岳麓书院。
　　　　　尤袤去世。陈亮去世。

诗人事纪：宁宗即位后，召杨万里赴京，杨万里辞谢
　　　　　不往。

宋宁宗庆元元年乙卯 (1195)，六十九岁。

时　事："六君子"上书被逐：韩侂胄支使右正言李沐
　　　　　劾奏赵汝愚，赵被罢相。太学生杨宏中、周端
　　　　　朝、张道、林仲麟、蒋傅、徐范六人继吕祖俭
　　　　　之后上书，指责李沐"蒙蔽天听"，请留赵汝
　　　　　愚以及章、李、杨等人。

诗人事纪：任职：焕章阁待制，以通议大夫、宝文阁待
　　　　　制致仕，后晋至宝谟阁学士，爵至庐陵郡开
　　　　　国侯，阶从三品，食邑一千户。

宋宁宗庆元二年丙辰 (1196)，七十岁。

宋宁宗庆元三年丁巳 (1197)，七十一岁。

时　事：庆元党禁。

宋宁宗庆元四年戊午 (1198)，七十二岁。

宋宁宗庆元五年己未 (1199)，七十三岁。

诗人事纪：因已过退休的年龄，便请求致仕。三月，升
　　　　　宝文阁待制，允其致仕。

宋宁宗庆元六年庚申（1200），七十四岁。

时　事：朱熹去世。

宋宁宗嘉泰元年辛酉（1201），七十五岁。

时　事：铁木真击溃札木合联军。

宋宁宗嘉泰二年壬戌（1202），七十六岁。

时　事：王庭筠逝世，洪迈逝世。

宋宁宗嘉泰三年癸亥（1203），七十七岁。

时　事：姜夔逝世。

宋宁宗嘉泰四年甲子（1204），七十八岁。

时　事：周必大去世。

宋宁宗开禧元年甲子（1205），七十九岁。

诗人事纪：宁宗又召其赴京，杨万里再次推辞。

宋宁宗开禧二年甲子（1206），八十岁。

时　事：铁木真称成吉思汗于斡难河上
　　　　开禧北伐。
　　　　铁木真建立蒙古国。

诗人事纪：二月，升宝谟阁学士。同年五月八日（6月
　　　　15日），逝世，享年八十岁，获赠光禄大夫。

作　品：《退休集》结集完毕，绍熙三年八月至开禧二
　　　　年，七百二十余首。

宋史·杨万里传

杨万里字廷秀，吉州吉水人。中绍兴二十四年进士第，

为赣州司户，调永州零陵丞。时张浚谪永，杜门谢客，万里三往不得见，以书力请，始见之。浚勉以正心诚意之学，万里服其教终身，乃名读书之室曰诚斋。

浚入相，荐之朝。除临安府教授，未赴，丁父忧。改知隆兴府奉新县，戢追胥不入乡，民逋赋者揭其名市中，民欢趋之，赋不扰而足，县以大治。会陈俊卿、虞允文为相，交荐之，召为国子博士。侍讲张栻以论张说出守袁，万里抗疏留栻，又遗允文书，以和同之说规之，栻虽不果留，而公论伟之。迁太常博士，寻升丞兼吏部右侍郎官，转将作少监。出知漳州，改常州，寻提举广东常平茶盐。盗沈师犯南粤，帅师往平之。孝宗称之曰："仁者之勇。"遂有大用意，就除提点刑狱。请于潮、惠二州筑外砦，潮以镇贼之巢，惠以扼贼之路。俄以忧去。免丧，召为尚左郎官。

淳熙十二年五月，以地震应诏上书曰：

臣闻言有事于无事之时，不害其为忠；言无事于有事之时，其为奸也大矣。南北和好逾二十年，一旦绝使，敌情不测。而或者曰："彼有五单于争立之祸。"又曰："彼有匈奴困于东胡之祸。"既而皆不验，道涂相传，缮汴京城池，开海州漕渠，又于河南北签民兵，增驿骑，制马枥，籍井泉，而吾之间谍不得以入，此何为者耶？臣所谓言有事于无事之时者一也。

或谓金主北归，可为中国之贺。臣以中国之忧，正在乎此。此人北归，盖惩创于逆亮之空国而南侵也。将欲南之，必固北之。或者以身填抚其北，而以其子与婿经营其南也。臣所谓言有事于无事之时者二也。

臣窃闻：论者或谓缓急淮不可守，则弃淮而守江，是大不然。昔者吴与魏力争而得合肥，然后吴始安。李煜失滁、扬二州，自此南唐始蹙。今日弃淮而保江，既无淮矣，江可得而保乎？臣所谓言有事于无事之时者三也。

今淮东西凡十五郡，所谓守帅，不知陛下使宰相择之乎，使枢廷择之乎？使宰相择之，宰相未必为枢廷虑也；使枢廷择之，则除授不自己出也。一则不为之虑，一则不自己出，缓急败事，则皆曰："非我也。"陛下将责之谁乎？臣所谓言有事于无事之时者四也。

且南北各有长技，若骑若射，北之长技也。若舟若步，南之长技也。今为北之计者，日缮治其海舟，而南之海舟则不闻缮治焉。或曰："吾舟素具也。"或曰："舟虽未具而惮于扰也。"绍兴辛巳之战，山东、采石之功，不以骑也，不以射也，不以步也，舟焉而已。当时之舟，今可复用乎？且夫斯民一日之扰，与社稷百世之安危，孰轻孰重？事固有大于扰者也。臣所谓言有事于无事之时者五也。

陛下以今日为何等时耶？金人日逼，疆场日扰，而未闻防金人者何策，保疆场者何道，但闻某日修某礼文也，某日进某书史也，是以乡饮理军，以干羽解围也。臣所谓言有事于无事之时者六也。

臣闻古者人君，人不能悟之，则天地能悟之。今也国家之事，敌情不测如此，而君臣上下处之如太平无事之时，是人不能悟之矣。故上天见灾异，异时荧惑犯南斗，迩日镇星犯端门，荧惑守羽林。臣书生，不晓天文，未敢以为必然也。至于春正月日青无光，若有两日相摩者，兹不曰大异乎？然天犹恐陛下不信也，至于春日载阳，复有雨雪杀物，兹不曰大异乎？然天犹恐陛下又不信也，乃五月庚寅，又有地震，兹又不曰大异乎？且夫天变在远，臣子不敢奏也，不信可也；地震在外，州郡不敢闻也，不信可也。今也天变频仍，地震荐毂，而君臣不闻警惧，朝廷不闻咨访，人不能悟之，则天地能悟之。臣不知陛下于此悟乎，否乎？臣所谓言有事于无事之时者七也。

自频年以来，两浙最近则先旱，江淮则又旱，湖广则又旱，流徙者相续，道殣相枕。而常平之积名存而实亡。入粟之令，上行而下慢。静而无事，未知所以振救之。动而有事，将何以仰以为资耶？臣所谓言有事于无事之时者八也。

古者足国裕民，惟食与货。今之所谓钱者，富商、巨贾、阉宦、权贵，皆盈室以藏之，至于百姓三军之用，惟破楮券尔。万一如唐泾原之师，因怒粝食，蹴而覆之，出不逊语，遂起朱泚之乱，可不为寒心哉！臣所谓言有事于无事之时者九也。

古者立国必有可畏，非畏其国也，畏其人也。故苻坚欲图晋，而王猛以为不可，谓谢安、桓冲，江左之望，是存晋者二人而已。异时名相如赵鼎、张浚，名将如岳飞、韩世忠，此金人所惮也。近时刘琪可用则早死，张栻可用则沮死，万一有缓急，不知可以督诸军者何人，可以当一面者何人，而金人之所素惮者又何人？而或者谓人之有才，用而后见。臣闻之《记》曰："苟有车必见其式，苟有言必闻其声。"今曰有其人而未闻其可将可相，是有车而无式，有言而无声也。且夫用而后见，非临之以大安危，试之以大胜负，则莫见其用也。平居无以知其人，必待大安危、大胜负而后见焉。成事幸矣，万一败事，悔何及耶？昔者谢玄之北御苻坚，而郗超知其必胜。桓温之西伐李势，而刘惔知其必取。盖玄于履屐之间无不当其任，温于蒲博不必得则不为，二子于平居无事之日，盖必有以察其小而后信其大也。岂必大用而后见哉？臣所谓言有事于无事之时者十也。

　　愿陛下超然远览，昭然远瞩。勿矜圣德之崇高而增其所未能；勿恃中国之生聚而严其所未备，勿以天地之变异为适然而法宣王之惧灾，勿以臣下之苦言为逆耳而体太宗之导谏，勿以女谒近习之害政为细故而监汉唐季世致乱之由，勿以仇雠之包藏为无他而惩宣政晚年受祸之酷。责大臣以通知边事军务如富弼之请，勿以东西二府异其心。委大臣以荐进谋臣良将如萧何所奇，勿以文武两途而殊其辙。勿使赂宦者而得旄节如唐大历之弊，勿使货近幸而得招讨如梁段凝之败。以重蜀之心而重荆、襄，使东西形势之相接。以保江之心而保两淮，使表里唇齿之相依。勿以海道为无虞，勿以大江为可恃。增屯聚粮，治舰扼险。君臣之所咨访，朝夕之所讲求，姑置不急之务，精专备敌之策。庶几上可消于天变，下不堕于敌奸。

　　然天下之事有本根，有枝叶。臣前所陈枝叶而已。所谓本根，则人主不可以自用。人主自用，则人臣不任责，然犹未害也。至于军事，而犹曰：谁当忧此？吾当自忧。今日之事，将无类此？《传》曰：木水有本原。圣学高明，愿益思其所以本原者。

　　东宫讲官阙，帝亲擢万里为侍读。官僚以得端人相贺。

他日读《陆宣公奏议》等书，皆随事规警，太子深敬之。王淮为相，一日问曰："宰相先务者何事？"曰："人才。"又问："孰为才？"即疏朱熹、袁枢以下六十人以献，淮次第擢用之。历枢密院检详，守右司郎中，迁左司郎中。

十四年夏旱，万里复应诏言："旱及两月，然后求言，不曰迟乎？上自侍从，下止馆职，不曰隘乎？今之所以旱者，以上泽不下流，下情不上达，故天地之气隔绝而不通。"因疏四事以献，言皆恳切。迁秘书少监。会高宗崩，孝宗欲行三年丧，创议事堂，命皇太子参决庶务。万里上疏力谏，且上太子书言："天无二日，民无二王。一履危机，悔之何及？与其悔之而无及，孰若辞之而不居？愿殿下三辞五辞，而必不居也。"太子悚然。高宗未葬，翰林学士洪迈不俟集议，配飨独以吕颐浩等姓名上。万里上疏诋之，力言张浚当预，且谓迈无异指鹿为马。孝宗览疏不悦曰："万里以朕为何如主？"由是以直秘阁出知筠州。

光宗即位，召为秘书监。入对言："天下有无形之祸，僭非权臣而僭于权臣，扰非盗贼而扰于盗贼，其惟朋党之论乎？盖欲激人主之怒，莫如朋党。空天下人才，莫如朋党。党论一兴，其端发于士大夫，其祸及于天下，前事已然。愿陛下建皇极于圣心，公听并观，坏植散群，曰君子从而用之，曰小人从而废之，皆勿问其某党某党也。"又论："古之帝王固有以知一己揽其权，不知臣下窃其权。大臣窃之则权在大臣，大将窃之则权在大将，外戚窃之则权在外戚，近习窃之则权在近习。窃权之最难防者，其惟近习乎！非敢公窃也，私窃之也。始于私窃，其终必至于公窃而后已。可不惧哉！"

绍熙元年，借焕章阁学士为接伴金国贺正旦使兼实录院检讨官。会《孝宗日历》成，参知政事王蔺以故事俾万里序之，而宰臣属之礼部郎官傅伯寿，万里以失职力丐去，帝宣谕勉留。会进《孝宗圣政》，万里当奉进，孝宗犹不悦，遂出为江东转运副使，权总领淮西、江东军马钱粮。朝议欲行铁钱于江南诸郡，万里疏其不便，不奉诏。忤宰相意，改知赣州，不赴，乞祠，除秘阁修撰提举万寿宫，自是不复出矣。

宁宗嗣位，召赴行在，辞。升焕章阁待制提举兴国宫。引年乞休致，进宝文阁待制，致仕。嘉泰三年，诏进宝谟阁直学士，给赐衣带。开禧元年召，复辞。明年，升宝谟阁学士。卒，年八十三，赠光禄大夫。

万里为人刚而褊。孝宗始爱其才，以问周必大，必大无善语，由此不见用。韩侂胄用事，欲网罗四方知名士相羽翼。尝筑南园，属万里为之记，许以掖垣。万里曰："官可弃，记不可作也。"侂胄恚，改命他人。卧家十五年，皆其柄国之日也。侂胄专僭日益甚，万里忧愤，怏怏成疾。家人知其忧国也，凡邸吏之报时政者，皆不以告。忽族子自外至，遽言侂胄用兵事。万里恸哭失声，亟呼纸书曰："韩侂胄奸臣，专权无上，动兵残民，谋危社稷。吾头颅如许，报国无路，惟有孤愤！"又书十四言别妻子，笔落而逝。

万里精于诗，尝著《易传》行于世。光宗尝为书"诚斋"二字，学者称诚斋先生，赐谥文节。子长孺。

（《宋史》卷四三三《儒林》三）

宋故宝谟阁学士通奉大夫庐陵郡开国侯赠光禄大夫诚斋杨公墓志

先君讳万里，字廷秀，姓杨氏，吉州吉水县同水乡新嘉里人也，居湴塘。

曾祖讳希开；祖讳格非，赠承务郎；考讳芾，累赠通奉大夫。母毛氏、罗氏，皆赠硕人。

先君于建炎元年丁未岁九月二十二子时生。七岁丧母，终身追慕，忌日必痛。事继母尽孝，禄养三十年，人不知罗之为继母也。

绍兴二十四年甲戌岁擢进士第丙科，为赣州司户参军、永州零陵丞。改秩，除临安教授。未赴，居父忧。免丧，知隆兴府奉新县。

故相虞允文荐于孝宗皇帝，召为国子博士，上疏乞留左司员外郎张栻，黜军器少监韩玉，栻虽去而玉亦罢，由是名重朝廷。

迁太常丞，兼权吏部右侍郎官，除将作少监。出知漳州，改知常州。

提举广南路常平茶盐公事，就除提点本路刑狱。闽盗沈师犯南粤，警报至，即躬帅师往平之。孝宗大喜，天语褒称曰："仁者有勇。"又曰："书生知兵。"除直秘阁。居继母忧去官，却诸郡赙布为钱四百万。

免丧，召为吏部郎中、左司郎。天灾地震，诏求直言，上封事，极陈时政阙失，孝宗嘉之，擢兼太子侍读。迁枢密院检详诸房文字、尚书左司郎中、秘书少监。

会高宗皇帝升遐，孝宗欲行三年之丧，将释万几，开议事堂，命皇太子参决庶务。先君上书力谏，谓天无二日，国无二君。孝宗、皇太子皆从之。

338

有诏议配飨功臣，上疏乞以忠献公张浚配，舆翰林学士洪迈议不合，为所潜，出知筠州。补阙薛收、拾遗许及之上疏乞留，先君竟去国。

光宗登极，召为秘书监。借焕章阁学士为接伴金国贺正旦使，兼实录院检讨。《孝宗日历》书成进御，提举史官参知政事王蔺以故事俾先君为序，蔺寻拜枢密，改命左相留正提举史事。正不用先君序篇，而俾礼部郎官傅伯寿为之。先君以失职，因力求去。光宗封还奏状，御笔批云："所请不允，依旧供职。"盖殊礼也。寻欲擢爲工部侍郎，先君竟不肯留。顷之，以直龙图阁出为江南东路转运副使。凡行部之常礼一切不纳，至于折俎交馈，秋毫弗以自入，悉归之官，为钱一百六十万。权总管淮西江东军马钱粮。时朝廷下总领所，欲于江南用铁钱楮券，先君不奉诏，上奏争之。既忤丞相留正及吏部尚书赵汝愚意，即以疾力辞，请祠官。除知赣州，不赴，除直秘阁修撰，提举隆兴府玉隆万寿宫。

今上即位，召赴行在，抗章力辞，除焕章阁待制。屡奏请挂冠衣，上勉从之，进宝文阁待制致仕。未几，又进宝谟阁直学士，给赐衣带鞍马。再召赴行在所，复以淋疾力辞，除宝谟阁学士，赐衣带鞍马。

开禧二年丙寅五月八日无疾薨，享年八十。有遗奏八十四字上闻，诏赠四官。

先君计偕，自迪功郎十六转至通奉大夫。以子官升朝，遇郊祀恩，封通奉大夫，今赠光禄大夫。赐爵益封，自吉水县男至庐陵郡侯，食邑自三百户至二千户。

丞零陵时，张忠献公谪居寓焉，勉先君以正心诚意之学，先君佩服其言，遂以"诚"名其斋。厥后侍读东宫，光宗皇帝尝书"诚斋"二大字，用金装以赐，海内咸称先君为诚斋先生云。

先君工于诗，作诗二千二百首，其他著述甚富，有《诚斋集》一百三十卷。经学尤邃，有《易传》二十卷。

娶罗氏，封硕人。子男三人：长孺，承议郎通判道州军事；次公，承事郎新知潭州湘阴县事；幼兴，承奉郎宁国府泾县丞。女五人：长季蘩，嫁进士刘价，皆先卒。次季蕴、季藻、季苹、季菽，嫁进士王徽、刘亿、从仕郎新荆门州司法参军陈经、进士王潜。孙男七人：泰伯，登仕郎；宾言、羲仲，将仕郎；仪伯，将仕郎；宾秋，文林郎；宾王，迪功郎；廉伯，幼。女孙二人，子瑜，嫁进士罗如春；宁娘，幼。

是岁十一月七日甲申，诸孤奉先君枢葬于本乡乌泥塘，距家八百步，从先君之志也。

孤子长孺泣血谨志而纳诸圹，婿陈经填讳。

（杨长孺　乾隆刻本杨文节公文集卷末）